Angelika Gulder

Aufgewacht!

Wie Sie das Leben Ihrer Träume finden

Mit Lebenstraum-Navigator

Mit einem Vorwort von Joachim Franz

Campus Verlag
Frankfurt/New York

ISBN 978-3-593-39352-0

Das Werk einschließlich aller seiner Teile ist urheberrechtlich geschützt.
Jede Verwertung ist ohne Zustimmung des Verlags unzulässig. Das gilt
insbesondere für Vervielfältigungen, Übersetzungen, Mikroverfilmungen
und die Einspeicherung und Verarbeitung in elektronischen Systemen.
Copyright © 2011 Campus Verlag GmbH, Frankfurt am Main
Umschlaggestaltung: total italic, Amsterdam – Berlin
Abbildungen: Sina Gulder
Satz: Fotosatz L. Huhn, Linsengericht
Gesetzt aus: Adobe Minion und Adobe Myriad
Druck und Bindung: CPI – Ebner & Spiegel, Ulm
Gedruckt auf Papier aus zertifizierten Rohstoffen (FSC/PEFC).
Printed in Germany

Dieses Buch ist auch als E-Book erschienen.
www.campus.de

Für meine Tochter

Inhalt

Vorwort von Joachim Franz 11

Einleitung 13
   Warum ich dieses Buch geschrieben habe 14
   Was Sie in diesem Buch erwartet (und was nicht) 16

Teil 1
Die Träume und das Leben

Unsere Lebensträume 21
   Der Lebenstraumkuchen 22
   Lebensträume gehen uns alle an 26
   Das Streben nach Glückseligkeit 30

In Morpheus Armen – Traumvielfalt 35
   Die Träume der Nacht 35
   Tagträume – alles ist gut 37
   Lebensträume – und täglich grüßt das Murmeltier 40
   Visionen – größer, bunter, weiter 43

Die Psyche und die (Lebens-) Träume – wie wir werden,
was wir nicht sind 44
   Unsere Persönlichkeit 44
   Das Zwiebelmodell der Persönlichkeit 47
   Aufgewacht! 55

Teil 2
Träume leben

Vom Träumen und vom Scheitern 61
    Allerlei Traumarten 61
    Warum Scheitern so wichtig ist 67
    Was vom Traum dann übrig bleibt 69

Ihr Lebenstraum-Navigator 72

Lebenstraum-Navigator 1: Die »guten« Überzeugungen 74
    Glaubenssätze erkennen 74
    Neue Glaubenssätze finden 78

Lebenstraum-Navigator 2: Der Blick zurück 80
    Woher wir kommen und wohin wir gehen 80
    Was heute ist 85

**Lebenstraum-Navigator 3: Ihre Lebensphasen
und deren Träume** 89
    Kindheit, Jugend und Adoleszenz 89
    Die Lebensmitte 90
    Die Phase der Reife 92
    Ihr Leben auf einen Blick 93

Lebenstraum-Navigator 4: Die sieben Traumfelder 97
    1. Beruf und Berufung – Der Traumjob 98
    2. Märchenprinzessin und Froschkönig –
       Partnerschaft und Familie 116
    3. Zusammen ist man weniger allein –
       Freunde, Gemeinschaft, Lebensraum 134
    4. Geht nicht, gibt's nicht – Erleben-wollen-Träume 145
    5. Mein Haus, mein Auto, mein Meerschweinchen –
       Haben-wollen-Träume 154
    6. Mein Körper und die Erleuchtung – Sein-wollen-Träume ... 164
    7. Think big! – Träume für die Welt 179

Lebenstraum-Navigator 5: Ihre Lebensmotive 188
Die beiden Listen 188
Was ist was? 193

Lebenstraum-Navigator 6: Was wirklich zählt 195
Ihre Träume auf dem Prüfstand 195
Der Warum-Check 197

Lebenstraum-Navigator 7: Ihre Träume im Überblick 199
Ihre Mindmap 199
Das Gesamtbild 203

Teil 3
Aufgewacht – und nun?

Genug geträumt 209
Existenziell oder gleichgültig? 209
Das Leben Ihrer Träume 212

Die inneren Stimmen 217
Intuition und Inspiration 217
Die Erfahrung der Stille 218
Die Zeichen achten 222

Ihre Lebenslernaufgaben 227
Akzeptieren, was ist 229
Vergebung 231
Dankbarkeit 233

Träumen – Planen – Tun 238
Der Preis Ihrer Träume 238
Mut zum Scheitern 241
Vom Traum zum Ziel 243
Bleiben Sie dran! 251

Schlusswort: Die Lebenstraumreise 252

Dank 254
Literatur und Links 255

Vorwort

Ich habe mich schon oft gefragt, wann ein Mensch in einem wichtigen Buch ein Vorwort schreiben darf. Nicht, dass ich davon geträumt hätte, nein, ich hatte in meinen Träumen nicht einmal daran gedacht. Umso mehr freue ich mich, dass ich das Vorwort zu Angelika Gulders neuem Buch verfassen darf – und ich möchte dieses Vorwort nicht nur ihren Zeilen, sondern besonders ihr als Person widmen. In stundenlangen Gesprächen mit ihr konnte ich feststellen: Angelika Gulder erlebt zu haben, heißt zu wissen: Was man in ihrer Gegenwart von sich gibt, öffnet Türen; was an verborgenen Träumen existiert, kann sichtbar werden.

Vielleicht ist diese Erfahrung zwischen Menschen, die gelernt haben, ihre Träume zu verwirklichen, ungleich stärker als bei Menschen, die ständig um ihre verlorenen Chancen, ihre in Luft aufgelösten Träume trauern. Träume sind da, sind wichtig, sind Nahrung der Seele. Träume fordern auf, mutig zu sein!

Ich habe gut reden? Ja, das habe ich! Ich habe mit 30 Jahren versucht, aus meinen Träumen Lebensbausteine zu machen. Ich war oft nicht bereit, die Klarheit eines Traumes anzuerkennen, und noch weniger bereit, mein Leben entsprechend zu verändern. Aber nur das Loslassen entlässt mich – ohne einen Blick zurück – in meine Träume. Was hätte ich wohl darum gegeben, damals ein Buch wie dieses in Händen zu halten!

Mit 40 Jahren endlich hatte ich die Phase hinter mich gebracht, meine Träume nur als Wunsch zu betrachten. Ich habe alles losgelassen, was meinen Traum behinderte, habe festgestellt, welche Menschen mich blockierten, und sie hinter mir gelassen. Ich habe meinen Beruf nach über 20 Jahren infrage gestellt und mich von ihm verabschiedet. Einen Traum zu realisieren reiht schmerzliche und glückliche Momente aneinander, ohne dass wir immer mit Bestimmtheit sagen könnten, ob wir auf dem richtigen Weg sind. Es ist nicht »die« Entscheidung für den Traum, es sind

Dutzende von Entscheidungen, die uns immer wieder abverlangt werden. Frage ich mich jetzt, nachdem weitere zehn Jahre vergangen sind, ob ich erfolgreich meinen Traum realisiert habe, würde ich aus vollem Herzen sagen: »Ich bin dabei!« Es heißt doch: Lebe deinen Traum! Und nicht: Erledige deinen Traum!

Ich lebe meinen Traum, in dieser Welt eine Spur zu hinterlassen. Ich träume von Kinderheimen auf allen Kontinenten, denen ich nachhaltig Sicherheit und Seele geben kann, ich träume davon, allein in den Bergen zu wandern und endlose Blicke auf den offenen Indischen Ozean zu schicken. Ich habe unzählige Puzzleteile meines Traums bereits gelebt und tiefste Zufriedenheit erlangt und verspüre dennoch den Drang, immer wieder aufzubrechen. Mein Traum lebt!

Was bleibt also offen? Ich träume davon, mit Menschen wie Angelika Gulder mehr Zeit verbringen zu können, weil sie selbst mich, einen Traumprofi, immer aufs Neue positiv beeinflussen konnte.

Freuen Sie sich auf die Lektüre dieses Buches – ich bin mir sicher, dass Ihre Begegnung mit Angelika Gulder Sie ebenso beeinflussen wird wie mich!

Joachim Franz

(Kurz vor dem Beginn seiner Weltexpedition »move the world – aids awareness expedition«, die ihn in 111 Tagen durch fünf Kontinente und 55 Länder führt – in einer Zeit, in der die Welt sich in vielen Ländern bewegt, weil Menschen ihre Träume leben wollen.)

Einleitung

Ein Leben auf dem Bauernhof, zum Mond fliegen, auswandern? Jeder Mensch hat Träume. Sie sind Hinweise auf unser ungelebtes Potenzial, auf Chancen, die noch in uns schlummern. Unsere Lebensträume weisen uns den Weg zu uns selbst, Träume sind das Sichtbarmachen der Welt der Seele durch Bilder.

Leben Sie das Leben Ihrer Träume? Haben Sie umgesetzt und erreicht, was Sie sich als Kind vorgenommen hatten? Stehen Sie morgens auf und können es kaum erwarten, in Ihren Projekten, Ihrer Arbeit oder Ihrer Liebesbeziehung weiter zu gehen? Schenken Sie sich selbst und der Welt jeden Tag aufs Neue Ihr volles Potenzial? Wissen Sie, was das Leben noch für Sie bereit hält? Kennen Sie Ihren Wesenskern und Ihre Bestimmung? Es gibt Menschen, bei denen es so ist. Ich weiß das, weil ich viele dieser Menschen kenne und einige davon für dieses Buch interviewt habe. Falls Sie nicht oder noch nicht dazu gehören, aber diese Fragen auch gerne mit einem eindeutigen »Ja!« für sich beantworten und das Leben Ihrer Träume leben möchten, dann kann dieses Buch eine nützliche Investition für Sie sein. Aber auch Antworten auf die Fragen, welchen Weg Sie als nächstes einschlagen, welche Entscheidung Sie treffen, wonach Sie streben und wofür Sie sich engagieren sollten, können Sie damit für sich finden.

Allerdings muss ich Sie warnen: Es kommt viel Arbeit auf Sie zu! Sie werden in diesem Buch viele Fragen finden, deren Antworten vielleicht manchmal wehtun. Sie werden tief gehen und sich selbst im inneren Kern kennen lernen. Nicht alles, was Sie auf dem Weg dorthin finden, wird Ihnen gefallen. Aber ich verspreche Ihnen: Wenn Sie »den ganzen Weg gegangen sind«, alle Fragen beantwortet und die Übungen bearbeitet haben, werden Sie etwas begegnen, das Sie vielleicht schon seit langer Zeit finden wollen: Ihrem wahren Selbst.

Warum ich dieses Buch geschrieben habe

Seit vielen Jahren bin ich als ganzheitlicher Coach tätig und begleite Menschen bei der Klärung ihrer beruflichen und persönlichen Fragen und der Bewältigung der Herausforderungen des Lebens. Wobei »Coach« für mich inzwischen ein unbefriedigendes Wort für diese Tätigkeit ist, mehr fühle ich mich wie ein Begleiter bei der Entdeckung und Entwicklung des wahren Selbst meiner Kunden.

Wer von Ihnen bereits mein Buch *Finde den Job, der dich glücklich macht* gelesen hat, weiß, dass ich davon ausgehe, dass unser Leben hier auf diesem Planeten einen Sinn hat – einem tieferen Plan folgt: dem Plan unserer eigenen Seele. Um diesen Plan geht es auch in diesem Buch. Als Psychologin habe ich dabei mein Fachwissen einfließen lassen, ab und zu aber auch den Bereich der Wissenschaft verlassen und mich dem zugewendet, was darüber hinausgeht. Der Sinn des Lebens ist nicht mit wissenschaftlichen Mitteln zu erklären und wird es vielleicht niemals sein, Tiefenpsychologie lässt sich nicht messen oder durch Experimente beweisen, sondern basiert vor allem auf Erfahrungen

Auf dem Weg zu meinen Träumen

Zur Jahrtausendwende war ich eine junge, unzufriedene Psychologin auf der Suche nach ihrer Berufung und ihrem Traumjob. Ich war orientierungslos und unglücklich und hatte keine Ahnung, wie es mit meinem Leben weiter gehen sollte. Immer voll berufstätig und mit einem kleinen Kind hatte ich mich durch mein Studium gekämpft und danach unter großen Anstrengungen meine Arbeitgeber in der Weiterbildungsbranche davon überzeugt, dass ich auch als alleinerziehende Mutter einen zuverlässigen Job machen kann. Nach ein paar Jahren war ich erschöpft und ausgebrannt und sehnte mich nach Veränderung. In dieser Zeit entwickelte ich den »Karriere-Navigator«, eine Selbstcoachingmethode, mit der jeder Mensch den Beruf und die Lebensumstände finden kann, die ihn glücklich und erfolgreich machen. Nachdem ich das Konzept für mich selbst angewendet und meine Berufung damit erkannt hatte, machte ich mich als Coach selbstständig und setzte den Karriere-Navigator in Workshops und Einzelcoachings ein. Offenbar traf ich damit den Nerv der Zeit, denn schon nach kurzer Zeit war ich ausgebucht, und meine Kunden mussten Wochen oder sogar Monate auf einen Termin warten. Darum begann ich damit, andere Coaches in der Methode auszubilden. Heute kann der Karriere-Navigator im gesamten deutschsprachigen Raum durchgeführt werden, und Tausende haben damit bereits ihre Berufung gefunden. Nach einigen Jahren in der Selbstständigkeit hatte ich dann alles erreicht, was ich mir vorgenommen hatte. Ich war die Expertin für Beruf und Berufung, mein Buch ein Bestseller, meine Kurse ausgebucht, und ich stand jeden Morgen gerne auf, um meinen Job zu machen. Plötzlich aber, über Nacht und aus heiterem Himmel, fühlte ich mich wieder an einem Wendepunkt. Alle früheren Träume hatte ich weitestgehend realisiert, aber neue waren nicht in Sicht. Vor lauter Arbeit fand ich auch wenig Zeit, mich in Ruhe mit mir selbst auseinander zu setzen. Ich fühlte mich wie in einem Vakuum, einem Übergang, und hatte das Gefühl, dass bald etwas ganz Neues beginnen sollte, aber ich hatte keine Ahnung, was. Alles, was mir sonst zur Selbstklärung und Zielfindung geholfen hatte, schien nicht mehr zu funktionieren.

Darum habe ich einen neuen »Navigator« entwickelt: den Lebenstraum-Navigator. Mit Hilfe dieser neuen Methode ist es mir selbst wieder gelungen, meinen Lebenskurs zu bestimmen und mein Leben neu auszurichten. Indem ich mir über meine eigenen, bisher zum Teil unbewussten und verschütteten Lebensträume klar geworden bin, habe ich es geschafft, meine inneren Bilder und Sehnsüchte zu deuten, zu verstehen, zu konkretisieren und in neue Ziele zu übersetzen, und habe das seither auch für viele meiner Kunden tun dürfen.

Im Gegensatz zum Karriere-Navigator, dessen Ziel es ist, systematisch und mit Hilfe der inneren Stimme seine Berufung und mögliche Berufsbilder für sich gefunden zu haben, geht es beim Thema Lebensträume nicht darum, durch einen Klärungsprozess zu gehen und dann den Traumjob, Traumpartner und Traumurlaub vor Augen zu haben, sondern sich intensiv und in der eigenen Tiefe mit sich selbst auseinander zu setzen, um am Ende im »Gesamtbild« möglicherweise sogar den Sinn des eigenen Lebens zu erkennen.

Heute lebe ich (wieder) das Leben meiner Träume. Ich habe noch mehr Spaß an meiner Arbeit als zuvor, wohne in einem Haus, in dem ich mich wohl fühle, und bin dabei, mir den zweiten Lebensmittelpunkt zu schaffen, von dem ich schon so lange träume. Es gibt Menschen in meinem Leben, die mich inspirieren, und Menschen, mit denen mich Liebe und tiefe Freundschaft verbindet. Ich schreibe bereits an meinem nächsten Buch und bin dankbar dafür, dass meine Arbeit schon so vielen Menschen zu einem besseren Leben verholfen hat. Ich bin wieder glücklich, genau da zu sein, wo ich jetzt bin, und habe klare Visionen für meine Zukunft.

Was Sie in diesem Buch erwartet (und was nicht)

In den meisten Büchern zum Thema Lebensträume geht es darum, seine persönlichen Ziele und Wünsche möglichst schnell und mit dem geringstmöglichen Aufwand zu erreichen. Darum geht es hier nicht. Stattdessen finden Sie eine umfängliche Auseinandersetzung damit, woher Lebensträume überhaupt kommen, welche Funktion sie in den Tiefen unserer Psyche und unserem Leben haben, welche Träume tatsächlich auch in der Realität zu uns passen und von welchen wir besser die Finger lassen sollten. Nur dieser ganzheitliche Zugang kann uns sicher sein lassen, dass die Träume, nach deren Erfüllung wir trachten, auch wirklich unsere sind.

In diesem Buch erwartet Sie im ersten Teil eine kurze Übersicht über das Thema Träume allgemein, die verschiedenen Arten, ihren Sinn und Nutzen in unserem Leben und ein tiefenpsychologisches, aber leicht verständliches Modell, wie unsere Psyche funktioniert und unsere Persönlichkeit mit ihren Träumen und Wünschen entsteht. Dieser Teil ist wichtig, damit Sie verstehen, dass Träume alles andere als Schäume sind, sondern genauso zu unserer Realität gehören wie unser »normales« Bewusstsein.

Da kein Coach, kein Psychologe und kein Ratgeber Ihnen sagen kann, was das Richtige für Sie ist, und nur Sie selbst die Antwort auf diese Frage in sich tragen, finden Sie im zweiten Teil des Buchs den Lebenstraum-Navigator, eine Selbstcoachingmethode, mit der Sie Ihre persönlichen Lebensträume systematisch ins Bewusstsein holen und falsche oder übernommene Träume entlarven können. Im Lebenstraum-Navigator zeige ich Ihnen in den zentralen Bereichen des Lebens wie Job, Partnerschaft, Lebensraum, Gemeinschaft, Gesundheit und Spiritualität, welch vielfältige Optionen es gibt, und wie Sie für sich die wichtigen und richtigen herausfiltern können. Dazu sind Übungen, Strategien und Vorgehensweisen enthalten, die sich bei mir selbst und unzähligen meiner Kunden bewährt haben.

Im dritten Teil des Buchs folgt dann ein Leitfaden, wie Sie Ihre wahren Träume erreichen und leben können, beziehungsweise wie Sie aufhören können zu verhindern, dass sie sich erfüllen.

Statt Sie also mit einem lauten »Tschakka!« zu motivieren, auf Teufel komm raus jede Art von Traum umzusetzen und dafür zahlreiche Managementtechniken für die Zielerreichung anzubieten, gebe ich Ihnen hier die Gelegenheit, für sich selbst herauszufinden, welche Träume welchen Ursprung haben und was ihre tieferen Bedeutungen und Botschaften sind. Nur durch diese Auseinandersetzung wird wirklich klar, bei welchen es sinnvoll ist, Zeit und Geld zu investieren, um sie umzusetzen, und welche dann womöglich tatsächlich Glücksgefühle und Erfüllung bieten, wenn sie erreicht sind.

Um dieses Ziel zu erreichen ist allerdings einiges an zeitlicher und emotionaler Investition Ihrerseits nötig. Es geht hier schließlich nicht um ein neues Hobby, sondern tatsächlich um das Leben Ihrer Träume. Das wird ein bisschen »ans Eingemachte« gehen, aber nur dann werden Sie »aufwachen« und Ihre Träume auch wirklich leben.

Für dieses Buch habe ich zahlreiche Interviews mit zum Teil prominenten Menschen geführt und sie über ihre Träume, ihre Erfolge und auch ihr Scheitern befragt. Ich danke diesen Menschen sehr, denn ich durfte und konnte durch sie viel über das Wesen unserer Lebensträume lernen. Darüber hinaus sind einige Beispiele aus der Arbeit mit meinen Kunden mit eingeflossen, wobei ich hier zum Schutz der Privatsphäre die meisten Namen geändert habe. Seit vielen Jahren sammele ich außerdem Biografien und Berichte von Menschen, die etwas Besonderes geträumt und umgesetzt haben. Und auch über meine eigenen Erfolge und Misserfolge, meine Versuche und meine Irrtümer beim Entdecken und Umsetzen meiner ganz persönlichen Lebensträume werde ich berichten.

Teil 1:
Die Träume und das Leben

Unsere Lebensträume

Ein Lebenstraum ist nicht nur eine Sache, die man sich irgendwann erfüllt und die dann abgehakt ist. Es geht nicht darum, von A nach B zu kommen, sondern in allen wichtigen Bereichen des Lebens genau das zu leben, was wirklich zu einem passt. Nicht das zu leben, was »man« so macht, wie heiraten, Kinder bekommen, ein Haus bauen, Karriere machen und reisen, sondern das zu leben, was einem in der eigenen Tiefe entspricht. Stadt oder Land, Single oder Familie, Karriere oder Freizeit, bleiben oder auswandern? Was ist das »große Bild« Ihres Lebens? Das gilt es, herauszufinden.

Tief in Ihrem Inneren wissen Sie bereits, was genau das Richtige für Sie ist, und welche Ihre wahren Träume sind. Und dieses Buch wird Ihnen helfen, dieses Wissen an die Oberfläche zu bringen. Es geht um (Ihre) Lebensträume. Um die großen, für die es sich lohnt, alle Zeit, Mühe, Geduld und Geld aufzubringen, weil das Leben sonst sinnlos gewesen wäre. Um die kleineren, die für eine gewisse Zeit glücklich und zufrieden machen, um dann von neuen Träumen abgelöst zu werden. Es geht um Träume, die viel versprechen, die aber mit etwas anderem, das dahinter, daneben oder darunter liegt, verwechselt werden und die nach ihrer Verwirklichung nicht Erfüllung, sondern ein Gefühl der Leere hinterlassen. Und es geht darum, wie man den einen vom anderen Traum unterscheiden kann, um sich auf die zu konzentrieren, die das Leben wirklich bereichern.

In der ›Zeit‹ gab es eine Serie mit Berichten über gelebte Träume, das folgende Beispiel ist einer davon: Die Schauspielerin Jessica hat sich zusammen mit ihrer Schwester einen Traum erfüllt. In ihrem Heimatort hat sie ein Designhotel mit Café eröffnet: »Die Träumerei«. Auf jedem Nachttisch liegt dort ein Buch, in dem Gäste ihre Träume notieren können, so wie sie selbst es gerne tut; ihre nächtlichen, aber auch ihre Tag- und Lebensträume. Nun träumt Jessica wieder, von einem alten Haus, vielleicht am Meer, auf jeden Fall mitten in der Natur.

»Träume nicht Dein Leben, sondern lebe Deinen Traum«, ein geflügeltes Wort, das gut klingt, ermuntert und durchaus seinen Sinn hat, das allerdings voraussetzt, dass man seine Träume kennt und genau weiß, was man will und was man wirklich braucht.

Der Lebenstraumkuchen

Machen Sie als erstes eine kurze Standortanalyse für Ihr Leben. Kopieren Sie sich die Grafik unten (falls Sie nicht ins Buch schreiben wollen), und malen Sie im abgebildeten »Lebenstraumkuchen« die Tortenstücke bezie-

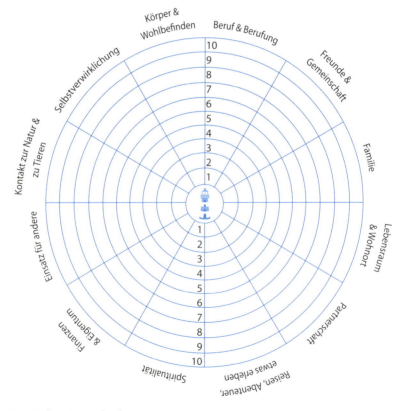

Der Lebenstraumkuchen

hungsweise Bereiche Ihres Lebens immer in dem Maße aus, in dem Sie sie als erfüllt empfinden. Wenn Sie Ihre Berufung leben und in Ihrem Job absolut glücklich sind, malen Sie das komplette Stück bis zur zehn aus. Sind Sie im Job kreuzunglücklich und weit von Ihrer Berufung entfernt, dann malen Sie nur ein oder zwei Felder aus. Tun Sie das für jeden Bereich Ihres Lebens.

Welcher Bereich ist schon ganz und gar erfüllt, und wo gibt es noch Raum für positive Veränderungen? Damit unser Leben im Einklang ist, ist es wichtig, dass alle Bereiche zumindest bis zur untersten Zufriedenheitsgrenze ausgefüllt sind, die bei den meisten Menschen zwischen drei und fünf liegt. Wenn Sie sich im jeweiligen Bereich einen Traum erfüllen, kommen Sie zwar nicht für alle Zeiten auf eine gefühlte Zehn, aber bestimmt werden Sie ein oder zwei Punkte in der Zufriedenheit nach oben wandern!

Doch was sind Ihre Träume für die jeweiligen Lebensbereiche? Was müsste geschehen, damit es Ihnen darin besser geht? War einer der Gründe, dieses Buch in die Hand zu nehmen, dass Ihnen schon länger Dinge durch den Kopf spuken und Sie gerne herausfinden möchten, ob das wirklich »realistische« Träume sind, die zu Ihnen passen? Bitte vervollständigen Sie ganz spontan einen der folgenden Sätze:

- Eigentlich würde ich gerne …
- Wenn alles möglich wäre, dann …
- Wovon ich schon seit längerem träume, ist …

Falls Sie schon Ideen haben, notieren Sie sie bitte. Sie werden sie später noch ergänzen. Falls Sie noch keine Ideen haben, sondern nur spüren, dass in Ihnen noch etwas auf »Erweckung« wartet, versichere ich Ihnen, dass Sie am Ende des zweiten Teils dieses Buchs bereits klarer sehen.

Vielleicht fällt es Ihnen leicht, spontan Ihre Träume zu formulieren. Dann beschäftigen Sie sich vermutlich schon länger mit diesen Themen und fragen sich jetzt vor allem, wie Sie Ihre Ideen konkret umsetzen können. Auch Sie finden in diesem Buch einige Anregungen, und vor allem können Sie überprüfen, ob das wirklich schon Ihre Träume sind, und was vielleicht noch dahinter steckt.

Falls es Ihnen schwer fällt, etwas Konkretes zu formulieren, und Sie stattdessen so etwas notiert haben wie »die Welt bereisen«, »berühmt sein« oder »Zufriedenheit«, dann willkommen im Club! So geht es den meisten

Menschen. Gerade die unspezifischen Träume sind es, die uns das Leben schwer machen. Etwas wie »die Welt bereisen« ist nicht konkret genug, um Sie dazu zu bringen, sich tatsächlich in Richtung Ihres Traums in Bewegung zu setzen. Wie soll man »die Welt bereisen« planen? Einfach irgendwo anfangen? Heißt »die Welt« jedes einzelne Land? Oder alles entlang eines Breitengrades? Oder ein Land pro Kontinent? Je abstrakter der Traum formuliert ist, desto geringer ist die Wahrscheinlichkeit, je etwas Konkretes daraus zu machen.

Der Traum vom Fliegen
»Einer meiner Träume ist, auf einem Berg zu sein und zu schreiben«, sagte ich einem Interviewpartner auf seine Frage, was denn meine Lebensträume wären. Also entschied ich, die ersten Kapitel dieses Buchs genauso zu schreiben, auf einem Berg in den Alpen, mit Blick ins Tal und meinem Hund zu meinen Füßen. Hier war es auch, wo ich mir vor einigen Jahren einen meiner größten Lebensträume endlich erfüllt habe: Fliegen! Schon als Kind träumte ich davon, Astronautin zu sein und zum Mond zu fliegen, später wollte ich Pilotin werden und die Welt sehen. Ich war zehn Jahre alt und absolut fasziniert, als ich im Allgäu zum ersten Mal einen Drachenflieger sah, mit 16 sah ich den ersten Gleitschirmflieger, mit 18 versuchte ich mithilfe eines Anwalts, eine Zulassung als Pilotin bei der Bundeswehr zu erwirken. Dort bin ich zwar gescheitert, aber nur zwei Jahre später wurden die ersten Frauen bei der Luftwaffe zugelassen. Dann bewarb ich mich bei der Lufthansa, leider auch ohne Erfolg, aber auch hier gab es zwei Jahre später die ersten Pilotinnen. Für eine private Flugausbildung, die damals nur in Amerika möglich war, fehlte das Geld, also wollte ich alternativ wenigstens Stewardess werden. Nach Abschluss einer Bankausbildung bewarb ich mich bei der Pan American World Airways, doch kurz darauf wurden wegen des Terroranschlags über Lockerbie die Neueinstellungen auf Eis gelegt. So begann ich einen anderen Job in der Touristik, reiste viel und sah mir die Welt an, aber der Wunsch, selbst zu fliegen, ließ mich nicht los. Ich probierte es mit Fallschirmspringen (hier waren mir die Flugphasen zu kurz), informierte mich über Segel- und Drachenfliegen (zu aufwändig und zu sehr materialabhängig) und war inzwischen schon 24, als ich mich endlich zu einem Schnupperkurs im Gleitschirmfliegen anmeldete. Am Gipfel der Wasserkuppe stand ich dann, mit Helm, Gurtzeug und Protektoren aus-

gestattet, und wartete nach einigen Vorübungen auf das Signal, zum ersten Mal mit dem Schirm über mir Richtung Tal laufen zu dürfen. Das Gefühl, das ich damals hatte, werde ich niemals vergessen. Ich erwischte einen besonders guten Moment und … flog! Über eine Strecke von mehr als 30 Metern glitt ich in etwa fünf Metern Höhe durch die Luft den Berg hinab, und auch die unsanfte Landung konnte mich nicht mehr stoppen, meine Entscheidung war gefallen: Gleitschirmpilotin wollte ich werden! Und einige Monate, Kurse und Prüfungen später flog ich dann mit meiner Pilotenlizenz und meinem eigenen himmelblauen Schirm von den Bergen dieser Welt. Während ich diese Zeilen schreibe, sehe ich auf die leuchtend bunten Gleitschirme, die im strahlenden Sonnenschein vom höchsten Berg im Allgäu hinab gleiten, sanft getragen vom Wind, hochdynamisch in ihren Steilspiralen, majestätisch mit den Elementen der Natur verbunden und ihnen gleichzeitig trotzend, und bin glücklich und dankbar, dass ich mir diesen, für mich so wichtigen Lebenstraum erfüllt habe.

Als ich klein war, wollte ich aber nicht nur zum Mond fliegen und Pilotin werden, ich wollte auch Freiheitskämpferin sein und die Welt zu einem besseren Ort machen, wollte Tiere beschützen und Hunde züchten, als Nonne im Kloster leben und Gott finden, vier Kinder haben oder sogar SOS-Kinderdorf-Mutter werden, auf der Bühne stehen, Schriftstellerin sein, Menschen begeistern, mit Delfinen schwimmen und im Ausland leben. Vieles davon hatte ich bereits umgesetzt, als dieses Buch entstanden ist. Ich habe fliegen gelernt, hatte und habe viele Tiere und engagiere mich für den Tierschutz. Bücher habe ich bereits geschrieben, und die nächsten sind schon Arbeit. Ich habe die Welt bereist und im Ausland gelebt und außer meiner eigenen Tochter noch etliche Patenkinder durchs Leben begleitet. »Auf der Bühne« stehe ich inzwischen auch regelmäßig, wenn ich Vorträge und Workshops halte. Nonne bin ich zwar nicht geworden, aber ich nehme mir viel Zeit, um innere Einkehr zu halten und alleine zu sein. Eigentlich hätte alles gut sein können, dennoch war da eine tiefe Sehnsucht in mir. Etwas Wichtiges und Bedeutsames war noch unerfüllt. Etwas, das immer wieder in meinen Tag- und Nachtträumen auftauchte, aber so flüchtig war, dass ich es nicht greifen konnte. Immer öfter traf ich Menschen, die mich ins Grübeln brachten, Bemerkungen, die mir nicht mehr aus dem Kopf gingen. Und dann das Gefühl: Es muss sich etwas ändern in meinem Leben. Aber was?

Lebensträume gehen uns alle an

Lebensträume sind langfristig wiederkehrende, intensive, hoch positiv besetzte Wünsche, Bedürfnisse und Gedanken in Bezug auf Personen, Dinge, Lebensumstände und Inhalte. Sie vermitteln uns auf der Ebene der Phantasie ein Gespür für andere, bessere Möglichkeiten und verweisen damit auf neue, oft langfristige Richtungsänderungen in unserem Leben. Träume sind keine Ziele, sondern vielmehr die Meta-Ziele, aus denen sich konkrete umsetzbare Ziele ableiten lassen. Sich der eigenen Lebensträume bewusst zu werden und sie zu erfüllen ist nichts, was »besonderen« Menschen vorbehalten ist oder solchen, die wir im Fernsehen sehen oder über die wir in der Zeitung lesen und bei denen wir denken: »Ach, das würde ich auch gerne tun/haben/sein.« Lebensträume gehen uns alle an. Sie können uns in unseren nächtlichen Träumen begegnen oder beim Tagträumen im Büro oder in der U-Bahn. Manche treffen uns wie ein Blitz aus heiterem Himmel, andere finden uns leise und subtil, als Ahnungen, Gefühle oder Sehnsucht tief in unserem Herzen. Es gibt Träume, die wir schon in der Kindheit hatten, und solche, die erst entstehen, wenn wir unser Leben schon fast gelebt haben. Träume sind der Motor, der uns antreibt. Sie zeigen uns, dass es etwas gibt, wofür es sich lohnt zu leben, am Morgen aufzustehen und unser Bestes zu geben. Wir sollten sie hüten und bewahren, wie Schätze, selbst wenn wir sie oft erst nach vielen Jahren und im Schweiße unseres Angesichts bergen und wahr machen können.

Uns stehen heute fast alle Wege offen. Wir können entscheiden, in welchem Land wir leben, mit wem wir zusammen sein, was wir beruflich tun und sogar wie wir aussehen wollen. In vielen Köpfen sorgt das für Verwirrung, weil ein Leitfaden fehlt, wie man aus der Vielzahl der Möglichkeiten die für sich stimmigen herausfiltern kann. Das führt zu Stress statt Motivation, zu Rastlosigkeit und Unzufriedenheit statt innerem Frieden und Freiheit. In nicht allzu ferner Vergangenheit fanden die Menschen Halt und Orientierung im Außen. Religion, Politik, Gesellschaft, Beruf und Familie boten klare Rahmenbedingungen und gaben Sicherheit. Nicht erst, aber besonders seit den Geschehnissen des 11. Septembers und der letzten Wirtschaftskrise sind diese äußeren Orientierungspunkte brüchig und unsicher geworden, und der Einzelne ist mehr auf sich selbst zurückgeworfen und noch stärker gefordert, Halt in seinem Inneren zu finden. Das

Leben scheint uns eine unendliche Fülle zu bieten. Jeden Tag gibt es neue Entwicklungen und Angebote. Glück und Sinn im Leben finden wir aber nicht durch das Erreichen von immer mehr materiellem Wohlstand, durch das exotischste Urlaubsziel, die modischste Kleidung oder das faltenfreie Gesicht, sondern durch die Realisierung von Ideen, individuellen Werten und Träumen. Jede Arbeit hat nur »Sinn« im Leben eines Menschen, wenn sie neben der materiellen Sicherheit auch einen ideellen Aspekt hat. Und was für den Job gilt, gilt auch für die anderen Bereiche des Lebens.

Lebenstraumprofis

Menschen, die ihre Lebensträume ernst nehmen, wissen, was sie wollen, und sind dabei, es zu verwirklichen. Dadurch erleben wir sie als authentisch und außergewöhnlich. Sie wissen, wer sie sind, und leben ihre innersten Bedürfnisse. Meist leben sie an einem Ort, an dem sie gerne sind, machen einen Job, der sie wirklich interessiert, haben Interessen und Hobbys, die sie mit Freude erfüllen, und umgeben sich mit Menschen, die ihnen gut tun. Sie machen selten Smalltalk, sondern sprechen über das, was sie begeistert, wofür sie in ihrem Leben dankbar sind, und was sie noch erreichen wollen. Obwohl sie nicht Everybody's Darling sind, werden sie oft bewundert und geliebt.

Wenn wir unsere Träume leben und unseren wahren Motiven folgen, wenn wir uns nicht verstellen, sondern echt sind, wenn Denken und Reden und Handeln im Einklang sind, dann leben wir unser wahres Selbst. Wir leben alle Talente, Fähigkeiten und Möglichkeiten, die tief in uns angelegt sind, und bleiben uns selbst treu. Sich selbst und seine Träume zu kennen, gibt Stabilität und Sicherheit. Dann kann man sich auf sich selbst verlassen, statt mal hierhin und mal dorthin gezogen zu werden wie ein Fähnchen im Wind. Wer seine Träume aufgibt, verliert mehr als nur seine Ziele, er verliert den Sinn seines Lebens.

Zeit zum Träumen

Beruf, Familie und Verpflichtungen lassen allerdings oft nicht viel Raum für die eigenen Träume. Viele Menschen begeben sich lieber in die Hände ihrer Eltern, Partner, Freunde oder gar des »Schicksals« und der äußeren

Umstände und geben damit ihre Verantwortung ab, statt frei und selbstbestimmt zu leben. Sie vergessen dabei, was ihnen wirklich wichtig ist und was sie ausmacht. »Träume nicht, sondern lebe im Hier und Jetzt«, tönt es aus vielen Ratgebern. Ich halte dagegen: Nur wer sich Zeit zum Träumen nimmt und Zeit, seinen Träumen auf den Grund zu gehen, kann sich selbst leben; im Hier und Jetzt, in der Vergangenheit und in der Zukunft! Träume sind es, die das Leben lebenswert machen und die Bewusst-Sein von Unbewusst-Sein unterscheiden. Was wir wirklich sind, ist unter einem großen Berg von Konventionen, Gewohnheiten und Anpassungen verborgen. Wenn wir keine Träume haben, haben wir keine Orientierung, keinen Kurs im Leben und keine Ziele. Dann ist die Zukunft leer. Ohne eigenen Lebensplan reagieren wir, statt zu agieren, und tun das, was andere wollen oder von uns erwarten, statt das, was wir selbst wollen und was wir von uns erwarten. Um seine Träume zu leben muss man den Mut haben, anders zu sein, sich unabhängig von der Meinung anderer Menschen zu machen und sich die Macht über sein eigenes Leben zurückzuerobern. Man muss seine eigenen Regeln entwickeln, seinen persönlichen Lebensmotiven und Werten folgen, für sich selbst einstehen, Versuch und Irrtum wagen und auch Scheitern und Fehler ertragen. Man muss bereit sein, Zeit, Energie und manchmal auch (viel) Geld zu investieren, und – und das ist für viele die größte Herausforderung – man muss sich mutig dem eigenen Unterbewusstsein und Unbewussten anvertrauen, den Teilen in uns, die viel mehr wissen als unser waches Bewusstsein, und die unsere wahren Träume aus der Dunkelheit zu uns ins Licht schicken können.

Veränderungen geschehen selten über Nacht, sondern meist eher in vielen kleinen Babyschritten, die durchaus auch sehr anstrengend sein können, aber die Bereitschaft und der Wunsch, sich selbst besser kennen zu lernen und den eigenen Träumen zu folgen, gibt die Kraft und Motivation, auch schwierige Zeiten und echte Krisen zu überstehen. Jeden Tag und jeden Augenblick können wir uns neu entscheiden, was für ein Mensch wir sein und welche Art von Leben wir führen wollen. Und bei jeder neuen Entscheidung können wir uns selbst besser kennen lernen, insbesondere, wenn es um das Leben unserer Träume geht.

Lebensträume sind wie die Luft zum Atmen. Sie motivieren, geben uns Kraft und lassen uns immer wieder aufstehen, ganz gleich, wie tief wir zuvor gefallen sind. Sie sind es, was uns ausmacht und uns von anderen unterscheidet. Sie sind Inspiration und Zuversicht. Ohne Lebensträume könnten wir nicht existieren, ob wir sie nun wahrnehmen und erfüllen oder nicht. Jerome Singer, Psychologe und Traumforscher, schreibt dazu: »Menschliches Bewusstsein, das sinnreiche Zusammenspiel von dahineilenden Bildern, Wahrnehmungen der unmittelbaren Umgebung, Erinnerungen an längst vergangene Ereignisse und Tagträumereien von zukünftigen oder unmöglichen Aussichten, alles dahingetragen vom Strom der Gedanken, stellen ein wahres Wunder unserer Erfahrung des Menschseins dar.«

Träume der Menschen

Für Sigmund Freud, Arzt und Begründer der Psychoanalyse, waren Träume eine Flucht aus dem Alltag, die Erfüllung unbefriedigter Wünsche und auch der Königsweg zum Unbewussten. C. G. Jung, ehemals Schüler von Freud und später Begründer einer eigenen tiefenpsychologischen Richtung, der Analytischen Psychologie, sah in ihnen Symbole und Archetypen, die in uns allen wirken und uns zur besseren Erkenntnis unseres Selbst führen wollen. Nach den aktuellsten Erkenntnissen der Forscher werden Träume von unserem Motivationssystem im Gehirn gesteuert. In einer Art neuronalem Schaltkreis interagieren wir im Traum mit der Welt, auf der Suche nach dem, was unsere Bedürfnisse befriedigt. Das gilt für den nächtlichen Traum, und vieles spricht dafür, dass das auch für unsere Tag- und Lebensträume gilt. Tag- und Nachtträume verweisen auf unsere tiefsten Wünsche und Sehnsüchte. Aus unseren Träumen können wir viel über unsere Seele lernen, weil in ihnen die Kontrolle des rationalen Tagesbewusstseins weitestgehend wegfällt. Wenn wir träumen, ist unser Gehirn in einem anderen, ursprünglicheren Zustand, in dem wir mehr in Bildern und Emotionen »denken«. Der Traum gibt uns einen Einblick in die Tiefen unserer elementaren und emotionalen Persönlichkeit, wenn wir uns ihm und seiner Bedeutung öffnen. Unsere größten Tag-, Nacht- und Lebensträume speisen sich aus tiefen, unbewussten Quellen, die uns zeigen, was noch in uns steckt, und welche Begabungen und Lebensentwürfe wir noch verwirklichen können, wenn wir den Mut dazu aufbringen. Träume zeigen uns unsere inneren Entwicklungstendenzen, die ungeahnte Konsequenzen haben können, wenn wir ihnen Raum geben. Träume sind immer individuell, nur für uns gemacht und aus uns heraus entstanden. Deshalb kann man das, was man träumt, auch verwirklichen. Vorausgesetzt, man übersetzt seine Träume und inneren Bilder richtig.

Viele der größten Errungenschaften der Menschheit begannen mit einem Traum: Dem Traum vom Fliegen, der im fünfzehnten Jahrhundert bereits von Leonardo da Vinci erträumt, um 1900 vom Flugpionier Otto Lilienthal mit dem Gleiter und knappe zehn Jahre später von den Gebrüdern Wright mit dem ersten Motorflugzeug umgesetzt wurde. Die Erfindung des Telefons, dem Einsatz von Elektrizität oder der Idee, zum Mond zu fliegen, die von Jules Verne 1865 detailgenau beschrieben und dann fast einhundert Jahre später Realität geworden ist. Und die Idee einer besseren Welt, die auch Martin Luther King hatte, als er einige Jahre vor seiner Ermordung seinen wohl berühmtesten Satz sagte: »I have a dream.«

Das Streben nach Glückseligkeit

In diesem Buch geht es darum, wie Sie das Leben Ihrer Träume finden. Es geht nicht darum, das zu tun, was alle tun oder was andere von Ihnen erwarten. Sie haben ein Recht auf ein erfülltes Leben, in dem Sie Ihre Potenziale und Träume leben können! Das ist sogar in der amerikanischen Unabhängigkeitserklärung verankert, als die »unveräußerlichen Rechte« eines jeden Menschen auf »Leben, Freiheit und das Streben nach Glückseligkeit«, und das gilt wohl nicht nur für Amerikaner.

Um ›Das Streben nach Glück‹ geht es auch im gleichnamigen und auf Tatsachen beruhenden amerikanischen Spielfilm über die Lebensgeschichte von Chris Gardner, einem Mann, der sein Schicksal in die Hand nimmt und es unter widrigsten Bedingungen schafft, vom obdachlosen Handelsvertreter zum erfolgreichen Börsenmakler und mehrfachen Millionär zu werden. Obwohl er Arbeit hat, verliert Gardner durch widrige Umstände über Nacht seine Wohnung und seine Frau, und so sucht er für sich und seinen Sohn jeden Abend Unterkunft in einem der zahlreichen Obdachlosenasyle in Chicago. Durch Beharrlichkeit, Fleiß und den unerschütterlichen Glauben an sich selbst er-

gattert er schließlich ein Praktikum als Börsenmakler und schließlich sogar eine Festanstellung. Einige Jahre später gründet Chris Gardner sein eigenes Unternehmen und unterstützt heute zahlreiche Wohltätigkeitsorganisationen und Wohn- und Beschäftigungsprojekte für armutsbedrohte und obdachlose Menschen. Darüber hinaus ist er inzwischen einer der meist gebuchten Redner der USA und motiviert in seinen zahllosen Auftritten die Menschen, ihr Leben selbst in die Hand zu nehmen, Hindernisse zu überwinden, Teufelskreise zu durchbrechen und ihre Träume wahr zu machen.

Für »Glück« gibt es keine festgelegte Definition. Für jeden fühlt es sich anders an, jeder denkt anders darüber, und jeder hat seine ganz eigene Art, Glück zu erleben und zu empfinden. Glück kann die Abwesenheit von Kummer, aber auch die Erfüllung von Wünschen und Träumen sein. Für manche ist es das größte Glück, ihre Kinder aufwachsen zu sehen, andere sind glücklich, wenn sie ohne größere Katastrophen durchs Leben kommen, wieder andere sind nur glücklich, wenn sie einen Kick nach dem anderen erleben. Befragt danach, was sie glücklich macht, äußern die Menschen in vielen Studien allerdings immer das Gleiche: Liebe, Gesundheit und Zufriedenheit. Aber was heißt das genau?

Drei Arten von Glück

Es gibt drei Kategorien von Glück: das zufällige Glück, das Glück des Wohlfühlens und das Glück der Fülle. Letzteres erlebt, wer die Kunst erlernt, neben den Höhen auch die Tiefen des Lebens anzunehmen, also sein Leben »ganz« zu nehmen. Das zufällige Glück ist das, was uns ohne eigenes Zutun zufällt. Etwas, das wir nicht steuern oder bestimmen können, sondern was sich ereignet, wenn es »dem Schicksal« (wer auch immer das macht) so gefällt. Was wir dafür tun können, ist, offen zu sein für die Geschenke des Lebens, achtsam zu sein und zuzugreifen, wenn sich eine Chance bietet. Ein Glückspilz ist, wer seine Chancen wahrnimmt und nutzt, ein Pechvogel, wer seine Chancen sieht und sie vorüber ziehen lässt, und ein Dummkopf, wer erst gar nicht nach den Chancen schaut. Übertragen auf unsere Träume sind das die Dinge, die wir uns vielleicht lange gewünscht, für die wir aber nichts sonst getan haben, und die sich dann eben irgendwann »von selbst« eingestellt haben. Da das Gefühl der

Selbstwirksamkeit fehlt, und wir uns die Erfüllung unseres Traums nicht selbst erschaffen haben, ist das Glück oft nicht von langer Dauer und wenig intensiv.

Das Glück des Wohlfühlens ist das, was wir kurzfristig genießen, wenn wir uns unsere kleineren Träume erfüllen, zum Beispiel, wenn wir uns endlich das zauberhafte Kleid oder den langersehnten Sportwagen leisten können. Wohlfühlglück meint das Glück des täglichen Lebens, in dem wir uns wohlfühlen, gesund sind, Erfolg und Spaß haben, unsere kleineren und erfüllbaren Träume umsetzen, einfach alles tun und erleben, was uns in eine gute »glückliche« Grundstimmung bringt.

Beim Wohlfühlglück versuchen wir, möglichst viel davon zu bekommen und seine Abwesenheit möglichst gering zu halten oder noch besser ganz zu vermeiden. Das Problem ist nur, die Anwesenheit des Wohlfühlglücks hält meist nicht lange vor. Die unbeschreiblich traumhafte Nacht mit dem Liebsten, der genussvolle Nachmittag in der Sauna, das Eintauchen in die Welt der Musik, das Meistern einer Herausforderung und das damit verbundene Glücksgefühl, alles geht vorbei. Psychologen haben kürzlich herausgefunden, dass es auch beim Urlaub nicht die Zeit des Urlaubs selbst ist, die uns Glück empfinden lässt, sondern die Vorfreude darauf, deren Glücksgefühl intensiver ist und wesentlich länger währt als die Freude über die Reise selbst. Zur Aufrechterhaltung eines möglichst hohen Glücksgefühllevels wird daher empfohlen, viele Kurzurlaube zu machen und diese mit möglichst viel Vorlauf zu planen. Auf unsere Träume bezogen heißt das: Nicht nur die Erfüllung von, sondern vor allem der Weg zu unseren Träumen ist das Ziel.

Doch das Leben besteht eben nicht nur aus Glückseligkeit im Sinne des Wohlfühlglücks. Es geht nicht darum, das Glück zu maximieren und den Schmerz zu vermeiden. Es geht nicht darum, immer mehr vom Guten und immer weniger vom Unangenehmen und Schlechten zu haben oder zu erleben. Jedes Glück wird schal, wenn es kein Ende findet. Die schönste Liebesbeziehung nutzt sich womöglich irgendwann ab, wenn die Partner über Jahr und Tag jeden Tag und jede Nacht zusammen sind. Jede Freude, jedes Glück kann nur empfunden und überhaupt wahrgenommen werden, wenn auch sein Gegenteil, das Unglück, oder doch zumindest die Abwesenheit von Glück erlebt und akzeptiert wird. Wo Licht ist, muss auch Schatten sein.

In der dritten Art des Glücks gibt es keine Angst vor dem Schatten, sondern Kummer und Schmerz werden als Teil des Ganzen erlebt und akzeptiert. Nicht alles kann jederzeit lustvoll und schmerzlos sein, auch im Schmerz kann Erfüllung liegen, wenn er Grund und Sinn hat und wir ihn im Leben bewusst wahrnehmen und integrieren. Das ist das Glück der Fülle, ein Begriff, den der Philosoph Wilhelm Schmid geprägt hat, und um diese Art von Glück geht es in diesem Buch. Das Glück, das Sie erleben können, wenn Ihr gesamtes Leben das ausdrückt, was Sie wirklich sind. Wenn Ihre großen Lebensträume sich erfüllen oder von Ihnen erfüllt werden, aber auch wenn Sie mit Rückschlägen umgehen können, weil Sie selbst in schwierigen Zeiten den Sinn Ihres Lebens in sich spüren. »Glück«, so schreibt Schmid, »geht nicht darin auf, nur eine Seite des Lebens, nämlich die des Angenehmen, Lustvollen und Positiven anzuerkennen und zu betonen. Das größere Glück, das Glück der Fülle, umfasst immer auch die andere Seite, das Unangenehme, Schmerzliche und Negative, mit dem zurechtzukommen ist.« Glück ist dann gleichzusetzen mit Erfüllung, mit dem Erfüllen der eigenen Lebensaufgabe, dem Annehmen der eigenen Lernaufgaben, mit Dankbarkeit fürs Leben selbst mit all seinen Höhen und Tiefen, mit Licht und Schatten, mit Erfolg und Scheitern. Doch das gelingt nur dem, der den Sinn seines Lebens kennt, fühlt und lebt. Wer alles einbezieht, was das Leben ausmacht, und wer seine Träume lebt, kurzum: dessen Leben im Einklang ist.

Wunschlos glücklich?

Glück und Lebensträume hängen eng zusammen. Wer sich einen Traum erfüllt, wird vermutlich großes Glück empfinden. Aber ist das wirklich so? Und wie lange hält das an? Ist es nicht viel mehr ein großes Glück, ohne Träume einfach zufrieden zu sein – wunschlos glücklich? Vielleicht haben Sie ja die Nase voll von all den Besser-machen-Ratgebern, den Erfolgsbüchern und dem eigenen Perfektionismus. Vielleicht möchten Sie am liebsten jeden Abend auf der Couch liegen, Ihre Lieblingssendung schauen und dabei hemmungslos Chips futtern (ganz ohne schlechtes Gewissen versteht sich), statt Bio-Möhren zu knabbern, abends den Jogginganzug anzuziehen und an Ihrer Traumfigur zu arbeiten. Oder lieber weiter von der Weltreise träumen, statt die Planung dafür wirklich anzugehen, wenn ja selbst die Forscher inzwischen sagen, dass die Vorfreude doch die schönste Freude ist. Es kann sein, dass Ihr Leben trotzdem von Glück erfüllt sein wird. Aber vielleicht auch nicht. Wenn Sie auf der Couch liegen bleiben, werden Sie es definitiv nicht herausfinden.

Wenn Sie heute sterben würden, hätten Sie dann das Gefühl, wirklich gelebt zu haben? Das Beste aus Ihrem Leben gemacht und Ihre Träume umgesetzt zu haben? Könnten Sie heute gehen und würden zufrieden auf Ihr Leben zurückblicken?

Wer mit Menschen auf dem Sterbebett spricht, wie Elisabeth Kübler-Ross, die bekannte Sterbeforscherin, es zeit ihres Lebens getan hat, bekommt immer die gleichen Antworten. Am Ende ihres Lebens bedauern Menschen nicht, zu wenig gearbeitet oder zu wenig Autos besessen zu haben, sie bedauern vielmehr jeden unnötigen Streit, sie bedauern, ihren Kindern und Partnern nicht oft genug gesagt zu haben, wie sehr sie sie lieben, und sie bedauern, ihre Chancen nicht genug genutzt, zu wenig gewagt und zu oft den »sicheren« Weg genommen zu haben.

Vor einigen Jahren schickte mir jemand zum Geburtstag den folgenden Text, leider weiß ich nicht, von wem er stammt, aber ich finde ihn einfach wundervoll und passend: »Das Leben sollte keine Reise sein mit dem Ziel, attraktiv und mit einem gut erhaltenen Körper im Himmel anzukommen. Wir sollten lieber seitlich hineinrutschen, Schokolade in einer Hand, Martini in der anderen, schreiend: ›Wow, was für eine Fahrt!‹« Damit meine ich nun natürlich nicht, dass Sie sich pausenlos betrinken, Unmengen von Schokolade essen oder zahlreiche Sexualpartner testen sollen (wobei all das natürlich okay ist, wenn es Sie glücklich macht). Ich meine, dass Sie Ihr Leben in seiner ganzen Vielfalt, mit all seinen Risiken und Nebenwirkungen annehmen und genießen sollen. Das ist das Glück der Fülle!

Doch darf man überhaupt vom Glücklichsein und dem idealen Leben träumen? Hieß es nicht schon früher in der Schule immer: »Pass auf und träum nicht rum!« Unsere Träume stellen die wahren Leitbilder unseres Lebens dar, mit denen wir unser Glück finden können (und zwar alle drei Arten von Glück), wenn wir ihnen genug Aufmerksamkeit schenken, ihre Botschaften übersetzen und ihren Aufforderungen folgen. Unsere Träume sind nicht »unwirklich« oder gar unerfüllbar, sondern Hinweise, Symbole und Bilder für unsere innere Wahrheit.

In Morpheus Armen – Traumvielfalt

Die Art unserer Träume ist so unterschiedlich wie die Menschen selbst. Manche träumen viel und bunt, verrückt und intensiv, andere erinnern sich kaum, träumen eher schwarz-weiß und empfinden das Thema als völlig unspektakulär. Manche Menschen bekommen »Botschaften« oder »Eingebungen«, andere können sich an keinen einzigen Traum erinnern. Menschen träumen vom Fallen, vom Fliegen, von wilden Tieren, anderen Zeiten und von erotischen Themen. Es gibt Angstträume, Alpträume, Klarträume, Wahrträume und sehr banale Träume, schamanische Träume, Träume im Schlaf oder einem schlaffähnlichen Zustand, und es gibt Tagträume, Lebensträume und Visionen im mehr oder weniger bewussten Zustand. Jeder dieser Träume kann Botschaften für Ihr Leben enthalten, die Sie für sich nutzen können, vorausgesetzt, Sie beginnen, sie bewusst wahrzunehmen.

Die Träume der Nacht

Etwa 150 000 Mal träumt der Mensch im Laufe eines durchschnittlichen Lebens im Schlaf. Im Traum haben wir innere Erlebnisse, die nicht der Kontrolle des Wachbewusstseins unterliegen und später nur teilweise erinnert werden können.

Alpträume

Alpträume haben oft angst- und panikauslösende Inhalte, wobei das für jeden Menschen etwas anderes sein kann. Ursachen von Alpträumen können unverarbeitete Ereignisse des Tages, Stress, der Tod eines geliebten Menschen oder verdrängte traumatische Erfahrungen sein. Auch seelische Impulse,

Ängste, denen wir uns im Wachbewusstsein nicht stellen, und unerfüllte Bedürfnisse können über den Alptraum den Weg zu uns finden. Häufen sich Alpträume in gleicher oder ähnlicher Form, ist es besonders sinnvoll, sich mit ihnen auseinander zu setzen, um weitere Hinweise über die Hintergründe, das eigene Seelenleben und mögliche Entwicklungsfelder zu erhalten.

Eine meiner Kundinnen, die seit Jahren in einer unglücklichen Beziehung lebte, hatte immer wiederkehrend den gleichen Alptraum: Sie träumte jede Nacht davon, wie sie viele Taschen, Kisten und Tüten für eine Reise packte, aber entweder hatte sie nicht genug Taschen, war nicht sicher, ob sie wirklich an alles gedacht hatte, oder sie wusste nicht, ob sie ihren Zug, ihren Flieger oder ihren Bus noch rechtzeitig erwischen würde. Jedes Mal wachte sie schweißgebadet auf und fühlte sich völlig erschöpft. Lange war ihr nicht bewusst, was diese immer wiederkehrenden Träume ihr sagen wollten, aber dann trennte sie sich nach Jahren des Streits von ihrem Mann, und die Träume hörten schlagartig auf. Eine andere Kundin träumte in einer Lebenskrise Nacht für Nacht davon, dass sie mit dem Auto eine Brücke hinauffuhr, die immer steiler wurde. In manchen Nächten schaffte sie es über den Scheitelpunkt, in anderen gelang es ihr nicht, und sie stürzte mit ihrem Wagen rückwärts in die Tiefe. Ihre Angst, die vor ihr liegenden Aufgaben nicht bewältigen zu können, wurde von ihrer Seele durch diese Träume zum Ausdruck gebracht und zum Teil verarbeitet. Erst als sie die Krise überstanden und ihr Leben verändert hatte, hörten die Träume auf.

Klarträume

Bei diesen Träumen handelt es sich um solche, in denen wir uns, während wir träumen, genau dessen bewusst sind. Sie werden auch »luzide« Träume genannt und wurden bereits vor mehr als 100 Jahren entdeckt, aber für lange Zeit als »Humbug« aus der Forschung verbannt. Erst seit dem Ende der 1960er Jahre hat die Wissenschaft den Bereich wieder für sich entdeckt und mit seiner systematischen Erforschung begonnen. Mit etwas Übung ist es möglich, sich im Traum nicht nur bewusst zu sein, dass man träumt, sondern den Traum auch zu steuern und dadurch aktiv zu nutzen, sowohl, um Veränderungen im Traumgeschehen herbeizuführen, als auch, um zum Beispiel Antworten auf persönliche bedeutsame Fragen aus dem eigenen Inneren zu erhalten und gewohnte Verhaltensmuster zu durchbrechen. Eine der faszinierendsten Erkenntnisse der Forschung zu Klarträumen ist etwas, das aus dem Mentaltraining bereits hinreichend bekannt ist: Dass die im Klartraum absolvierten Übungen und Bewegungsabläufe tatsächlich die körperliche Realität beeinflussen. So gibt es Sportler, die im luziden Traum komplizierte Bewegungsmuster in Zeitlupe trainieren und dadurch nicht nur ihre Leistung im echten Training enorm verbessern, sondern auch die erforderlichen Muskeln aufbauen. Die Fähigkeit zum Klarträumen kann trainiert werden und ist besonders für Menschen mit wiederholten Alpträumen eine sinnvolle Möglichkeit.

Wahrträume

Ob wir einen Wahrtraum oder gar prophetischen, auch präkognitiv genannten Traum erleben, können wir meist erst rückblickend sagen. Viele Menschen sehen in Träumen reale Geschehnisse voraus. Insofern es den Träumenden selbst betrifft, mag man noch sagen können, dass es der Transfer von unbewussten Informationen ins Traumbewusstsein ist, und daran wäre wenig Geheimnisvolles. Doch es gibt auch Wahrträume, die andere oder gar die Welt betreffen, wie einen Flugzeugabsturz, eine Naturkatastrophe oder die Antwort auf eine bedeutsame Frage zu träumen.

Ich selbst habe das Wahrträumen schon häufig erlebt, besonders in den Jahren meines Studiums, in denen ich mich intensiv mit tiefpsychologischer Traumdeutung beschäftigt und meine Träume systematisch notiert und analysiert habe. Meist waren es eher unspektakuläre Ereignisse, manche haben mich aber auf neue Herausforderungen vorbereitet, und durch meine Notizen konnte ich mir zweifelsfrei beweisen, dass es tatsächlich Wahrträume gibt. Mit den heutigen Mitteln der Wissenschaft kann das noch nicht abschließend erklärt werden, dennoch ist es möglich, und viele meiner Kunden haben mir das mit ihren eigenen Erfahrungen bestätigt.

Tagträume – alles ist gut

Kommen wir von den Träumen der Nacht nun zu den Träumen des Tages, die noch mehr mit Ihren Lebensträumen zu tun haben. Vielleicht kennen

Sie das: Ihre Aufmerksamkeit schweift ab von dem, was Sie gerade tun, Ihr Blick geht aus dem Fenster und Ihre Gedanken tragen Sie davon … Sie sehen und fühlen sich am Strand im warmen Sand liegen, in der Hand einen kühlen Cocktail. Die Wellen umspülen sanft Ihre Füße, während Sie sich entspannt und wohlig räkeln und dabei denken: »Ach, was habe ich es gut...«, bis die Kollegin aus dem Nachbarbüro Ihnen die Post auf den Tisch knallt und Sie abrupt aus Ihrem Traum erwachen.

Jeder von uns wechselt bis zu 250 Mal am Tag in ein Traum-Paralleluniversum, auch wenn diese Ausflüge oft so kurz sind, dass wir kaum etwas davon merken. Etwa ein Fünftel davon sind allerdings längere und größtenteils bewusste Tagträume, die wir auf der Couch, beim Spazierengehen oder bei der Arbeit erleben. Wir neigen besonders dann zu Tagträumen, wenn unser Gehirn wenig arbeiten muss, wenn wir Standardaufgaben ausführen, Auto fahren, bügeln oder auf einer Sonnenliege vor uns hindösen, immer dann, wenn wir auf »Autopilot« geschaltet haben. Beim Tagträumen werden Hirnregionen aktiviert, die beim normalen Denken nicht aktiv sind. Sie sind umso intensiver, je flächendeckender unser über das gesamte Hirn verteiltes Netz von Arealen daran beteiligt ist. Wird ein Bereich dieses Netzwerks durch Krankheit oder einen Unfall beschädigt, haben Menschen weniger spontane Einfälle und Gedanken und empfinden oft eine geistige Leere, bis hin zu Depressionen.

Im Tag- oder Wachtraum steigen Potenziale und Möglichkeiten aus den tieferen Bewusstseinsschichten auf, die Teile von uns betreffen, die im normalen Leben den Filter unseres Verstandes zu wenig durchdringen. Wir erschaffen uns innere Bilder dessen, was wir gerne hätten und was wir sein könnten. In diesen Träumen haben wir die Chance, uns selbst in der Zukunft zu sehen, also einen weiterentwickelten Teil unserer Persönlichkeit kennen zu lernen und uns gefahrlos in neuen Situationen auszuprobieren. Wir können Kraft und Motivation zur Verwirklichung unserer Ziele finden, Ängste abbauen oder ein neues Klavierstück einüben. Wir können frühere unangenehme Erfahrungen aktivieren und ihnen ein stimmigeres Ende geben, so das Geschehene verarbeiten und dadurch verhindern, die gleichen Fehler noch einmal zu machen.

Darüber hinaus sind Tagträume ein idealer Weg für eine kurze oder auch lange Entspannung zwischendurch und eine Möglichkeit, sich eigentlich unmögliche Wünsche zu erfüllen. Im Tagtraum können wir ein anderes Geschlecht annehmen, den Grand Prix gewinnen, in andere Zeiten oder Länder reisen und mit George Clooney den Abend verbringen. Tagträume können Spaß machen und sich ausgleichend auf unseren Gemütszustand auswirken, außerdem machen sie intelligenter. Wenn wir Träume immer wieder im Kopf abspielen, kann das unseren IQ um mehrere Punkte nach oben bringen! Tagträumer sind besonders fantasievolle und realitätstüchtige Menschen, sagen mehrere Studien. Wer hätte das gedacht?

Tagträume können uns passiv ereilen, manchmal regelrecht überfallen, aber wir können sie auch aktiv initiieren, wenn wir uns Zeit dafür nehmen. Im Tagtraum sinken wir in einen leicht veränderten Bewusstseinszustand, in dem Außenreize weitestgehend ausgeschaltet sind und unser Verstand seine Kontrolle für eine gewisse Zeit lockert oder gar aufgibt. Unsere Aufmerksamkeit wendet sich von den äußeren Reizen ab und der eigenen inneren Welt zu.

Vom Nutzen der Luftschlösser

Tagträume sind nützlich und sinnvoll für unsere Psychohygiene, indem sie uns entspannen oder monotone Aufgaben besser ertragen lassen, aber sie tragen auch eine tiefere Botschaft in sich – sonst würden wir alle sehr ähnlich träumen. Der eine träumt sich aber an den Strand, der nächste sieht sich als Oscargewinner oder wie er den Nobelpreis in Empfang nimmt, ein anderer erlebt sich beim Besteigen eines Berges oder in einer glücklichen Beziehung mit dem Partner seiner Träume. Auch in Tagträumen zeigen sich unsere tiefsten Bedürfnisse, und es gilt, sie bewusst wahrzunehmen und zu lernen, sie zu »übersetzen«. Vielleicht sind wir einsam und erleben im Tagtraum ein Gefühl von Verbundenheit? Oder wir wagen im Tagtraum unser kreatives Potenzial zu zeigen, sehen uns im tosenden Applaus auf unserer ersten Vernissage stehen und erleben die Freude, die mit diesem Selbstausdruck verbunden ist? Manche Tagträume sind allerdings auch nur dazu da, unser Leben etwas bunter zu machen und eine kleine Flucht aus dem Alltag zu sein. Nicht jeder Tagtraum muss auch umgesetzt werden, aber jeder wiederkehrende Traum trägt in sich die Botschaft für etwas Größeres.

Doch ist es nicht gefährlich, sein Leben auf Luftschlössern aufzubauen? Wohl kaum! Viele der großen Errungenschaften der Menschheit wurden zuerst »erträumt«. Es geht ja nicht darum, sich aus dem Leben oder sozialen Interaktionen in Traumwelten zurückzuziehen, sondern das ohnehin vorhandene spontane Tagträumen aktiv wahrzunehmen und zu nutzen. Für das Tagträumen spricht außerdem auch – genau wie beim luziden Träumen – die wissenschaftliche Erkenntnis, dass allein das Erdenken von Situationen und Tätigkeiten Areale in unserem Gehirn aktiviert und Verschaltungen bildet, auf die wir später so zurückgreifen können, als hätten die erträumten Geschehnisse tatsächlich stattgefunden. Wenn wir (von) etwas träumen, erhöhen wir damit also die Wahrscheinlichkeit, es zu leben! Einen besseren Grund zu träumen gibt es wohl kaum.

Fantasie, Tagträume und imaginative Reisen sind seit mehr als 100 Jahren Teil der psychotherapeutischen Arbeit. So lange ist auch bereits bekannt, dass sowohl spontan aus dem Klienten selbst entstehende als auch in geführten Visualisierungen oder leichten Trancen entstehende innere Bilder Hinweise auf zu verarbeitende Themen und das zu entwickelnde persönliche Potenzial geben können. Kurzum, Tagträume sind bereichernd, gesund und nützlich. Sie beinhalten wichtige Hinweise und Zeichen für unsere Lebensträume. Und ein Traum, der nicht beachtet wird, ist wie ein lebensverändernder Brief unseres Unterbewusstseins an unser Bewusstsein, der nicht geöffnet und nicht gelesen wird.

Lebensträume – und täglich grüßt das Murmeltier

So, wie die Wahrscheinlichkeit zunimmt, sich an die nächtlichen Träume zu erinnern, wenn man sich am Abend vornimmt, sie am nächsten Morgen aufzuschreiben, nimmt auch die Wahrscheinlichkeit zu, sich die eigenen Lebensträume bewusst zu machen und in die Realität umzusetzen, wenn man wirklich bereit ist, sich mit ihnen auseinander zu setzen.

Lebensträume sind über einen längeren Zeitraum wiederkehrende, positiv emotional besetzte Bilder, Ideen und Sehnsüchte, die sich in unseren Gedanken, Tagträumen, Wünschen und manchmal auch in den Träumen der Nacht zeigen. Häufig hängen Tagträume und Lebensträume eng zusammen. Wünschen wir uns ein Leben auf dem Land, können wir uns sowohl in unseren Tagträumen immer wieder sehnsuchtsvoll vorstellen, wie das Haus aussieht, in dem wir leben, wie gut es dort nach Natur riecht und wie schön die grünen saftigen Wiesen wären, aber die Bilder erreichen uns auch über andere Quellen: Wir bleiben vor einem Gemälde stehen, auf dem wir eben jene grünen Wiesen sehen, wollen unseren Urlaub dort verbringen, wo wir Kontakt mit der Natur haben, und im Fernsehen genießen wir Reportagen über Landstriche, die denen unserer Träume ähneln. Lebensträume, die sich in unseren Tagträumen zeigen, sind klar, intensiv und lebendig, und wir erleben sie meist mit allen Sinnen. Sie hinterlassen einen Eindruck in und auf uns und sind unauslöschlich mit uns verbunden, selbst wenn wir sie über viele Jahre »nur« träumen und niemals umsetzen.

Unsere wahren Lebensträume entstehen selten spontan, sondern bauen sich (manchmal schon seit unserer Kindheit) stetig und kontinuierlich auf, bis sie entweder erfüllt oder in die hintersten Winkel unseres Bewusstseins abgeschoben werden, weil wir den Schmerz der fehlenden Erfüllung vermeiden wollen. Dort arbeiten sie dann im Unterbewusstsein weiter in uns und suchen sich durch unsere Tag- und Nachtträume immer wieder einen Weg in unsere Gedanken. In unseren Lebensträumen spricht unsere Seele zu uns oder, wie Paulo Coelho schrieb: »Unsere Träume sind die eigentlichen Bestimmungen unseres Lebens, und unser Universum selbst ist ein Traum Gottes.« Um unsere Lebensträume zu entdecken, müssen wir die Grenze zwischen »Wirklichkeit« und »Traum« durchlässiger machen und die inneren mit den äußeren Bildern verbinden, die innere Welt mit der äußeren in Kontakt bringen. Lebensträume können aus uns selbst entstehen, aber sie können auch durch äußere Reize in uns aktiviert werden. Auslöser können uns überall begegnen: am Tag und in der Nacht, im Gespräch mit der Kassiererin im Supermarkt, durch ein Plakat an der Litfaßsäule oder durch einen Bericht im Fernsehen, sodass wir plötzlich wissen und spüren: Ja! Genau das ist es!

Unerfüllte Sehnsucht

In jedem Leben gibt es unerfüllte Sehnsüchte, ungelebte Potenziale und geheime oder gar »verbotene« Wünsche. Wenn Sie Ihren Traumjob bereits haben, gibt es vielleicht Hobbys, die Sie zu gerne noch ausüben würden, aber Ihre Familie hat Angst, dann zu kurz zu kommen, also verkneifen Sie es sich. Wenn Sie in einer glücklichen Beziehung leben, träumen

Sie vielleicht trotzdem davon, wenigstens einmal im Leben Sex zu dritt zu haben, doch natürlich sprechen Sie nicht darüber, denn Sie wollen Ihren Partner ja nicht verletzen. Und auch wenn Sie schon viel gesehen haben, lässt Sie seit Jahren die Idee nicht los, einmal den alten Kindheitstraum von »in 80 Tagen um die Welt« zu realisieren, aber das erscheint Ihnen völlig unrealistisch, also lassen Sie es. Auch wenn Ihr Leben bereits wunderbar läuft: Es kann immer noch besser werden! Wobei Sie den Vergleich mit anderen Menschen lieber lassen sollten. Beim Klassentreffen hat Ihre ehemalige Schulkameradin erzählt, dass sie bereits Abteilungsleiterin ist, eine tolle Beziehung und zwei Kinder hat und regelmäßig Marathon läuft, während Sie selbst immer noch nicht den richtigen Mann gefunden haben, Ihre biologische Uhr tickt, und Sie von einem Marathonlauf etwa so weit entfernt sind wie eine Ente. Na und? Niemand kann von einem anderen wissen, ob sein Leben wirklich so perfekt ist, wie es nach außen scheint. Vielleicht ist Ihre Schulkameradin ja todunglücklich und würde viel lieber ein anderes, entspannteres Leben führen, wieder mehr Zeit für sich haben, sich mal gehen lassen, alleine leben oder auswandern. Aber wie sollte sie das vor sich selbst, ihrem Partner und ihren Eltern zugeben? Das käme in ihren Augen einem Scheitern gleich, also macht sie einfach immer weiter.

Wir alle sind nicht dafür geschaffen, unser Leben nach einem äußeren Maßstab, der Gesellschaft oder anderen Menschen auszurichten, sondern nur nach der eigenen inneren Wahrheit. Das ist gemeint mit: das Beste aus sich machen. Und nicht der Perfektionswahn, der hierzulande so weit verbreitet ist. Viele Menschen versuchen fortwährend, das Beste aus sich herauszuholen, indem sie ihre Schwächen reduzieren, bloß keine Fehler machen und dafür alle Ansprüche von außen perfekt erfüllen wollen. Sich verbessern zu wollen ist natürlich sinnvoll, doch sich dabei auf seine Schwächen zu konzentrieren führt bekannterweise maximal zum Mittelmaß – so, wie sich auf seine falschen Träume zu konzentrieren auch nur zum halben Glück führt. Es geht darum, die eigenen Stärken noch weiter auszubauen, die ganz persönlichen eigenen Träume zu erkennen und bestmöglich und umfänglich zu leben. Wir sollen nicht im Vergleich zu anderen die Besten sein, sondern in unserem eigenen Leben, und uns und der Welt unser Bestes geben. Und wenn etwas Gutes immer noch besser werden kann, kann es ja auch einfach sehr gut werden. Es muss nicht perfekt sein.

Visionen – größer, bunter, weiter

Aber es geht noch eine Nummer größer. Die Lebensträume mancher Menschen sind so außergewöhnlich, dass man sie eher als Visionen bezeichnen kann. Der Unterschied zu Lebensträumen ist ihr Anspruch. Es geht um etwas noch nie Gedachtes, bisher nicht Existierendes oder so Besonderes, dass es die Welt verändert. Im Kleinen, im Großen oder zumindest für den Menschen, dessen Vision wahr wird.

Ein Beispiel für einen Menschen, dessen Vision die Welt verändert hat, ist der Wirtschaftswissenschaftler und Friedensnobelpreisträger Muhammad Yunus, der als »Banker der Armen« in Bangladesch weltbekannt geworden ist. Er ist Gründer der Grameen Bank, die Kleinstkredite ab einem Euro an Kleingewerbetreibende in Entwicklungsländern vergibt. Seine Vision ist die wirtschaftliche und soziale Entwicklung »von unten«. Millionen von Menschen hat diese Idee bereits zu einem besseren Leben verholfen, und noch viele werden vermutlich folgen.

Ein ganz anderes Beispiel ist der Österreicher Felix Baumgartner. Als erster Mensch will er im freien Fall die Schallmauer durchbrechen. Dazu lässt er sich von einem Ballon bis an den Rand des Weltalls tragen, um von dort gen Erde zu fallen. Auch wenn es eine lebensgefährliche Aktion werden kann, ist er bereit, es zu wagen, um seine Vision wahr werden zu lassen. Natürlich können Sie nun denken, dass der Kerl komplett verrückt geworden ist, und vielleicht haben Sie damit sogar Recht, aber er lebt seine Vision und ist bereit, alles dafür zu geben.

Mutter Teresa, Gandhi, Nelson Mandela und viele andere hatten die Vision, die Welt zu verändern und haben ihre eigenen Bedürfnisse hinter ihren Zielen zurückgestellt. Heute zeigt uns der Dalai Lama, dass man für Freiheit und Gerechtigkeit einstehen und gleichzeitig ein ausgeglichenes Wesen haben kann. Es gibt kaum ein Bild, auf dem er bei aller Ernsthaftigkeit seiner Aufgabe nicht trotzdem ein Lächeln auf den Lippen hat. Ohne Menschen, die sich wagen, von Unmöglichem zu träumen und es anzugehen, wären wir nicht da, wo wir heute sind, und ohne sie wäre auch die Zukunft der Welt nicht sehr rosig. In Visionen ist heute schon sichtbar, was morgen erst wirklich wird, selbst wenn es augenblicklich noch utopisch erscheint. Lebensträume sind in erster Linie für uns selbst, aber manche sind gleichzeitig auch Visionen für eine bessere Welt.

Die Psyche und die (Lebens-) Träume – wie wir werden, was wir nicht sind

Wie kommt es nun, dass manche Menschen von Geburt an dazu bestimmt zu sein scheinen, ihre Lebensträume oder sogar ihre Visionen wahr zu machen, und andere trotz guter Vorsätze und idealer Rahmenbedingungen oft schon an kleinen Herausforderungen scheitern? Eine Frage der Persönlichkeit. Was Persönlichkeit ist, wie sie entsteht und wie sie uns beim Leben unserer Träume unterstützt oder auch behindert, das zeige ich Ihnen jetzt. Ich tue das bewusst ausführlich, da es für das Verständnis Ihrer Träume (und auch Ihres Lebens) von großer Bedeutung ist.

Unsere Persönlichkeit

Wir glauben, dass das, was wir im Außen wahrnehmen, die Realität ist. Tatsächlich nimmt jeder Mensch die »Realität« aber so wahr, wie es seinem inneren Bild von der Welt und seiner daraus abgeleiteten eigenen Logik entspricht. Da wir unsere eigene Sicht für absolut objektiv halten, sind wir meist kaum dazu in der Lage, sie ernstlich infrage zu stellen oder andere Sichtweisen gleichberechtigt oder gar zutreffender zu finden.

Unsere ganz persönliche Wahrnehmung ist ein größtenteils unbewusster Prozess, der unsere Erfahrungen und Erinnerungen als Grundlage hat. Wir haben ein festes Bild davon, wie Menschen sind und welche Denk- und Verhaltensweisen wir von ihnen und auch von uns selbst erwarten können. Dieses Welt- und Menschenbild samt all seiner Verzerrungen ist ein Produkt der Erfahrungen, die wir im Laufe unseres Lebens gemacht haben. Wer schon sehr häufig Kritik oder Ablehnung erlebt hat, neigt dazu, eine flapsige Bemerkung in einer aktuellen Situation eher als Angriff zu verstehen als ein Mensch, der in seinem

Leben hauptsächlich Akzeptanz und Unterstützung erfahren hat. Und wer verinnerlicht hat, dass er sein Leben und sein Glück selbst steuern kann, lässt sich auch von Schwierigkeiten nicht aus der Bahn werfen, weil er an sich glaubt.

Unsere Persönlichkeit ist ein komplexes Konstrukt, das verschiedene Aspekte beinhaltet. Die Art und Weise, wie wir die Welt um uns herum wahrnehmen, empfinden und interpretieren, unser Denken und Handeln, unsere Gefühle, Vorlieben, Abneigungen und Einstellungen – all das macht uns aus. Umgekehrt wirkt sich unsere Persönlichkeit darauf aus, wie wir die Welt um uns herum wahrnehmen und uns in ihr bewegen. Persönlichkeit ist dann sichtbar, wenn Erleben und/oder Verhalten zeitüberdauernd und situationsunabhängig immer wieder erkennbar ähnlich sind. Die einmalige Beobachtung eines Verhaltens ist noch kein Hinweis auf die grundlegende Persönlichkeit eines Menschen; erst ein in bestimmten Situationen immer wiederkehrendes Verhalten zeigt uns, wie ein Mensch ist.

Anlage oder Umwelt?

Die Entwicklung unserer Persönlichkeit geschieht auf Basis genetischer Dispositionen (Wahrnehmungsfähigkeit, Verarbeitungsgeschwindigkeit von Reizen und Konzentrationsfähigkeit) und individueller Lebenserfahrungen, als ein Wechselspiel von äußeren Einflüssen und innerer Verarbeitung. Die wesentlichen Grundlagen der Persönlichkeit entwickeln sich bereits in der Kindheit; Persönlichkeitsentwicklung an sich ist allerdings ein lebenslanger Prozess.

Noch immer ist die Frage, wie viel unserer Persönlichkeit von Anlagen (genetisch bedingt) beziehungsweise Umwelt (soziale Umstände, Rahmenbedingungen) bestimmt wird, nicht abschließend geklärt. Nach aktueller Ansicht der interdisziplinären Forschung sind 40 bis 50 Prozent der Persönlichkeit genetisch vorgegeben, 30 bis 40 Prozent sind Prägungen, also Erlebnisse im frühen Kindheitsalter (bis etwa fünf Jahre), und 20 bis 30 Prozent werden durch Erziehung, soziale Umstände und spätere Erfahrungen beeinflusst.

Früher dachte man, das Gehirn eines Menschen sei irgendwann fertig ausgebildet, und Lernen würde nicht mehr oder kaum noch stattfinden.

Seit der Entdeckung der Plastizität des Gehirns (also der Wachstumsbereitschaft bis zum letzten Tag unseres Lebens) musste der Glaube an das »Ich« als fixer Zustand dem Verständnis der Persönlichkeit als kontinuierlicher dynamischer Prozess weichen. Durch neue Erfahrungen und äußere Veränderungen sind wir auch in unserem Inneren ständig weiter in Entwicklung und können im wahrsten Sinne des Wortes in jedem Alter noch eine andere oder ein anderer werden.

Wege zur Veränderung

Bei unserer geistigen Entwicklung geschieht etwas, das Hirnforscher die »neuronale Bahnung« nennen. Jedes Erleben, jedes Verhalten und sogar jeder Gedanke zieht eine synaptische Verschaltung der betreffenden Nervenzellen im Gehirn nach sich, oder anders gesagt, jeder intensive Impuls führt zu einer neuen Verbindung in unserem Kopf. Mit jeder Wiederholung von Reiz und Reaktion wird diese neuronale Verschaltung stärker »gebahnt«, wie ein Weg querfeldein über eine Wiese, der zu Beginn nur ein Trampelpfad ist, aus dem bei häufiger Nutzung aber eine breite Straße oder gar eine Autobahn werden kann. Diese »Autobahn« ist für die neu eintreffenden Impulse dann so bequem und einladend, dass sie automatisch und unbewusst wieder genutzt wird. Die sich verstärkenden Erinnerungsspuren im Gedächtnis erhöhen die Wahrnehmungsbereitschaft für neue ähnliche Erfahrungen, und so entwickeln sich allmählich »Reaktionsmuster«. Der Griff zur Schokolade bei Langeweile, die Zigarette zum Kaffee und der Wutanfall bei der offenen Zahnpastatube im Bad, unsere Reaktionsmuster laufen meist gänzlich automatisiert ab, ob wir wollen oder nicht.

Einmal gebahnte Reaktionswege können nicht mehr vollkommen aufgelöst, sondern nur geschwächt werden. Um ein Reaktionsmuster zu verändern und neue Wege zu gehen, muss man also eine neue Bahnung herstellen, bestimmte Neuronen neu verknüpfen oder, bildlich gesprochen, den neuen Pfad attraktiver und bequemer machen als den alten. Eine hohe Intensität im Erleben des neuen Pfades bedeutet eine hohe Ausschüttung von Botenstoffen und damit eine hohe Beteiligung von Neuronen. Damit die neue neuronale Verknüpfung stabil wird, ist es nötig, das neue Verhalten möglichst bewusst, emotional und intensiv zu erleben und so oft wie möglich zu wiederholen, bis es das alte Muster ersetzt hat. Für unsere Lebensträume heißt das, je häufiger wir unseren Träumen Raum geben und je intensiver und sinnlicher wir darin schwelgen, desto schneller wird aus dem Trampelpfad unserer Gedanken eine breite Autobahn und desto höher ist die Wahrscheinlichkeit, dass wir die Chancen für die Umsetzung unserer Träume dann auch wahrnehmen und ergreifen.

Sich intensiv mit problematischem ungewollten Verhalten zu beschäftigten hilft übrigens nicht dabei, sich zu verändern, im Gegenteil: Dadurch verstärkt man sogar noch die neuronalen Erregungsmuster, die man ja eigentlich ablegen will. Neue Muster etablieren sich nur durch neu ausgerichtete Erfahrungen, Erlebnisse und Gedanken. Das bedeutet, dass der Fokus statt auf dem Problem, unseren Ängsten und unseren Schwächen möglichst auf der Lösung, unseren Träumen und unserem Potenzial liegen sollte. Eine gute Psychotherapie nach schweren Traumata und in kritischen Lebensphasen kann eine wichtige Unterstützung sein. Die Beschäftigung mit den eigenen Träumen, Wünschen und Zielen kann aber für die meisten Menschen sehr viel mehr bewirken, als fünf Jahre lang drei Mal pro Woche auf der Couch zu liegen (die Psychoanalytiker mögen mir diese Anmerkung verzeihen).

Das Zwiebelmodell der Persönlichkeit

Doch woraus entstehen nun diese neuronalen Autobahnen? Wie werden wir, was wir heute sind oder, genauer gesagt, was wir nicht sind? Lassen Sie mich Ihnen die Entstehung unserer Persönlichkeit und unserer inneren Überzeugungen an einem einfachen Modell zeigen: meinem Zwiebelmodell der Persönlichkeit.

In der Mitte unserer Persönlichkeit ist unser wahres Wesen, das wir als eine Art »Grundenergie« mit in diese Welt bringen. Dieser Wesenskern ist wie ein Samenkorn, in dem das gesamte unverfälschte Potenzial eines Menschen angelegt ist und auf seine Verwirklichung wartet. Das also, was wir wieder finden und erwecken müssen, wenn wir werden wollen, was wir wirklich sind.

Das Zwiebelmodell der Persönlichkeit

Schwangerschaft, Geburt und die ersten Lebensjahre

Noch vor ein paar Jahrzehnten dachte man, ein Säugling käme als unbeschriebenes Blatt auf die Welt. Belegt ist heute, dass ein heranwachsendes Kind im Bauch schon mit fünf Wochen, also wenn es von den Ärzten noch »Zellklumpen« genannt wird und erst wenige Millimeter groß ist, bereits auf Außenreize und Stimulation reagiert. Offenbar empfinden Embryos außerdem schon sehr früh eigene Gefühle wie Freude und Lust, aber auch Schmerz, Glück, Aufregung und Kummer der Mutter. Jede dieser Erfahrungen sorgt für die ersten neuronalen Bahnungen im Gehirn. Ist das Umfeld der Mutter beängstigend und unruhig, bilden sich neuronale Verschaltungen für Stress, Angst und

Unruhe. Ist die Mutter ausgeglichen und fühlt sich sicher, bildet das Ungeborene Synapsen für Glück und Zufriedenheit aus. Das, was die Wissenschaft bisher also als »genetisch« definiert hat, ist bereits eine Mischung aus genetischer Anlage und Prägungen im Mutterleib und damit »angeboren«.

Auch die Geburt spielt eine wichtige Rolle, also ob sie leicht oder schwer, lang oder kurz war, und auch, wie ein Baby nach der Geburt im Leben aufgenommen wird. Noch vor wenigen Jahrzehnten wurden Babys nach der Geburt untersucht, gewaschen, gewickelt und dann erst einmal alleine gelassen, damit sie und die Mütter sich von den Anstrengungen der Geburt erholen konnten. Das ist heute glücklicherweise anders.

Ist ein Baby dann geboren, ist sein Erleben und Verhalten bereits geprägt. Wenn es vor allem gute Erfahrungen gemacht, sich im Bauch der Mutter angenommen und geliebt gefühlt hat und nach der Geburt liebevoll empfangen wurde, ist es offen für weitere positive Erfahrungen und wird eher zufrieden und ruhig sein. Dadurch wird die Mutter entspannter und vielleicht sogar liebevoller mit dem Baby umgehen, und weitere positive Erfahrungen sind die Folge. Das Gute nimmt sozusagen seinen Lauf. Doch auch der umgekehrte Fall ist möglich – wenn das Baby im Körper der Mutter schon Schmerz, Einsamkeit und Unsicherheit erlebt hat und vielleicht nach der Geburt noch wenig beachtet wurde, wird es wahrscheinlich mehr weinen, unruhiger sein, seine Bezugspersonen mehr fordern und eventuell weniger liebevolle Aufmerksamkeit bekommen. Dadurch wird es noch mehr weinen (oder still leiden) und weitere unangenehme Erfahrungen machen. Je nachdem, wie die ersten wichtigsten Bezugspersonen mit einem Baby umgehen, verstärkt sich dann das begonnene Muster oder schwächt sich wieder etwas ab.

Was ein Baby in den ersten Monaten erlebt, strukturiert einen entscheidenden Teil seines Gehirns, worauf dann alles Folgende aufbaut; aber auch während ein Kind heranwächst, formen seine Erfahrungen sein Gehirn weiter, und je öfter es eine ähnliche Situation erlebt, desto nachhaltiger wird dieser Eindruck verankert. Erlebt ein Kind in seinen ersten Lebensjahren, dass es geliebt wird, dass es eine gute und zuverlässige Bindung an seine Bezugspersonen aufbauen kann, dass es körperlich und seelisch geborgen und sicher ist, dann kann es innere Sicherheit für den eigenen Lebensweg entwickeln und die Überzeugungen abspeichern, dass es wahrgenommen und geliebt wird, wie es ist und einen eigenen Willen haben darf. In ihm wächst das, was man Urvertrauen nennt.

Leider ist das bei etwa der Hälfte aller Menschen unseres Kulturkreises nicht so ideal gelaufen. Wenn Sie heute zwischen 30 und 50 Jahre alt sind, ist es sehr wahrscheinlich, dass Ihre Geburt nicht sanft, sondern eher rau war, dass Sie direkt danach für längere Zeit alleine gelassen wurden, dass Sie dann im Vierstundentakt gewickelt, mit der Flasche gefüttert (weil damals Muttermilch als ungesund galt) und wieder alleine gelassen wurden, und dass nicht immer sofort jemand kam, wenn Sie geweint haben (weil man dachte, es kräftige die Lungen, wenn ein Baby länger schreit, und wenn man gleich käme, würde man es verwöhnen).

Zu strenge oder antiautoritäre Erziehung, einsame Krankenhausaufenthalte, Unfälle oder andere Erlebnisse haben vielleicht dann noch dazu beigetragen, in Ihnen die Überzeugung wachsen zu lassen, dass die Welt kein sicherer Ort ist und Ihnen jederzeit etwas Schlimmes passieren kann, oder dass Sie nur geliebt werden, wenn Sie brav sind; dass es besser ist, alles perfekt zu machen und nicht aufzufallen, oder dass Sie sich besser nicht an andere Menschen binden, damit Sie nicht verlassen werden können.

Primäres Szenario und innere Überzeugungen

Alles, was Sie in den ersten fünf Lebensjahren erfahren und erleben, führt zu einem »Primären Szenario«. Das heißt, alle grundlegenden Dinge passieren hier ein erstes Mal. Werden Sie von den anderen Kindern im Kindergarten ausgelacht oder gar von der Erzieherin gerügt, weil Sie einen Baum mit einem gelben Stamm gemalt haben, verinnerlichen Sie vielleicht, dass es nicht sicher ist, eigene Kreativität auszudrücken und passen sich an, um diese unangenehme Situation nicht noch einmal zu erleben. Oder wenn Sie sich mit vier Jahren unsterblich in den drei Jahre älteren Nachbarsjungen verliebt haben, der sich aber mit seinen Freunden über Ihre Anbetung lustig macht, speichern Sie vielleicht ab, dass es schmerzhaft ist, seine Gefühle zu zeigen, und versuchen, sie in Zukunft lieber vor der Welt zu verbergen.

Idealerweise haben wir in den ersten fünf Jahren die Erfahrung von Autonomie, Bindungsfähigkeit und Selbstwirksamkeit gemacht, aber oft war auch das Gegenteil der Fall und wir haben Hilflosigkeit und Bindungsangst erlernt. Jede unangenehme Erfahrung hat eine weitere Schicht um Ihren Wesenskern im Inneren wachsen lassen, die bei manchen Menschen inzwischen schon einige Schichten dick geworden ist.

Die nächsten Jahre

Haben wir die ersten fünf Lebensjahre mehr oder weniger gut hinter uns gebracht, verlassen wir immer mehr den Rahmen unseres Elternhauses und treffen auf weitere Kinder, Menschen und Bezugspersonen. Auch wenn wir im eigenen Zuhause wenig gute Erfahrungen gemacht haben, können wir jetzt auf neue Menschen treffen, die uns ein gutes Gefühl vermitteln. Da gibt es dann vielleicht einen Lehrer, der das kreative Potenzial erkennt und Sie ermutigt, wieder zu malen, oder die Mutter einer Freundin, bei der Sie immer willkommen sind und dort so etwas wie eine glückliche Familie erleben. Keine Kindheit ist nur schlecht gewesen, und Kinder haben die offenbar angeborene Fähigkeit, sich auch gute Erfahrungen zu verschaffen, die ihr Selbstwertgefühl stärken. Grundsätzlich ist es in der Zeit von fünf Jahren bis zu unserem Erwachsenwerden aber so, dass wir unsere primären Szenarien, also die guten wie auch die schlechten Erfahrungen, wiederholen, und sehr häufig läuft das unbewusst ab. Wir sind ja tief im Inneren jetzt überzeugt, dass die Welt so ist, und erwarten bereits, dass unsere Stimme gehört wird und wir geliebt werden, oder aber auch, dass unsere Kreativität nicht erwünscht ist oder unsere Liebe nicht erwidert wird. Da steht dann (für uns unsichtbar, aber für andere sichtbar) quasi auf unserer Stirn geschrieben »Ich weiß, was ich wert bin«, aber auch »Ich bin mir meiner Kreativität nicht sicher« oder »Ich habe Angst vor Ablehnung«, was uns unsicher machen und zu einer selbsterfüllenden Prophezeiung werden kann.

So werden wir erwachsen, und unsere guten und die weniger guten inneren Überzeugungen verfestigen sich mit jeder ähnlichen Erfahrung und jeder Wiederholung. Wir lernen, damit zu leben, und bemühen uns, Schmerzen und Kummer zu vermeiden, indem wir unserer Zwiebel weitere (Schutz-)Schichten hinzufügen. Wir gehen durch die Schulzeit, machen eine Ausbildung oder studieren, geben unser Bestes in unseren ersten Jobs, vielleicht wechseln wir den Arbeitgeber, entwickeln uns weiter und finden nach einigen Jahren der Berufstätigkeit unseren Platz im Leben. Wir bauen unsere berufliche Kompetenz aus und sammeln Erfahrungen, gründen möglicherweise eine Familie und kaufen uns eine Eigentumswohnung. Aber tief im Innern spüren wir, dass noch etwas unrund ist in unserem Leben. Das noch etwas fehlt. Oder dass wir etwas ändern möchten, es aber nicht schaffen, wie sehr wir uns auch darum bemühen. Oder dass wir einen alten Kummer mit uns herumtragen, der immer mal wieder auftaucht. Wir haben es satt, immer und immer wieder die gleichen schmerzhaften Erfahrungen zu wiederholen. Den Job zu wechseln und auch im neuen Büro wieder Probleme mit den Kollegen oder dem Chef zu bekommen, die dritte Ehe einzugehen und dabei das Gefühl zu haben, dass es vermutlich auch wieder nicht klappen wird, oder zum zehnten Mal Diät zu machen, um am Ende doch wieder frustriert die alten Sachen aus dem Schrank zu holen, weil wir in die neuen in der kleineren Größe partout nicht hineinpassen wollen. Bis wir dann eines Tages morgens aufwachen, uns im Spiegel betrachten, unseren Wesenskern hinter vielen Erfahrungsschichten verborgen sehen und uns fragen: Wer bin ich wirklich?

Des Zwiebels Kern

Was hat das alles nun mit unseren Lebensträumen zu tun? Unseren Wesenskern, der unser gesamtes Potenzial beinhaltet und dessen Verwirklichung Sinn und Aufgabe unseres Lebens ist, haben wir in der ersten Hälfte unseres Lebens unbewusst mit vielen schützenden Schichten umhüllt und dadurch häufig den Kontakt mit unserem wahren Selbst verloren. In der zweiten Hälfte unseres Lebens geht es nun darum, diese Schichten ganz bewusst wieder abzutragen und zurück zum Kern zu kommen, bis wir dann idealerweise vor unserem Tod wieder nah bei uns selbst angekommen sind. Wir ändern sozusagen in der Mitte unseres Lebens die Richtung. Wo es zuerst darum ging, nach draußen zu gehen und unseren Platz in der Welt zu finden, geht es jetzt darum, nach innen zu gehen und den Platz in unserer inneren Welt zu finden.

In dieser Phase zeigen sich unsere bisher ungelebten Potenziale in unseren Träumen, die wir ja noch immer verwirklichen können. Viele Menschen spüren zwar ihre Unzufriedenheit und wissen genau, was sie nicht mehr wollen, aber sie wissen nicht, was sie stattdessen wollen. Ignoriert man die Unzufriedenheit zu lange, beginnt die Seele sich zu wehren. Häufig zeigt sich das dann in innerer Leere, Frust, in Form von körperlichen Beschwerden, Krankheiten, Burnout oder Depressionen. Gefühle von Sinnlosigkeit, sich selbst fremd oder im falschen Film zu sein, eine »Ja, aber«-Mentalität, all das können Zeichen sein, tief in sich zu spüren, dass das Leben verändert werden müsste, man aber noch nicht weiß, wie und wohin. In diesem Buch werden Sie mit Hilfe Ihrer Lebensträume Ihre »Zwiebel« bildlich gesprochen Schicht um Schicht schälen, sodass Sie am Ende des Lebenstraum-Navigators wieder bei Ihrem wahren Kern angekommen sind.

Die Krise der Lebensmitte

Seit einigen Jahren konnte ich in meiner Praxis beobachten, dass die Menschen sich die Frage nach dem Sinn ihres Lebens, ihrer Berufung und ihrer »wahren« Persönlichkeit immer früher stellen. Jeden von uns trifft es aber – ob wir wollen oder nicht – spätestens in der sogenannten »Midlife-Crisis«, also etwa zwischen 35 und 45 Jahren. Vielleicht stirbt ein enges Familienmitglied oder ein Freund im gleichen Alter, man verliert plötzlich seinen Job, bekommt einen Burnout oder eine schwere Krankheit. Und bei manchen Menschen kommt die Sinnfrage tatsächlich einfach »aus heiterem Himmel«. Spätestens dann machen wir uns auf, uns selbst zum ersten Mal wirklich kennen zu lernen und dadurch innere Sicherheit und Vertrauen ins Leben (zurück) zu gewinnen. Und wie beim Schälen und Schneiden einer Zwiebel ist das manchmal mit schmerzhaften Gefühlen und Tränen verbunden. Das nennt sich dann Persönlichkeitsentwicklung, was im Wortstamm von »Entrollung« (lateinisch evolutio) oder »Entfaltung« (lateinisch explicatio) kommt.

An diesem Punkt scheiden sich nun die Geister. Ein Teil der Menschen wird sich zwar kurzzeitig darüber klar, dass eigentlich eine Menge Arbeit auf sie wartet, um glücklich zu werden, sie sind aber nicht bereit dazu, ihr Leben zu überdenken oder wirklich ernsthaft an sich zu arbeiten. Das führt dann dazu, dass man sich eine jüngere Geliebte oder auch einen Schönheitschirurgen sucht – oberflächliche Fluchtversuche. Viele Menschen wollen aber doch ihrem wahren Wesen auf den Grund gehen, sei es aus großem Leidensdruck heraus oder auch aus Neugier. Dafür lesen sie

Bücher über Persönlichkeitsentwicklung, machen eine oder mehrere Therapien, besuchen Workshops, sprechen mit Freunden oder sogar einem Coach, kurzum, sie fangen an, sich mit sich selbst auseinanderzusetzen. Am liebsten würden sie das Ganze allerdings möglichst rasch abschließen, um sich dann wieder ihrer Karriere oder Familie zuzuwenden, doch die Zwiebel hat meist sehr viele Schichten, und sie alle abzutragen, dauert länger als nur ein Wochenende. Aber es lohnt sich, denn im Kern der Zwiebel finden wir uns selbst.

Die Suche nach Sinn

Wie sieht unser Leben aus, wenn wir die Blickrichtung einmal umkehren, es von hinten nach vorne betrachten. Ist es dann »sinn-voll«? Ergibt es ein stimmiges Ganzes? Welche unserer Gedanken und Träume werden wir verwirklicht haben? Welche Pläne umgesetzt? Wo haben wir Spuren hinterlassen? Und vor allem, waren wir offen für das, was sich durch uns zum Ausdruck bringen wollte? Der Moment, in dem wir erkennen, dass der Mensch im Spiegel ein anderer ist als der, der wir sein könnten und der wir wirklich sind, stellt alles, was bisher normal und okay zu sein schien, infrage. Der Sinnzusammenhang entgleitet uns. Die Frage nach dem Sinn ist das Verlangen eines Menschen, sein Leben und die Geschehnisse darin wirklich zu verstehen. Den Sinn unseres Lebens erfahren wir dann, wenn alles, was wir denken, fühlen, tun und erleben, einen Zusammenhang ergibt und stimmig, also im Einklang ist. Es geht allerdings nicht darum, den Sinn des Lebens schlechthin zu finden. Das ist den Philosophen und Gelehrten in Tausenden von Jahren nicht gelungen. Es geht immer nur darum, den Sinn des eigenen, also Ihres Lebens zu finden.

In dem Moment, wo uns klar wird, dass unser Leben diesmal nicht unendlich ist, sondern wir womöglich tatsächlich bereits in der zweiten Hälfte angekommen sind, wird das Leben nicht mehr von vorne nach hinten, sondern plötzlich von hinten nach vorne betrachtet – verbunden mit der berechtigten und wichtigen Frage, was wir nun mit dem Rest unseres Lebens tun wollen. Tief in uns ist etwas aufgewühlt, das sich nicht mehr ruhig stellen, überdecken, ignorieren oder wegdiskutieren lässt. Die Zeit der Kompromisse ist vorbei. Nun gilt es, sich für oder gegen das neue Leben zu entscheiden.

Falls Sie jetzt bei der Beschäftigung mit dem Thema Lebensträume und dieser kurzen Beschreibung des Zwiebelmodells spüren, dass es auch in Ihrer Kindheit oder in Ihrem Leben etwas Einschneidendes gegeben hat, das Ihnen das Leben heute schwer macht (und meine Erfahrung hat mir gezeigt, jeder von uns hat das ein oder andere Thema, das es wert ist, ans Licht geholt und geheilt zu werden), können die neuesten Erkenntnisse der Hirnforschung Mut machen. Eine Psychotherapie, in der das Augenmerk besonders auf die Beziehung zwischen Klient und Therapeut gelegt wird und in der man eine liebevolle Bindung sozusagen nachholen kann, kann durch frühe negative Erfahrung veränderte Gehirnstrukturen wieder normalisieren. Aber auch ohne eine Therapie können positiv erlebte sichere Bindungen zu Freunden und zum Partner helfen, alte Wunden zu heilen, Schutzschichten abzutragen und zum eigenen Wesenskern vorzudringen.

Aufgewacht!

Der Psychologe und Traumforscher C. G. Jung nannte den »Spiegel-Moment« den Zeitpunkt des Erwachens. Es ist der Moment, in dem unsere »Individuation«, also die Befreiung unseres wahren Wesens an der Reihe ist. Individuation bedeutet, sich nicht mehr danach zu richten, »was man sollte« oder »was im allgemeinen richtig wäre«, also nicht nach dem zu gehen, was man in den ersten Jahren von seinen Bezugspersonen und dem Umfeld als »richtig« gelernt hat, sondern in sich hinein zu horchen, um herauszufinden, was man selbst im tiefsten Inneren als richtig und als eigene Wahrheit erachtet. Auf dem Weg seiner Individuation ist der Mensch immer wieder gefordert, sich aktiv und bewusst den neu auftauchenden Problemen zu stellen und zu lernen, seine Entscheidungen nicht vor anderen, sondern vor allem vor sich selbst zu verantworten. Dem Wesenskern beziehungsweise dem Selbst (was nur ein anderer Begriff dafür ist) kommt die Aufgabe zu, den Menschen in einem fortwährenden Selbsterkenntnis- und Entwicklungsprozess zu halten, mit dem Ziel, eine ungeteilte und integrierte Person zu werden, also all das zum Ausdruck zu bringen, was als Potenzial in der Seele angelegt ist, um einen Menschen einzigartig zu machen.

Der Wesenskern erreicht das, indem er spätestens ab der Mitte des

Lebens die Inhalte des Unbewussten durch Träume und Symbole in das Bewusstsein des Menschen sendet, um das, was bisher ungelebt und verborgen war, zutage zu fördern und zugänglich zu machen. Hier geht es um die ungelebten positiven, aber auch negativen Potenziale, und erst durch die Integration auch aller verdrängten, ungeliebten Seiten an sich findet man am Ende zur Ganzheit. Anselm Grün schrieb dazu: »Dieser innere Kern will uns dazu führen, authentisch zu sein, ganz wir selbst zu sein, in Übereinstimmung zu kommen mit unserem innersten Wesen. (…) Wer den Zugang zu seinem wahren Selbst findet, der ist frei von der Erwartung der Menschen. (…) Daher ist der Weg in die eigene Seele, zum wahren Selbst, immer auch ein Weg in die Freiheit«.

Der Weg der Seele

Die humanistische Psychologie nimmt an, ein Mensch strebt grundsätzlich nach der bestmöglichen Ausdrucksform seines Selbst. Psychologie im ursprünglichen Sinn ist ja die Lehre von der Seele und das bestmögliche, Selbst also nichts anderes als die beste Form, die Sie selbst oder Ihre Seele in diesem Leben zum Ausdruck bringen können. Umfragen zufolge glaubt mehr als die Hälfte aller Deutschen nicht, dass mit dem Tod alles aus ist, sondern vertraut auf die Unsterblichkeit der Seele. Die Idee, dass die Seele den Körper überdauert, ist Jahrtausende alt und in fast allen Kulturen zu finden. Es gibt keinen Beweis *für* die Existenz der Seele, es gibt aber auch keinen Beweis dafür, dass Seelen *nicht* existieren. Niemand kann heute sagen, was »wahr« ist, aber wir alle haben einen untrüglichen Mechanismus in uns, der uns genau sagen kann, was *für uns* wahr ist.

Es ist gleich-gültig, ob es »Seelen« tatsächlich gibt, oder ob es nur Wunschdenken des Verstandes ist, um uns die Angst vor dem Tod zu nehmen. Entscheidend ist die Frage, ob der Gedanke an die Unsterblichkeit der Seele uns mehr oder weniger Sinn in unserem Leben empfinden lässt, und ob wir dadurch erfüllter und glücklicher leben.

Zurück zum Kern

Tatsächlich ist es für das Erkennen und Umsetzen unserer Lebensträume nicht entscheidend, ob sie wirklich aus dem Wesenskern und unserer Seele kommen oder »nur« aus unserem genetischen Potenzial stammen. In beiden Fällen sind der Ausdruck der Träume und ihre Interpretation dieselbe. Unsere wesentlichen Lernaufgaben finden wir in all dem, was uns fordert, uns verletzt, und wo wir ohne es zu wollen das primäre Szenario immer wieder reinszenieren. Wo uns der Mut verlässt oder wir trotz aller Anstrengungen unsere Ziele nicht erreichen.

Natürlich könnten wir nun an dieser Stelle unser Augenmerk auf die Bereiche richten, in denen wir unsere Schwachstellen haben, uns über andere ärgern, unsere verdrängten Gefühle auf andere projizieren oder übertragen und so weiter. In dem Fall würden wir uns auf die Schwächen konzentrieren, doch das ist der weniger ökonomische und wenig nützliche Weg, wenn es um Entwicklung geht. Wir wollen uns hier also weiter auf Ihre Träume und Ihre Stärken ausrichten, weil es mehr Wirkung zeigt, wenn Sie Ihre Stärken stärken, statt (nur) Ihre Schwächen auszugleichen. Wer seinen Lebenssinn dann erkannt hat und damit sein Leben in einen anderen, größeren Kontext stellt, hat sein eingebautes Seelen-GPS (GPS steht ja sinnigerweise für Global Positioning System, also für unseren Platz auf der Welt), also seinen persönlichen Navigator aktiviert und kann den weiteren Lebensweg danach gestalten. Allerdings, ein GPS zeigt uns nur den Weg, es geht ihn nicht für uns. Das müssen wir schon selbst tun!

Je mehr wir das tun, was mit unserer Seele übereinstimmt, umso zufriedener und glücklicher sind wir. Deshalb *wollen* Menschen offenbar zurück zum Kern der Zwiebel und sie *wollen* werden, was sie wirklich sind. Den Weg dorthin offenbart uns unsere Seele (also der Wesenskern mit seinen Aufgaben), unser Unterbewusstsein (also der große Teil der Erfahrungen dieses Lebens, der uns nicht bewusst ist, uns aber steuert) und das Unbewusste (der Teil, den C. G. Jung als in jedem von uns angelegten Archetypen annimmt) in unseren Tag- und Nachtträumen, unseren Sehnsüchten und unseren Wünschen.

Aber welche Träume sind das nun genau? Wie können Sie herausfinden, was hinter den Bildern und Symbolen steht, die Ihnen begegnen? Wie können Sie wissen, dass es wirklich Ihre eigenen Träume sind und nicht erlernte oder von anderen übernommene? Darum geht es jetzt im zweiten Teil dieses Buchs.

 # Teil 2: Träume leben

Vom Träumen und vom Scheitern

Bevor wir uns Ihren persönlichen Lebensträumen zuwenden, geht es darum, verschiedene Arten von Träumen zu unterscheiden; zu sehen, wie man mit Träumen umgeht, die nicht mehr erfüllbar sind, wie man mit solchen umgeht, die man sich bereits erfüllt hat, und warum auch Scheitern wichtig und hilfreich sein kann, um das Leben Ihrer Träume zu finden.

Allerlei Traumarten

Es gibt kleine und große, existenzielle und gleich-gültige, Weg-von- und Hin-zu-, eigene und übernommene Träume. Sehen wir sie uns der Reihe nach an.

Klein und groß, existenziell und gleich-gültig
Was ein kleiner oder ein großer Traum ist, hängt natürlich vor allem vom Träumer selbst ab. Für den einen wäre es ein großer Traum, trotz Höhenangst einmal aus 3000 Metern Höhe mit dem Fallschirm aus einem Flugzeug abzuspringen. Für den anderen wäre das nur eine kleine Sache, groß beginnt da erst beim Sprung aus dem Weltall.

Ein kleiner Traum bezieht sich auf ein bestimmtes Ereignis oder einen bestimmten Gegenstand, mit dessen Eintreten oder Erhalten der Traum dann erfüllt ist. Das kann die Umsetzung der lang ersehnten Reise sein, aber auch die drei Kilo, mit denen man so lange gekämpft und die man nun endlich abgenommen hat, oder die exklusive Handtasche, auf die man seit der Bestellung zwölf Monate warten musste. Ein kleiner Traum kann auch etwas sein, das Sie noch nicht Ihr Leben lang begleitet, sondern vielleicht erst vor einiger Zeit in Ihren Gedanken aufgetaucht ist. Kleine Träume sind »nice to have«, machen das Leben für den Moment ein bisschen schöner, sind aber oft nicht so wichtig für uns, entwickeln daher nur wenig motivierende Energie und laufen einfach so mit. Wenn es sich dann ergibt, sie umzusetzen, tun wir es. Wenn nicht, auch okay.

Ein großer Traum ist oft ein Lebenstraum. Eine länger anhaltende Sehnsucht, die verschiedene Ereignisse nacheinander zum Ziel hat oder erstreben kann. Große Träume sind meist schon lange in uns und oft aufwändig in der Umsetzung. Auswandern, einen ganz neuen Beruf lernen, ein Jahr Auszeit nehmen, ein Zweitstudium machen, den Partner heiraten oder endlich ein Baby bekommen, das sind große Träume, die unser Leben tatsächlich verändern.

Existenziell ist ein Traum, wenn Ihr Leben seinen Sinn verliert, wenn Sie diesen Traum nicht gelebt haben. Wenn es Ihre Berufung ist, Künstler zu sein, Sie aber nicht den Mut aufbringen, auch nur den Pinsel in die Hand zu nehmen, dann ist Ihr Potenzial verschenkt. Die Erfüllung eines existenziellen Traums ist eine natürliche Handlung und absolut notwendig, damit Ihr Leben (s)einen Sinn hat.

Gleich-gültige Träume sind ähnlich wie kleine Träume, solche, die austauschbar sind, wo es das eine, aber auch das andere sein kann. Wo alles also die gleiche Gültigkeit hat. Bei diesen Träumen sind wir flexibler, sie müssen nicht ganz genau so erfüllt werden, wie wir sie im Kopf haben. Das Haus in der Toskana oder im Piemont? Egal, Hauptsache Italien!

Ich habe als Kind schon davon geträumt, einmal mit Delfinen zu schwimmen. Vor vielen Jahren hatte ich eine Reise dazu gebucht, musste sie aber aus terminlichen Gründen absagen. Noch immer taucht dieses Bild jetzt ab und zu in mir auf, und vielleicht werde ich mir den Wunsch eines Tages wirklich noch erfüllen. Es ist ein schöner Traum für mich – aber eher ein kleiner. Im Vergleich zu diesem Traum war mein Bedürfnis, fliegen zu können, groß und existenziell. Ich hätte diese Welt nicht verlassen wollen, ohne mir das erfüllt zu haben.

Einen kleinen gleich-gültigen Traum könnten wir also auch Wunsch nennen und ihn uns normalerweise selbst sehr schnell erfüllen. Wir wägen den energetischen, zeitlichen und finanziellen Einsatz ab und entscheiden uns dafür oder dagegen. Große und existenzielle Lebensträume hingegen sind für unser Leben von entscheidender Bedeutung und lassen sich durch nichts anderes oder Ähnliches ersetzen.

Weg-von- und Hin-zu-Träume

Es gibt Träume, in denen man sich raus aus den aktuellen Rahmenbedingungen und Lebenssituationen träumt. Man hätte gerne einen anderen Partner, würde lieber in einer anderen Stadt oder sogar einem anderen Land leben, hätte gerne einen anderen Job und einen anderen Freundeskreis, eine andere Nase oder sogar einen anderen Körper. Das sind Weg-von-Träume, also solche, bei denen wir noch nicht genau wissen, wohin, wir wissen nur, dass wir es so, wie es jetzt ist, nicht mehr haben wollen. Manche Menschen geraten an dieser Stelle in Panik, krempeln ihr Leben mit voller Wucht noch einmal um, schmeißen den Job hin, lassen sich scheiden oder verlassen Hals über Kopf ihre Heimat.

Manchmal klappt das auch, aber meistens holt uns das Thema, das wir zu gerne vergessen wollen, doch wieder ein. Bei Weg-von-Träumen gibt es noch etwas zu lernen, Frieden zu machen mit dem, das in der Vergangenheit geschehen ist oder gerade noch geschieht. Bei Weg-von-Träumen reinszenieren wir oft unser primäres Szenario, das heißt, wir werden mit dem konfrontiert, was wir tief in uns vergraben haben, natürlich unbewusst und ohne es zu merken.

Dass es Shanghai geworden ist, war eher ein Zufall. Vor allem wollte Jochen damals raus aus der Tretmühle im Job, raus aus der Unbeweglichkeit des »rasenden Stillstands« in Deutschland und weg von seiner insgesamt unbefriedigenden Lebenssituation. Schon früh in seinem Leben träumte er davon, »in die weite Welt« zu gehen, später davon, als Auslandskorrespondent zu berichten. Doch bis dorthin sollte es ein langer Weg sein. Stigmatisiert durch das Aufwachsen in einer Obdachlosensiedlung als drittes von acht Kindern musste er von klein auf hart kämpfen, um sich durchzusetzen, besonders in der Schule, wo Lehrer ihm zum Teil wegen seiner Herkunft wenig zutrauten. Zu Unrecht. Er verließ die Hauptschule und machte eine Ausbildung, ging zum Bund und arbeitete, bis er schließlich über den zweiten Bildungsweg das Abitur nachmachte. Drei harte Jahre waren das, aber sie ermöglichten ihm, zu studieren und danach bei einer großen deutschen Wochenzeitung als Redakteur anzu-

fangen. Für die Zeitung flog er nach Shanghai, um über einen Kongress zu berichten, und verliebte sich in die Stadt. Nach einem Jahr der gründlichen Vorbereitung wanderte er schließlich aus; heute hat er einen neuen Job in einer deutschen Firma in Shanghai und hält es durchaus für möglich, für immer da zu bleiben.

Hin-zu-Träume sind solche, bei denen wir ein sehr genaues Bild davon haben, wie es in Zukunft sein soll. Wir wissen, wie unser Partner aussehen und was er beruflich tun soll, wir kennen die Stadt, in der wir gerne leben würden, weil sie besser zu uns passt, wir haben sehr genaue Vorstellungen von unserem neuen Job und haben uns sogar schon beworben, und wir wären gerne mit Menschen befreundet, die unsere ganz speziellen Interessen teilen. Hin-zu-Träume sind solche, bei denen wir eine innere Sehnsucht nach einem konkreten Wunsch verspüren und schon klare Vorstellungen davon haben, wie es ist, wenn wir unseren Traum umgesetzt haben. Alleine die Gedanken daran machen Freude und geben uns Energie. Deshalb haben Hin-zu-Träume auch oft die motivierende Antriebskraft, die wir brauchen, um unser Leben in genau diese Richtung zu verändern.

Und manche Träume sind beides, wenn Sie sich zum Beispiel weg wünschen aus dem Großraumbüro und hin zu einem kleinen Unternehmen, in dem es noch ganz familiär zugeht. Aber auch in dem Fall müssen Sie erst Frieden machen mit allem, was bisher war, und sich dann erst auf den Weg zum Neuen machen, sonst nehmen Sie den Frust und den Ärger aus Ihrem alten Job mit ins neue Leben. Und das wäre doch schade.

Eigene und übernommene Träume

Manche Träume in unserem Leben sind nicht die eigenen, sondern übernommene von Eltern, Gesellschaft oder Freundeskreis. Manche Träume haben wir, weil wir glauben, wir sollten sie haben. Den Doktortitel machen, die Arztpraxis oder den Bauernhof übernehmen, auch wenn es in uns eine Sehnsucht nach einem ganz anderen Leben gibt. Es gibt Träume, von denen wir glauben, wenn wir sie uns erfüllt haben, werden wir mehr geliebt, geachtet oder anerkannt. Tatsächlich kann es das manchmal bewirken, aber das Glück ist dann nur von kurzer Dauer. Häufig führt die Erfüllung von »fremden« Lebensträumen nicht zum Glücklichsein, sondern zu Frustration. Dann steht der Traumwagen endlich in der Garage, und man fühlt sich nach zwei Wochen wieder ebenso leer wie zuvor. Oder die Weltreise ist vorbei, und man ist nicht etwa »gesättigt«, sondern fühlt sich getrieben, bald die nächste Reise anzutreten.

Die Quelle für die meisten übernommenen Träume liegt in unserer Kindheit. Wir wollen unsere Eltern nicht enttäuschen oder möchten etwas wahr machen, was ihnen nicht möglich war. Dann wird studiert, weil die Mutter sich das immer gewünscht hat, obwohl der eigene große Traum eigentlich war, Goldschmied zu werden. Da wird die unglückliche Ehe aufrechterhalten, um den Eltern das Gerede der Nachbarn zu ersparen. Die Medien tun ihr Übriges, indem Sie uns weismachen, wenn wir jenes Objekt haben oder dieses Aussehen, dann wird unser Leben glücklich. Und so träumen manche vom Porsche oder dem neuen Busen und meinen doch in Wirklichkeit die Sehnsucht nach Liebe und Anerkennung. Wir projizieren unseren Traum auf ein falsches Objekt, weil der wahre Traum unter den Lebenserfahrungsschichten im Inneren der Zwiebel verborgen ist und sich uns nur so zeigen kann.

Ob Ihre Träume aus Ihnen selbst heraus entstanden oder unbewusst übernommen worden sind, ist nicht ohne weiteres zu erkennen. Dafür sind einige »Tests« nötig, die Sie selbst am Ende des Lebenstraum-Navigators durchführen können. Es wäre sehr schade, wenn Sie viel Energie, Zeit und Geld investieren, nur um dann festzustellen, dass Sie sich weder glücklich noch erfüllt fühlen, wenn Sie Ihren Traum umgesetzt haben. Ein untrügliches Zeichen für wahre eigene Träume ist, wenn Sie nach der Erfüllung des Traums dauerhaftes, intensives Glück und gesteigerte Energie erfahren. Dann war es definitiv Ihr eigener!

Sebastian und Ellen waren erfolgreiche Banker und verloren dennoch in der letzten Wirtschaftskrise beide ihren Job. Wirklich traurig waren sie nicht darüber, denn schon längst hatte diese Arbeit ihnen keinen Spaß mehr gemacht. Sie planten, sich zusammen selbstständig zu machen und baten mich um einen gemeinsamen Coachingtermin. Ich konnte sie überzeugen, dass individuelle Termine zum Einstieg sinnvoller seien, um ihre Ziele für jeden einzeln noch einmal zu überprüfen, und damit waren sie einverstanden. Schließlich zeigte sich, dass Ellen nach vielen erfolgreichen Jahren davon träumte, zu reisen und ein Buch zu schreiben und überhaupt keine Lust verspürte, direkt wieder ins Ban-

kenumfeld zu gehen. Die Selbstständigkeit wollte sie nur ihrem Mann zuliebe mitmachen. Bei Sebastian hingegen wurde schnell klar, dass er erschöpft und ausgebrannt von den letzten Jahren war und sich nach einer Zeit der Ruhe sehnte – und nicht etwa nach dem hoch arbeitsintensiven Aufbau einer Selbstständigkeit; allerdings dachte er, das sei der unbedingte Wunsch seiner Frau. Obwohl oder vielleicht gerade weil beide sehr offen und liebevoll miteinander umgingen, wollten sie einander nicht enttäuschen und hätten fast dem Partner zuliebe einen falschen Traum gelebt.

Verlorene Träume

Vielleicht haben Sie als Kind davon geträumt, Klavier zu spielen oder gar Pianist zu werden, aber es gab keine Möglichkeit, Klavierstunden zu nehmen? Warum nicht heute damit anfangen? Viele meiner Kunden lernen selbst im fortgeschrittenen Alter noch das Instrument, von dem sie früher schon geträumt haben! Egal, ob Klavier, Geige, Saxophon oder Schlagzeug, es spricht nichts dagegen, aber vieles dafür, sich diesen Traum aus der Kindheit auch heute noch zu erfüllen, auch wenn es nicht ganz genau so sein muss, wie man es als Kind erträumt hat. Es geht darum, die Motivation in, beziehungsweise hinter dem Traum zu erkennen. Scheitern kann man immer nur im Hinblick auf die äußeren Ziele, verloren ist ein Traum aber erst dann, wenn man das Motiv dahinter aufgibt und sein Potenzial verkümmern lässt.

Manche Träume sind tatsächlich irgendwann nicht mehr realisierbar. Wer den Zeitpunkt für das eigene Kind verpasst hat, muss sich ab einem bestimmten Alter eingestehen, dass es zu spät ist. Dann gilt es, sich mit sich selbst und diesem Teil der eigenen Geschichte auszusöhnen. Zu betrauern, was nicht erreicht wurde, es zu akzeptieren und dann loszulassen. Erst daraus kann dann Neues entstehen. Statt eigene Kinder zu bekommen machen Sie sich dann vielleicht ehrenamtlich für benachteiligte Kinder aus der Nachbarschaft stark. Oder Sie begegnen einem Mann oder einer Frau, die eigene Kinder mit in Ihr Leben bringt.

Alex hatte als Jugendlicher Zeichenunterricht bei einem Bildhauer, später jobbte er in einer Galerie und wollte Kunst studieren. An der Akademie wurde er nicht angenommen, so studierte er stattdessen Kunstgeschichte und Literaturwissenschaft. Während des Studiums lernte er seine spätere Frau kennen. Sie wurde schwanger, sie heirateten und bekamen später noch ein weiteres Kind. Beruflich startete er als Redakteur in einem Fachverlag, wurde dann Recruiting Manager bei einer Unternehmensberatung, schließlich machte er sich im Personalbereich selbstständig. Sein Lebenstraum war das aber nicht. Schon seine Eltern hatten beide nicht ihre Träume verwirklicht, sondern immer nur ihre Pflicht getan, und so fühlt sich sein Leben jetzt auch an. Er träumt davon, wie ein Lebenskünstler ein bisschen zu schreiben, zu malen und in den Tag hineinzuleben, ganz egal, was die Leute über ihn denken. Doch die Angst, ausgeschlossen zu werden und als Versager dazustehen ist zu groß.

Warum Scheitern so wichtig ist

Wenn Träume schon gelebt wurden und dann plötzlich ein jähes Ende nehmen, ist das meist ein Schock. Man weiß nicht weiter, verliert die Zuversicht, fühlt sich traurig und leer. Der Traum von der Selbstständigkeit hat nicht funktioniert, mit Schulden und dem Gefühl, versagt zu haben, macht man sich wieder auf die Suche nach einer Festanstellung. Der Traum vom Auswandern ist geplatzt, trotz aller Anstrengungen ist es nicht gelungen, dort einen Job zu finden, und als alle Ersparnisse aufgebraucht waren, gab es nur noch den Weg zurück nach Deutschland. Die Partnerschaft, die als Traum begann, ist zum Alptraum geworden, und auch wenn man gerne noch einmal von vorne anfangen würde, muss man akzeptieren, dass der Traum vorbei ist.

Es ist wichtig, das Scheitern von Träumen genau zu analysieren und emotional zu verarbeiten, um den gleichen Fehler nicht noch einmal zu begehen. Dann aber heißt es: Strich drunter, Blick nach vorne und neuen Schwung holen. Vielleicht war die Vorbereitung der Selbstständigkeit oder Auswanderung nicht vollständig, und vielleicht kann man es einfach noch einmal versuchen, diesmal mit noch besserer Planung und gutem Risikomanagement. Und vielleicht waren die Ansprüche an die Partnerschaft zu hoch, und man kann aus seinen Fehlern lernen und es beim nächsten Mal anders machen.

Neue Perspektiven

Glücksforscher sagen, dass es nicht darauf ankommt, ein Ziel tatsächlich zu erreichen, sondern darauf, es überhaupt anzustreben. Es sollte in unserem Leben daher um das gehen, was in uns brennt, und nicht um das, was uns ruhig schlafen lässt! Am Ende des Lebens bereut man, was man nie versucht, und nicht, was man versucht und nicht geschafft hat! Außerdem brauchen wir Erfahrungen des Scheiterns, um uns weiterzuentwickeln. Ein Misserfolg bei der Umsetzung eines Traums bedeutet immer auch die Chance für einen Neubeginn. Scheitern und Entwicklung gehen Hand in Hand. Fast alle der erfolgreichen Menschen, die ich für dieses Buch interviewt habe, haben von großen Niederlagen berichtet, die ihrem jetzigen Erfolg voraus gingen. In Umfragen geben 80 Prozent der Befragten an, dass sie ihr Scheitern im Nachhinein oft als das größte Glück einstufen. Warum es dann nicht gleich so sehen und das Beste daraus machen?

Michael wusste als Kind schon, dass er später eine eigene Firma haben würde, wie schon sein Vater und sein Großvater. 1999 gründete er mit Freunden eine Internetplattform für Personalvermittlung, die sehr erfolgreich wurde und zuletzt 50 Mitarbeiter hatte. Als die dotcom-Blase platzte, ging es allerdings auch mit seiner Firma bergab, sodass er sie schließlich 2002 verkaufte. Was nun? Er ging nach Irland und machte seinen MBA. Dort war es im Gegensatz zu Deutschland bereits möglich, eine Gesellschaft mit beschränkter Haftung für wenig Geld und mit wenig bürokratischem Aufwand zu gründen, was ihn auf eine geniale Idee brachte. Noch war es deutschen Unternehmen nicht erlaubt, doch es war nur eine Frage der Zeit, bis das entsprechende Gesetz geändert werden würde. Also eröffnete er ein Beratungsunternehmen, um deutsche Unternehmen bei der Gründung in England zu begleiten, schrieb ein Buch darüber und führte Hunderte von Vorträgen und Workshops zum Thema durch. Dann verkaufte er sein Unternehmen und ging nach China. »Wenn etwas Gutes geht, kommt etwas Besseres nach«, sagt er heute, und: »Wer einmal auf dem Meeresgrund war, fürchtet sich nicht vor Pfützen.« Inzwischen hat er in Deutschland eine Internetplattform für Seminare gegründet. Wovon er noch träumt? Er möchte mehr Zeit für sich haben, Zeit, um zu lernen und sich weiterzuentwickeln. Und er möchte junge Menschen als Business Angel dabei unterstützen, etwas aus ihrem Leben zu machen.

Abschied nehmen

Und wenn es einmal wirklich so ist, dass ein Traum nicht mehr erfüllt werden kann, und es auch scheinbar nichts gibt, was auch nur annähernd in seine Richtung geht, dann gilt es, sich aktiv und endgültig von ihm zu verabschieden. Machen Sie ein Ritual, schreiben Sie einen Brief an sich selbst und beerdigen Sie ihn mit Ihrem Traum feierlich im Garten, oder bauen Sie daraus ein Schiffchen und schicken es mit dem Fluss davon. Bewusst Abschied zu nehmen heißt, Frieden zu machen mit dem, was ist. Und das ist etwas anderes, als tapfer zu schlucken und den Traum dann in den hintersten Winkel des Unterbewusstseins zu verbannen.

Was vom Traum dann übrig bleibt

Wie geht es weiter, wenn ein Traum erfüllt ist? Bleibt man am Ball? Immer im selben Traum, der dann nur ein anderes Gesicht bekommt? Braucht man einen neuen Traum? Oder ist man irgendwann »satt und glücklich« und lebt dann zufrieden bis ans Ende seiner Tage? Bei den kleineren Träumen und bei solchen, die in uns das Wohlfühlglück auslösen, ist das häufig so. Da genießen wir die Erfüllung unserer Träume für eine gewisse Zeit und spüren dann, dass es weitergehen muss und wir etwas Neues brauchen. Spätestens dann ist es wichtig, sich tatsächlich neue Ziele zu setzen oder den Traum vielleicht noch in anderen Varianten zu leben. Aber die meisten großen und existenziellen Träume werden nie ganz erfüllt sein.

»Man muss seinen Traum finden, dann wird der Weg leicht. Aber es gibt keinen immerwährenden Traum, jeden löst ein neuer ab, und keinen darf man festhalten wollen.«. Das schrieb schon Hermann Hesse in seinem *Demian*.

Sabine wollte immer handwerklich arbeiten. Noch während ihrer Schulzeit machte sie in einer Schreinerei ein Praktikum und später ihre Ausbildung. Es war ihr absoluter Traumjob, doch nach einigen Jahren spürte sie, wie es ihr immer schwerer fiel, kreativ zu arbeiten; der alte Traum passte nicht mehr, er war erfüllt und seine Zeit war vorbei. Sie sattelte um, lernte backen und hat heute ein eigenes Café. Den Wechsel hat sie nicht bereut, aber sie bereut auch keine Sekunde, die sie in der Werkstatt gestanden hat. Und ihrem großen Traum, Kreativität zu leben, bleibt sie weiterhin treu.

Aber was ist mit den Träumen, die nicht der Realität standhalten können? Es ist schwer, sich das einzugestehen, vor allem, wenn man viel in die Erfüllung des Traums investiert hat. Zeit, Geld, den sicheren Job aufgegeben, Freunde vor den Kopf gestoßen, vielleicht die Heimat verlassen. Gerade wenn das neue Leben weit weg ist vom alten, kann man sich nicht alles, was auf einen zukommt, im Voraus genau ausmalen, und wenn, dann tut man es nur in den schönsten Farben und gestaltet sich eine Idealvorstellung. Erst wenn man mittendrin ist, stellt man fest, ob es wirklich zu einem passt, oder ob man für dieses Traumleben womöglich gar nicht geeignet war.

Es gehört oft viel Mut dazu, einen Traum zu erfüllen, und es erfordert Größe, zuzugeben, dass es der falsche Traum war. Hier ist es wichtig, sich zu fragen, ob man alles noch einmal genauso machen würde. Auch wenn der Traum nun »in echt« anders ist, als man ihn sich vorgestellt hat, kann das Leben trotzdem stimmiger sein als vor diesem Schritt. Und wenn nicht, gilt es genau das anzuerkennen. Ein Fehler war es aber trotzdem nicht. So hat man viel über sich selbst gelernt, kann in den Spiegel schauen und sich guten Gewissens sagen: Du hast es versucht! Sei stolz auf dich und deinen Mut!

Erfüllte Träume

Ist ein Traum erfüllt, stellt sich allerdings häufig nicht (gleich) das erwartete Gefühl von unendlicher Freude und Dankbarkeit ein. Je mehr man in seine Traumerfüllung investiert und je länger es gedauert hat, umso größer oft die Leere, wenn er dann im wahren Leben angekommen ist. In der ersten Nacht im neuen Land fühlt man nicht etwa Glück, sondern vor allem Einsamkeit, und realisiert erst dort, dass nun tatsächlich ein neues Leben beginnt. Nach der ersten Woche im eigenen Restaurant ist man so erschöpft, das man wünschte, die Uhr noch einmal zurückdrehen zu können. Und schon in den Flitterwochen fragt man sich vielleicht zum ersten Mal, ob es wirklich eine gute Idee war, zu heiraten und die bisherige Freiheit oder den eigenen Namen aufzugeben.

Innerhalb von sechs Jahren habe ich trotz schwieriger Rahmenbedingungen mein Psychologie-Studium absolviert. Meine Diplomarbeit habe ich wie viele andere noch in der Nacht vor dem Abgabetermin selbst in den Briefkasten des Instituts geworfen, und direkt danach begannen bereits die mündlichen Abschlussprüfungen. Ich selbst habe es erst gar nicht realisiert, doch als der Professor nach einem Blick auf seine Unterlagen sagte: »Das war ja Ihre letzte Prüfung, ich gratuliere, Sie haben bestanden«, dämmerte mir langsam, dass es vorbei war. Von Glücksgefühlen über den erfüllten Traum keine Spur! Ich fühlte mich leer und unendlich erschöpft, bin abends ins Bett gefallen und am nächsten Morgen wie jeden Tag zu einem meiner vielen Jobs gegangen. Nach ein paar Wochen bekam ich dann mein Abschlusszeugnis und mein Diplom. Mit der Post! Erst dann begann ich zu begreifen, dass ich nun eine ganz und gar echte Diplom-Psychologin war. Wie gut machen es doch die Amerikaner mit ihren akademischen Feiern! An meiner Uni wurde nicht gefeiert, und jeder ging einfach seiner Wege. Viele Jahre später habe ich das dann mit zwei Freundinnen, denen es ähnlich ergangen ist, im kleinen Kreis nachgeholt. Besser spät als nie!

Ob Sie Ihre wahren Träume verwirklichen sollen, ist übrigens keine Frage, die sich tatsächlich stellt. Sie müssen sie verwirklichen, wenn Sie ein erfülltes, lebendiges und glückliches Leben führen wollen. Selbst wenn Sie scheitern, oder wenn Sie sich nach dem Erreichen eines Traums für eine kurze Zeit leer fühlen, nur wenn Sie Ihren Träumen folgen, sind Sie im Kontakt mit Ihrem Wesenskern und leben Ihr volles Potenzial! Es ist nicht entscheidend, was am Ende dabei herauskommt. Entscheidend ist, dass Sie auf dem richtigen Kurs sind. Und wenn Sie einen Traum umgesetzt und ein Ziel erreicht haben, auch wenn es nur ein Etappensieg war: Feiern Sie!

Ihr Lebenstraum-Navigator

Jetzt ist der Moment gekommen, an dem Sie sich entscheiden müssen, ob Sie sich Ihren Träumen wirklich zuwenden wollen (denn genau das tun Sie nachfolgend mit den sieben Schritten Ihres Lebenstraum-Navigators), oder ob Sie Ihr Leben lieber fortführen wollen wie bisher.

Bevor Sie starten noch ein wichtiger Hinweis: Es ist ein großer Unterschied, ob wir unsere Träume nur in unserem Kopf bewegen, oder ob wir sie »äußern«, idealerweise, indem wir sie als erstes zu Papier bringen. Ab hier werden Ihnen in diesem Buch viele Fragen und Übungen begegnen. Sie profitieren am meisten davon, wenn Sie die Fragen für sich schriftlich beantworten und auch Ihre Gedanken zu den einzelnen Übungen notieren. Das geschriebene Wort lässt Ihre Gedanken zu etwas Fassbarem und Überprüfbarem werden, als Basis für das weitere Erkunden Ihrer inneren Welt.

Es kann übrigens gut sein, dass Sie sich, während Sie mit diesem Buch arbeiten, mehr an Ihre nächtlichen Träume erinnern und beginnen, auch Ihre Tagträume bewusster wahrzunehmen. Sobald Sie sich innerlich entschlossen haben, sich auf den Weg zu machen, beginnen Ihr Unterbewusstsein, Ihr Unbewusstes und das Überbewusste zusammenzuarbeiten und Ihnen Hinweise, Zeichen und Signale zu schicken. Notieren Sie alles, was Ihnen in dieser Zeit begegnet und bemerkenswert oder ungewöhnlich erscheint. Vieles ergibt am Anfang vielleicht noch keinen Sinn, doch nach und nach zeigen sich Muster, Themen verdichten und konkretisieren sich. Im Verlauf der Übungen wird es dazu noch einige angeleitete Visualisierungen geben, die Sie dann bitte ebenfalls notieren, und am Ende werden wir alles zusammenführen.

Dieses Buch ist ein Selbstcoaching-Buch, vermutlich werden Sie bei der ein oder anderen Frage (wie im echten Coaching auch) das Gefühl haben, keine Antworten zu wissen, und wünschen sich jemand anderen, der Ihnen sagt, was richtig ist. Doch das kann kein anderer für Sie tun. Sollten Sie also an irgendeinem Punkt nicht weiterkommen, formulieren Sie die Frage schriftlich, legen Sie dann das Buch ein paar Tage zur Seite und lassen Sie Ihr Unterbewusstsein für sich arbeiten!

Bitte gehen Sie beim Bearbeiten Ihres Lebenstraum-Navigators unbedingt in der angegebenen Reihenfolge vor und lassen Sie keinen Schritt aus. Nur dann ist die Wahrscheinlichkeit hoch, dass Sie am Ende des zweiten Teils in diesem Buch Klarheit über Ihre wahren Träume gewonnen haben! Da die Fragen und Übungen zum Teil sehr tief gehen und Sie auch Zeit brauchen werden, Ihre Erkenntnisse in Ruhe »zu verdauen«, also innerlich zu verarbeiten, ist es sinnvoll, dass Sie sich immer nur ein Kapitel vornehmen, es ganz in Ruhe bearbeiten und das Buch dann für ein paar Tage zur Seite legen. Lassen Sie die neu gewonnenen Erkenntnisse dazwischen immer ein bisschen sacken. Das ist vielleicht erst mal aufwändiger, aber Sie haben dann auf jeden Fall mehr davon. Schließlich geht es um das Leben Ihrer Träume, und da kommt es ganz sicher auf ein paar Tage oder Wochen mehr oder weniger nicht an.

Lebenstraum-Navigator 1:
Die »guten« Überzeugungen

Mit meinem »Zwiebelmodell der Persönlichkeit« habe ich erläutert, wie Glaubenssätze und Überzeugungen in uns entstehen und unser Leben steuern. Nun geht es darum, die hinderlichen oder weniger förderlichen Sätze in Ihrem Inneren aufzudecken und zur Realisierung Ihrer Lebensträume zu verändern.

Glaubenssätze erkennen

Wenn Sie Ihre Träume gerne leben würden und alles dafür zu tun bereit sind, aber dennoch immer wieder scheitern, dann kann es daran liegen, dass Ihre bewussten Wünsche und Ihre unterbewussten Überzeugungen miteinander im Konflikt sind. Ihre inneren »Programme« stellen Ihnen dann ein Bein oder bringen Sie vom Weg ab. Um seine Träume finden und leben zu können, um das eigene Verhalten und die innere Haltung zu ändern, kurzum, um seine Persönlichkeit zu entwickeln, ist es zuerst notwendig, sich seine Einstellungen und Glaubenssätze bewusst zu machen, um dann in konkreten Situationen das automatisch ablaufende Reaktionsmuster unterbrechen zu können und durch ein neues, stimmigeres Erleben und Verhalten zu ersetzen.

Glaubenssätze sind Sätze, an die wir glauben. Leitideen, Einstellungen und Überzeugungen, die wir für wahr halten. Sie entstehen durch die Erfahrungen, die wir in den ersten Lebensjahren (und zum Teil auch später noch) machen und dadurch, dass wir in der Kindheit die Glaubenssätze von wichtigen Bezugspersonen – hauptsächlich von Eltern, aber auch von Lehrern, Geschwistern oder anderen – als Wahrheit übernehmen. Glaubenssätze und Überzeugungen sind wichtig, weil sie uns dabei helfen, Informationen rasch und sicher einzuordnen und schnell darauf zu reagieren. So geben sie uns Stabilität und Kontinuität und sichern unser Überleben. Allerdings wirken sie auch wie selbsterfüllende Prophezeiungen. Wenn wir etwas glauben, verhalten wir uns so, als sei das, was wir glauben, wahr. Dieses Verhalten führt bei anderen zu entsprechenden Reaktionen, die wir wiederum durch die Brille unseres Glaubenssatzes sehen. So nehmen wir mit unseren selektiven Wahrnehmungen vor allem das als bedeutsam wahr, was den Glaubenssatz erneut bestätigt, und bewegen uns in einem Teufelskreis der Selbstbestätigung. Wir sehen die Dinge nicht, wie sie wirklich sind, sondern wie wir sind.

Glaubenssätze verallgemeinern. Sie enthalten häufig Wörter wie immer, nie, grundsätzlich, alle, jeder. »Das werde ich nie schaffen«, »Ich kann das nicht«, »Ich war immer ein Pechvogel«, »Heute kann man doch froh sein, überhaupt einen Job zu haben«, »Lebensträume kann ich mir nicht leisten, schließlich habe ich Kinder, und das Haus muss auch noch abgezahlt werden«, und so weiter und so weiter.

Förderlich und hinderlich

Nicht alle Glaubenssätze sind allerdings hinderlich, im Gegenteil. Alle inneren Sätze sind erst mal nützlich, weil sie uns helfen, unsere Realität zu konstruieren und uns im Leben zu orientieren. Die entscheidende Frage ist, ob der jeweilige innere Satz uns in unserer Entwicklung eher unterstützt oder eher behindert. Unterstützende Glaubenssätze können uns dabei helfen, unsere Wünsche und Ziele zu erreichen: »Alles ist möglich«, »Ich kann alles erreichen«, »Was gut ist, kann immer noch besser werden«. Einschränkende Glaubenssätze hingegen können uns bei der Erfüllung unserer Wünsche und Ziele behindern: »Schuster bleib bei deinen Leisten«, »Was Hänschen nicht lernt, lernt Hans nimmermehr« oder »Lieber der Spatz in der Hand, als die Taube auf dem Dach«. Wenn wir überzeugt sind, dass wir etwas sowieso nicht schaffen können, gehen wir mit weniger Kraft und Selbstvertrauen an die Erreichung unserer Ziele. Kleine Hindernisse oder Rückschläge werden dann als Bestätigung des Glaubenssatzes gesehen und wir geben endgültig auf, was den Glaubenssatz wieder bestätigt.

Ihre inneren Überzeugungen

Was ist Ihnen während des Lesens der letzten Zeilen durch den Kopf gegangen? Welche Glaubenssätze und Überzeugungen haben Sie selbst im Hinblick auf Ihre Lebensträume? Hinderliche oder förderliche? Vermutlich beides.

Unsere Glaubenssätze verändern sich, wenn wir wiederholt gegenteilige Erfahrungen machen und dadurch neue Bahnungen im Gehirn entstehen. Das kann man bewusst herbeiführen. Und man kann Glaubenssätze mit zum Teil noch sehr neuen Methoden aus der Psychologie und angrenzenden Bereichen bearbeiten, verändern und zu seinen Gunsten gestalten. Der erste Schritt, um Glaubenssätze zu verändern, ist, sich ihrer bewusst zu werden. Viele unserer Überzeugungen sind so tief in uns verankert, dass wir uns zwar danach verhalten, uns darüber aber überhaupt nicht im Klaren sind und fälschlicherweise meinen, wir wären der Herr im eigenen Haus. Indem wir auf die eigenen Worte und Gedanken achten, können wir unseren Glaubenssätzen auf die Spur kommen. Der Umgang mit Glaubenssätzen ist im Prinzip einfach. Als Erstes muss ich erkennen, dass es einen Satz, eine Überzeugung überhaupt in mir gibt, muss sie mir also bewusst machen. Dann gilt es, die Wahrheit dieses Satzes zu überprüfen und zu fragen, ob das wirklich mit absoluter Sicherheit, absolut und immer so ist. Und schließlich, zu entscheiden, den bisherigen Satz aufzugeben und durch einen förderlichen zu ersetzen.

 ### Nun Sie!

Damit Sie mit diesem Buch bestmöglich arbeiten können, am Ende mit einem guten Gefühl auf Ihr Ergebnis schauen und hochmotiviert sind, Ihre Träume zu realisieren, ist es sinnvoll, einen kurzen Abstecher in die Welt Ihrer inneren Überzeugungen zu machen. Nur wenn Kopf und Herz, Bewusstsein und Unterbewusstsein an einem Strang ziehen, werden Sie Ihre Träume nicht nur leben wollen, sondern Sie auch wirklich angehen!

Am einfachsten deckt man Glaubenssätze auf, indem man assoziativ alles, was einem zu einem bestimmten Begriff oder Thema einfällt aufschreibt. Man kann dazu Satzanfänge vollenden oder eigene Sätze »hochkommen« lassen. Bitte schreiben Sie zu jedem der folgenden Sätze mindestens fünf Antworten auf, die Ihnen ganz spontan dazu in den Sinn kommen!

- Lebensträume sind …
- Seine Träume zu leben ist …
- Mein Vater sagt über Träume …
- Meine Mutter sagt über Träume …
- Lebensträume sollte man …

Das könnte dann beispielsweise so aussehen:

Lebensträume sind …
- … es wert, gelebt zu werden.
- … absolut unrealistisch.
- … nur Luftschlösser.
- … wundervoll.
- … nichts für mich.

Alle Sätze, die Sie notiert haben, betrachten Sie jetzt bitte noch einmal ganz in Ruhe und fragen sich, ob der jeweilige Satz im Hinblick auf das Leben Ihrer Träume eher ein einschränkender oder unterstützender Glaubenssatz ist. Als Anhaltspunkte dafür, ob ein Satz eher hinderlich oder förderlich ist, können die folgenden Fragen helfen: Dient dieser Satz dazu, mein Leben einfacher zu machen? Ist er geeignet, mich glücklicher und zufriedener zu machen? Empfinde ich bei diesem Satz eher ein Gefühl von Enge oder Weite?

Alle Sätze, bei denen Sie das Gefühl haben, dass sie Ihr Leben einfacher, glücklicher, zufriedener und weiter machen, sind höchstwahrscheinlich förderliche Sätze und können so stehen bleiben. Bei den eher hinderlichen Sätzen ist es sinnvoll, sie zu bearbeiten, *bevor* Sie im Buch weiterlesen. Umso mehr werden Sie sie dann für möglich halten können, und umso besser werden Sie in Kontakt mit Ihren wahren Träumen kommen.

Nun gibt es verschiedene Möglichkeiten, mit den Glaubenssätzen umzugehen. Die einfachste (und ohne Hilfe am leichtesten umzusetzen) ist, sie systematisch zu hinterfragen. Wenn es auch nur eine Ausnahme für die innere Überzeugung gibt, gilt der Satz zumindest nicht mehr absolut, kann also etwas »aufgeweicht« werden und verliert dadurch an Kraft.

Bringen Sie dazu nun Ihre hinderlichen Glaubenssätze in eine emotionale

Reihenfolge. Der Satz, der Sie am meisten negativ berührt, kommt ganz nach oben, und die übrigen folgen in einer ungefähren Reihenfolge. Dann beginnen Sie mit dem Satz auf Platz eins und fragen sich: Ist das wirklich so? Ist das in meinem Leben tatsächlich immer so gewesen? Kann ich absolut sicher sein, dass es auch in Zukunft so ist?

Meistens werden Sie erleben, dass Ihr Satz alles andere als todsicher und immer richtig ist! Fast immer gibt es eine Situation, in der es anders war, oder Sie es selbst schon einmal in Frage gestellt hatten. Und falls Sie dennoch absolut sicher sind, dass dieser Satz stimmt, dann erweitern Sie Ihre Fragen und übertragen sie auf einen anderen Menschen. Spätestens dann werden Sie realisieren, dass es für Ihren Glaubenssatz Ausnahmen gibt.

Neue Glaubenssätze finden

Nacheinander gehen Sie das nun mit allen Sätzen (oder wenn es sehr viele sind, zumindest mit den bedeutsamsten) durch. Wenn Sie alle wichtigen Sätze für sich nach diesem Schema bearbeitet und aus ihrer Absolutheit geholt haben, machen Sie aus den ehemals hinderlichen unterstützende Sätze. Aus »Lebensträume sind unvernünftig« kann werden »Ich darf Träume haben«, oder aus »Zu träumen kann ich mir nicht leisten« können Sie »Es ist okay, zu träumen« formulieren. Die Sätze, die Sie von den neu formulierten am meisten ansprechen, können Sie später als Affirmationen nutzen. Affirmationen sind positive Aussagen, die man mehrmals am Tag liest und/oder sich selbst laut vorsagt (am besten natürlich, wenn Sie alleine sind).

Die neuen Glaubenssätze müssen dabei unbedingt positiv formuliert sein und sich energetisch bestärkend anfühlen. Hier ein paar Beispiele:

- Ich habe es verdient, meine Träume zu leben.
- Ich darf glücklich sein.
- Meine Lebensträume gehören mir.
- Ich kann viele Träume gleichzeitig leben.
- Ich mache mein Leben jeden Tag ein kleines bisschen besser.

Das ist übrigens nicht das Gleiche wie positives Denken! Zuerst bearbeiten Sie ja Ihre ursprünglichen Sätze, dann stellen Sie sie infrage, und dann verändern Sie sie. Bitte schreiben Sie sich nicht einfach positive Sätze auf und lullen sich damit ein. Ihr Unterbewusstsein weiß ganz genau, dass Sie nicht daran glauben! Wenn Sie Ihre Glaubenssätze mit professioneller Unterstützung analysieren und verändern möchten, finden Sie Adressen dazu am Ende des Buchs.

Lebenstraum-Navigator 2: Der Blick zurück

Um Ihre wahren Träume zu finden, müssen Sie sich darüber klar werden, was Ihre eigenen Bedürfnisse sind, und was Sie bewusst oder unbewusst von außen, aus Ihrer Familie und Ihrem Umfeld übernommen haben. Die Arztpraxis vom Vater weiterführen, der sie schon vom Großvater übernommen hat, Fernreisen unternehmen, weil alle anderen es auch tun, Anwalt werden, weil der Onkel einer ist, studieren, weil die Eltern sich das immer für ihr Kind gewünscht haben … Dabei wäre die Ärztin viel lieber Steuerberaterin geworden, der Weltreisende wäre auch mit einer Fahrt in den Schwarzwald zufrieden, der Anwalt wollte eigentlich einen kreativen Beruf, und der Student hätte lieber eine praktische Ausbildung gemacht. Dennoch treten Menschen oft in die Fußstapfen der Eltern oder naher Angehöriger oder versuchen, ihre ausgesprochenen und unausgesprochenen Erwartungen zu erfüllen. Ebenso oft versagen Menschen sich unbewusst das berufliche und auch private Glück, um nicht erfolgreicher zu werden als die Eltern, Großeltern oder Geschwister.

Woher wir kommen und wohin wir gehen

Von unseren Eltern erhalten wir das »Geschenk des Lebens«, wodurch wir uns ihnen – unabhängig davon, wie sie uns dann im weiteren Verlauf behandelt haben – auf tiefer unbewusster Ebene unser ganzes Leben lang verpflichtet fühlen. War das Familiensystem intakt, spüren wir Dankbarkeit und zeigen diese innerhalb unserer Herkunfts- und auch in unserer jetzigen Familie. Gab es aber Schwierigkeiten, geraten wir in einen inneren Konflikt. Einerseits fühlen wir uns unbewusst unseren Eltern gegenüber verpflichtet, andererseits spüren wir Wut, Hass oder Verzweiflung aufgrund der Dinge, die geschehen sind. Ergebnisse dieses inneren Kampfes sind oft Selbstsabotage, wiederkehrende Misserfolge und unglückliche Beziehungen.

In jeder Familie gibt es außerdem Wirkkräfte, die über das Sichtbare und das Gesagte hinausgehen. So hat beispielsweise der frühe Tod eines Elternteils eine Wirkung auf das gesamte Familiensystem. Stirbt der Vater, kann eins der Kinder (unbewusst) an seinen Platz treten und fortan als »Partner« der Mutter zur Seite stehen. Häufig führt das dazu, sich auch als Erwachsener noch für alles und jeden verantwortlich zu fühlen. Auch verheimlichte außereheliche Kinder, eine frühere große, aber unglückliche Liebe eines Elternteils, der Tod der Mutter im Kindbett, im Krieg vermisste Verwandte und fehlgeborene oder abgetriebene Geschwister können eine starke Wirkung auf das Familiensystem haben.

Viele meiner Kunden berichten ungerührt, dass sie ihren Vater nie kennen gelernt haben, weil er die Mutter sitzen gelassen hat, oder dass sie adoptiert worden sind und nicht wissen, wer ihre wahren Eltern sind, dass Vater oder Mutter Alkoholiker oder gewalttätig waren, oder dass sich einer der Eltern das Leben genommen hat. Das geht nicht spurlos an einem Kind vorbei, natürlich hat das eine Wirkung! Ein Kunde, der eine enorme Wut auf seinen Vater hat, trifft immer wieder auf Chefs, mit denen er ähnliche Probleme bekommt. Eine Kundin, deren Eltern im Krieg aus ihrer Heimat vertrieben wurden, ist schon zigmal umgezogen, auf der Suche nach ihren Wurzeln. Und eine junge Frau, deren Vater sich das Leben genommen hat, leidet seit ihrer Kindheit an Phasen von Depression.

Frank ist der Geschäftsführer eines internationalen Konzerns. Aufgewachsen ist er in einem Neubaugebiet in einer kleinen Gemeinde. Nach außen schien mit seiner Familie alles in Ordnung zu sein, doch sein Vater und seine Mutter stritten sich häufig. Der Vater trank oft mehr, als gut für ihn war, und gelegentlich wurde er der Mutter gegenüber auch gewalttätig. Als sie sich trennte und auszog, blieb Frank mit seinem älteren Bruder beim Vater zurück. Schon als Junge träumte er davon, später eine eigene große Familie zu haben und es besser zu machen als seine Eltern. Nach seinem Schulabschluss machte er eine Ausbildung und dann auf dem zweiten Bildungsweg sein Abitur, um anschließend zu studieren. Er heiratete und bekam eine Tochter. Die Ehe scheiterte, doch die Trennung verlief freundschaftlich und fair, und er zog in eine

Wohnung in der Nähe, um weiter regelmäßigen Kontakt zu seiner Tochter zu haben. Beruflich entwickelte er sich in kurzer Zeit vom kaufmännischen Leiter zum Geschäftsführer. Er lernte seine jetzige Frau kennen, sie heirateten und adoptierten ein Kind aus Russland. Kaum war ihr kleiner Sohn da, wurde sie selbst schwanger und gebar ihm noch einen leiblichen Sohn. Am liebsten hätte er noch sehr viel mehr Kinder, aber das Wichtigste für ihn ist, dass es allen gut geht. Er träumt davon, zu verstehen, was damals in seinen Eltern vorgegangen ist und möchte Frieden mit seinen Wurzeln machen, um Gutes an seine Kinder weitergeben zu können.

Es gibt Rahmenbedingungen und Erfahrungen aus der Kindheit, denen man später als Erwachsener um jeden Preis entfliehen will. Man nimmt sich fest vor, mit den eigenen Kindern alles anders zu machen. Und es gibt auch solche, die man in guter Erinnerung hat und die man eines Tages selbst aufzubauen hofft. Aus Katastrophen in der Herkunftsfamilie kann gutes Neues entstehen, wenn man Frieden mit der Vergangenheit macht. Aus Weg-von- können dann Hin-zu-Träume werden.

Das Genogramm

Nachfolgend finden Sie einige Fragen, deren Beantwortung Ihnen mehr Klarheit über den Einfluss Ihrer Familiengeschichte auf Ihre gelebten und noch ungelebten Lebensträume bringen kann. Nehmen Sie sich für diesen wichtigen Teil ausreichend Zeit und beantworten Sie die Fragen unbedingt schriftlich. Am besten skizzieren Sie dazu ein Genogramm, also einen kommentierten Stammbaum Ihrer Familie mit Eltern, Onkeln, Tanten, Großeltern und Urgroßeltern. Durch ein Genogramm können Sie eine noch bessere Übersicht erhalten, wer Sie besonders geprägt hat, und für wessen Träume oder Erwartungen Sie womöglich am meisten »anfällig« waren.

Zeichnen Sie einen Stammbaum mit allen Ihnen bekannten Familienmitgliedern und Vorfahren. Auch uneheliche Kinder und frühere Partner der Eltern oder Großeltern gehören dazu. Dann schreiben Sie zu jeder Person alles auf, was Sie von ihr wissen. Geburts- und Todestag, Berufe, Wohnorte, Hochzeiten, Trennungen, Geburten, Fehlgeburten und Abtreibungen, auch Unglücke und besondere Ereignisse oder Krankheiten.

Nun schauen Sie auf Ihre Übersicht, was fällt Ihnen darin auf? Welche Menschen oder Ereignisse berühren Sie stark und warum? Gibt es auffällige Wiederholungen? Und was bedeutet das für Ihr eigenes Leben? Gibt es jemanden, mit dem Sie sich besonders verbunden fühlen oder der vielleicht sogar den gleichen Vornamen trägt? Haben Sie Vorbilder, an denen Sie sich orientiert haben? Gibt es etwas, das sich über die Generationen hinweg »vererbt« hat? Etwas, dass Sie womöglich ganz bewusst durchbrochen haben oder gerne durchbrechen würden? Bitte notieren Sie alles, was Ihnen dazu durch den Kopf geht.

Durch meine Familienstruktur zieht sich das »Alleinerziehen«. Ich selbst habe mein Kind alleine groß gezogen, mein Vater mich ab dem elften Lebensjahr ebenfalls. Seine Mutter war alleinerziehend, weil sie sich, als er sehr jung war, von ihrem Mann scheiden ließ, und seine Urgroßmutter blieb (vermutlich unfreiwillig) unverheiratet und hat ebenfalls ein Kind alleine aufgezogen.

Ihre Herkunftsfamilie

Nun weiter: Welche Rolle haben Sie in Ihrer Herkunftsfamilie eingenommen? Waren Sie Vermittler zwischen Ihren Eltern? Der Angepasste oder die Aufmüpfige? Vielleicht das erste Kind in der Geschwisterreihe mit früher Verantwortung oder das Nesthäkchen, um das sich alle gedreht haben?

Welche besonderen Geschehnisse gab es in Ihrer Familie während Ihrer Kindheit und Jugend? Haben Sie Ihren Vater, Ihre Mutter oder wichtige andere Bezugspersonen früh verloren? Ist jemand anderes besonders früh gestorben? Gab es bemerkenswerte Schicksale, Berufe oder auch Abenteuer?

Gab oder gibt es ein schwarzes Schaf in Ihrer Familie? Wird jemand ausgeklammert oder totgeschwiegen? Gibt es ein Tabu-Thema? Gab es außereheliche Affären, aus denen vielleicht sogar ein Kind hervorgegangen ist, von dem nie jemand spricht und das Sie vielleicht gar nicht kennen?

Mussten Sie oder ein anderer in die Fußstapfen der Eltern oder Großeltern treten, obwohl er oder sie lieber etwas anderes gemacht hätte? Oder hat sich jemand genau über diese Wünsche hinweggesetzt?

Und noch ein Stück weiter zurück: Was wissen Sie über die Umstände Ihrer Zeugung? Haben Ihre Eltern geheiratet, weil Sie unterwegs waren? Wie ging es Ihrer Mutter während der Schwangerschaft? Gab es dort oder während der Geburt besondere Ereignisse? Sollten Sie ein Junge oder ein Mädchen werden? Freuten Ihre Eltern sich über Ihre Geburt?

Als ich noch sehr klein war, hörte ich zufällig in einem Gespräch, dass ich ein »Deal« zwischen meinen Eltern gewesen sei und meine Mutter mich eigentlich nicht bekommen wollte – doch das war natürlich nur ein Teil der Wahrheit. Ich erinnere mich gut, dass ich tief verunsichert war und mich unerwünscht fühlte. Erst viele Jahre später erfuhr ich den Hintergrund. Meine Mutter hatte sich unter der Voraussetzung bereit erklärt, ein Kind zu bekommen, dass sie weiter arbeiten gehen konnte. Anfang der 1960er Jahre konnte ein Ehemann die Berufstätigkeit seiner Frau noch untersagen, wenn er der Meinung war, dass sie ihre häuslichen Pflichten vernachlässigen würde. Um sich ihre – damals eben noch nicht selbstverständliche – Unabhängigkeit zu bewahren, hat meine Mutter deshalb auf diesen »Deal« bestanden. Aus heutiger Sicht kann ich das gut verstehen, doch das Auflösen der (unbewussten) Überzeugung des »Unerwünschtseins« hat mich viel Zeit und Energie gekostet.

Kennen Sie Lebensträume Ihrer Eltern, die diese nicht verwirklicht haben? Oder sind Ihre Eltern besonders erfolgreich und wünschen sich das auch für Sie? Sind besondere Leistungen oder Perfektionismus ein Thema in Ihrer Familie? Welche Träume hatten Ihre Eltern für Ihr Leben? Gab es ausgesprochene oder unausgesprochene Erwartungen an Sie? Haben Sie so etwas gehört wie »Sie ist genau wie Tante Hilde« oder »Er erinnert mich immer an den Opa«? Haben sie mit Ihren Eltern je über deren Erwartungen und Träume für sie gesprochen? Manchmal ist es tatsächlich notwendig, erst einen Traum für die Eltern wahrzumachen, um dann seine eigenen zu erfüllen.

Ein halbes Jahr vor seinem Tod sagte mein Vater mir, dass er sich wünschte, ich würde eine solide Ausbildung machen, am besten etwas Kaufmännisches oder sogar Beamtin bei der Stadt werden, Hauptsache, ich wäre gut abgesichert. Als er dann starb, war für mich klar, seinem Wunsch zu entsprechen. Erst nachdem ich meine Ausbildung als Bankkauffrau beendet und seinen Traum damit erfüllt hatte, fühlte ich mich frei, meinen eigenen Weg zu gehen.

Nehmen Sie sich ausreichend Zeit für diese Fragen. Sprechen Sie mit Ihren Eltern oder Verwandten, sofern sie noch leben, und bitten Sie sie um weitere Informationen über Ihre Familie und deren Geschichte und vor allem ihre Träume und Erwartungen. Und bitte bewahren Sie Ihre Notizen zu diesem Kapitel gut auf. Wir kommen später im Buch wieder darauf zurück.

Was heute ist

Nun werfen wir noch einen Blick auf Ihre gegenwärtige Realität. Wie ist die Beziehung zu Ihrer Familie heute? Haben Sie mit allen Familienmitgliedern ein friedliches oder zumindest neutrales Verhältnis? Behandeln Sie die Mitglieder Ihrer Familie mit Achtung und Wertschätzung, und werden Sie auch von ihnen so behandelt?

»Ja, wenn meine Eltern anders gewesen wären, mich mehr unterstützt hätten, mein Talent mehr gefördert, mir eine bessere Bildung ermöglicht, mich mehr geliebt hätten … dann, ja dann wäre mein Leben ganz anders verlaufen, und ich wäre heute ein glücklicher Mensch!« Denken Sie auch so? Glauben Sie das wirklich? Dass Ihre Eltern an allem schuld sind? Dass Sie mit anderen Eltern ein anderer Mensch geworden wären und heute ein anderes Leben führen würden? Ja, ich habe Ihnen mit dem Zwiebelmodell ausführlich erklärt, dass Ihre Eltern Sie in den ersten Lebensjahren entscheidend geprägt haben, aber das betrifft die Vergangenheit! Als Kind waren Sie vielleicht ein Opfer der Umstände und konnten sich nicht zur Wehr setzen, doch heute haben Sie es in der Hand, Ihrem Leben eine neue Richtung zu geben und neue Entscheidungen zu treffen. Ihre Eltern sind ein Stück weit verantwortlich für Ihre Vergangenheit, aber sie sind nicht verantwortlich für das, was Sie heute sind!

Wenn Sie wirklich ein glückliches Leben führen und frei sein wollen, Ihre eigenen Träume zu leben, gibt es eine Sache, an der Sie nicht vorbei kommen: Frieden mit Ihrer Herkunftsfamilie zu machen. Niemand ist wirklich frei, solange er sich nicht mit seiner eigenen Herkunft versöhnt hat. Um Ihren eigenen Weg zu gehen, müssen Sie akzeptieren, woher Sie kommen.

Frieden mit den Eltern machen

Viele meiner Kunden sagen mir hier, dass sie inzwischen ein sehr gutes Verhältnis zu ihren Eltern entwickelt haben, dass sie sich ausgesprochen haben, dass die Eltern sich vielleicht auch verändert haben, und dass sie keine Wut mehr empfinden. Das ist ein wichtiger und befreiender Schritt, aber das betrifft nur den »erwachsenen« Teil in uns. Auch unser verletztes inneres Kind muss Frieden mit den Eltern machen, und das ist meist die größere Herausforderung.

Lassen Sie uns einen kurzen Test machen: Schließen Sie gleich Ihre Augen und sehen Sie vor Ihrem inneren Auge Ihren Vater, gleichgültig, ob Sie ihn überhaupt kennen gelernt haben, ob er noch lebt oder bereits gestorben ist. Sehen Sie ihn deutlich vor sich oder fühlen Sie seine innere Anwesenheit. Dann sagen Sie laut: »Lieber Vater (oder wie Sie ihn eben angesprochen haben), ich danke dir für das Geschenk meines Lebens.« Und dann stellen Sie sich vor, wie Sie sich vor ihm verbeugen und deuten es leicht mit Ihrem Kopf an, um Ihre Achtung und Dankbarkeit zu zeigen. Und dann machen Sie das Gleiche mit Ihrer Mutter.

Wie fühlt es sich an, den Satz zu sagen? Stimmt das wirklich, dass Sie Ihren Eltern für das Geschenk Ihres Lebens danken? Fällt es Ihnen bei einem oder beiden besonders leicht oder schwer? Und was ist mit der Verbeugung? Ist es Ihnen überhaupt möglich? Und wie fühlt sich das an?

Wenn wir es schaffen, unseren Eltern für unsere Herkunft zu danken, ganz egal, ob sie später »genug« für uns da waren, ganz egal, was sie uns vielleicht angetan haben, dann nehmen wir das Gute unserer Herkunft an und lassen die Missetaten oder die Schuld bei dem, zu dem sie gehört. Solange man Hass, Ablehnung oder Kälte den eigenen Eltern gegenüber empfindet, ist man nicht mit seinen Wurzeln verbunden. Am wichtigsten sind Vater und Mutter, gleichgültig, ob wir mit ihnen aufgewachsen oder ihnen überhaupt je begegnet sind, aber auch die anderen Mitglieder Ihrer Familie sind von Bedeutung.

Die lieben Verwandten

Mit welchen Menschen aus Ihrer Herkunftsfamilie sind Sie bereits in Frieden, und wo ist noch etwas offen? Gehen Sie der Reihe nach alle Menschen Ihrer Familie durch, Ihre Großeltern, Geschwister, Onkel, Tanten, Cousins und Cousinen. Schauen Sie auf Ihre Liste und fragen sich, ob Sie diesen Menschen mit einem Gefühl des inneren Friedens und vielleicht sogar mit Liebe anschauen können. Bei manchen empfinden Sie vielleicht eher Neutralität, bei manchen möglicherweise aber auch Sehnsucht, Wut, Leidenschaft oder Hass. Jede heftige Emotion ist ein Zeichen, dass es da noch etwas für Sie zu tun gibt. »Aber mein Bruder hat mich immer geschlagen, wie könnte ich ihm je verzeihen?« oder »Meine Oma war immer kalt zu mir, ich kann sie niemals lieben«, mögen Sie jetzt einwenden. Zu Recht. Sie müssen nichts verzeihen oder lieben, aber das Geschehene akzeptieren, denn das können Sie nicht rückgängig machen. Die Vergangenheit können Sie nicht ändern, aber Sie können Ihre Gedanken darüber ändern. Es ist nie zu spät, eine glückliche Kindheit gehabt zu haben.

Systemische Aufstellungen

Wir wachsen in einem Familiensystem auf, dessen Struktur wie ein fragiles Mobile ist. Fein ausbalanciert sind alle Mitglieder über die Querverbindungen miteinander verbunden. Verändert sich ein Teil, hat das Auswirkungen auf alle anderen Teile; das System versucht immer wieder, eine Balance herzustellen, häufig auf Kosten einzelner Mitglieder. Eine Möglichkeit, eine »gesunde« Balance ins familiäre System zu bringen, ist die »systemische Aufstellung«, deren Ursprünge in der Familientherapie liegen, und die ich Ihnen hier kurz erläutere. Es gibt Aufstellungen für die Herkunftsfamilie und die aktuelle Partnerschaft, man kann Organisationen und Teams aufstellen und sogar abstrakte Themen wie Erfolg, Projekte oder den richtigen Beruf.

In einer Aufstellung wählt man aus einem Kreis anwesender Teilnehmer Stellvertreter für die Schlüsselpersonen der eigenen Familie oder für das Thema, das bearbeitet werden soll. Diese Personen stellt man dann intuitiv, nach einem »inneren Bild« in der Mitte des Raums zueinander auf. Der Aufstellungsleiter befragt die einzelnen Repräsentanten, welchen Bezug sie zueinander haben und wie sie sich fühlen, und entwickelt im Anschluss durch verschiedene Interventionen wie Umstellungen, kleine Rituale und heilende Sätze eine Lösung, bei der sich am Ende möglichst alle gut fühlen und »am rechten Platz« sind. Warum diese Arbeit funktioniert und warum sie oft große Erkenntnisse und auch Erleichterung bringt, ist noch ungeklärt. Dass Sie funktioniert wird seit einigen Jahren unter anderem vom Münchner Professor Dr. Matthias Varga von Kibéd wissenschaftlich untersucht, und wer sie selbst einmal erlebt hat, weiß, welche Veränderungen sie im eigenen Leben möglich macht.

Der Markt der »Aufsteller« ist allerdings unübersehbar, und ich möchte dringend vor Anbietern warnen, die über keine solide Ausbildung verfügen oder einem bestimmten »Guru« anhängen. Idealerweise wird eine Aufstellung von einem psychologisch geschulten Therapeuten durchgeführt, der Sie auch im Nachhinein noch weiter begleiten und Ihre Fragen beantworten kann. Von fachkundigen Händen liebevoll geleitet, kann eine systemische Aufstellung helfen, die eigene Familienstruktur zu verstehen und übernommene Träume und fremde Ziele hinter sich zu lassen. Informationen zu seriösen Aufstellungsleitern finden Sie im Anhang.

Siegfried träumte davon, ein eigenes Beratungsunternehmen zu gründen. Er wusste genau, was er tun und wie er es angehen könnte, und auch seine inneren Überzeugungen waren für sein Vorhaben passend. Dennoch kam er nicht voran. Im Coaching wurde klar, dass die »Erlaubnis« seines (schon verstorbenen) Vaters nötig war, der nicht gewollt hatte, dass sein Sohn das Risiko einer Selbstständigkeit auf sich nimmt, weil er selbst Jahre zuvor damit gescheitert war. »Lieber Vater, bitte schau freundlich, wenn ich jetzt meinen eigenen Weg gehe.« Das ist ein typischer heilender Satz aus der Familienaufstellung, und er hat auch in diesem Fall den Durchbruch gebracht. Nun konnte Siegfried die Verstrickungen aus der familiären Vergangenheit hinter sich lassen und sich auf den Weg in die Selbstständigkeit machen.

Obwohl, oder gerade weil ich mich seit mehr als 20 Jahren mit dem Thema Aufstellung beschäftige und selbst Aufstellungsgruppen leite, weiß ich allerdings, dass das nur ein Anfang ist. Es ist nicht damit getan, eine Aufstellung zu machen, es gilt auch, die gewonnenen Erkenntnisse mit ins Leben zu nehmen, neue Entscheidungen zu treffen und die Veränderungen auch umzusetzen.

Lebenstraum-Navigator 3:
Ihre Lebensphasen und deren Träume

Lebensträume begleiten uns, wie der Name schon sagt, unser ganzes Leben lang. Doch wie auch bei der Berufung gibt es drei Phasen, in denen man besonders mit seinen Träumen konfrontiert wird. In der Kindheit, in der Mitte des Lebens und in der Zeit, wenn das bisherige Erwerbsleben beendet wird und man Dinge wahr machen möchte, die man bisher noch aufgeschoben hat.

Kindheit, Jugend und Adoleszenz

Als Kind haben die meisten noch viele Träume. Man träumt davon, berühmt zu werden, einen Sportwagen zu fahren oder eine Weltreise zu machen. Dann wird man älter, der Verstand und die erlernten inneren Überzeugungen übernehmen nach und nach die Kontrolle, und wenn dann der Moment der Berufswahl gekommen ist, wird diese meist nach rationalen Gesichtspunkten entschieden, und auch die übrigen »verrückten« Träume treten in den Hintergrund. Als junger Mensch will und muss man herausfinden, wer man »wirklich« ist. Es ist die Zeit der beginnenden Selbstständigkeit, des Ausprobierens und Grenzentestens, hier werden die ersten Weichenstellungen gefordert. Ausbildung oder Studium? In eine WG ziehen oder lieber noch zu Hause wohnen? Die erste richtige Beziehung leben oder lieber vorläufig Single bleiben? Es ist eine Zeit des Forschens und Experimentierens, bei der es darum geht, seinen Platz in der Gesellschaft zu finden.

Leider gehen besonders hier schon die ersten Träume verloren. Die erträumte Weltreise nach Abschluss der Schule fällt wegen Geldmangel ins Wasser, das Jahr im Ausland klappt nicht, weil die Au-pair-Familie im letzten Moment absagt, der bevorzugte Studienplatz ist mit dem Notendurchschnitt nicht zu bekommen, die Ausbildungsstelle klappt nicht, und dann lernt, studiert oder tut man eben etwas anderes. Nach der Ausbildung findet man dann den ersten Job, gründet vielleicht eine Familie und steckt sich berufliche und private Ziele. Dann gehen weitere Träume verloren und fallen den Normen der Gesellschaft und den Rahmenbedingungen zum Opfer. Vielen geht es nun vor allem um Leistung und Erfolg, dabei ist dies eigentlich die Zeit, in der *eigene* Normen entwickelt werden sollten und eine Konfrontation der persönlichen Ideale mit der Wirklichkeit stattfinden müsste. Die meisten Menschen übersehen und übergehen diesen Punkt, weil sie zu sehr damit beschäftigt sind, sich zu beweisen und ihre ersten Lebensziele zu erreichen.

Die Lebensmitte

Sind die ersten Ziele erreicht, setzt man sich neue, konsolidiert, was man hat, und schlägt Wurzeln im eigenen Leben. Das ist die mittlere Lebenszeit, eine Zeit, in der man nicht mehr jung, aber auch noch nicht alt ist. Die Zeit, in der die jüngeren Kollegen anfangen, am Stuhl zu sägen, die Zeit, in der Mütter neben ihren Töchtern gehen und realisieren, dass die Blicke der Männer nicht mehr ihnen gelten. Die Zeit, in der man Bilanz ziehen und sein Leben kritisch überprüfen sollte. Bin ich zufrieden mit meinem Leben? Habe ich mir nicht eigentlich etwas ganz anderes gewünscht? Will ich noch einmal etwas Neues beginnen? Das ist die sogenannte Midlife-Crisis, die wie jede andere Krise in unserem Leben die Chance für einen kleinen oder auch radikalen Wandel bietet. Menschen in diesem Alter haben die Aufgabe, von anderen immer unabhängiger zu werden, ein Leben auch außerhalb der Familie zu haben, die eigene Persönlichkeit in Balance zu bringen, das heißt, auch seine Schattenseiten zu akzeptieren und zu integrieren, und etwas zu schaffen, das die eigene Existenz überlebt. Das ist die Zeit des Aufwachens, des Blicks in den Spiegel.

Wo will ich noch hin in diesem Leben? Wie stelle ich mir die ideale Partnerschaft vor, und wie lebe ich im Moment? Was brauche ich unbedingt, und worauf kann ich in Zukunft womöglich auch verzichten? Wie gehe ich damit um, älter zu werden? Mit wem oder was will ich noch Frieden machen? Was möchte ich an mir selbst noch verändern? Habe ich alles richtig gemacht bisher? Was hätte ich anders machen können? Was könnte ich jetzt noch anders machen? Wo habe ich zu viele Zugeständnisse gemacht? Und vor allem, welche meiner Träume sind auf der Strecke geblieben?

Diese Fragen hat sich auch Britta gestellt. Schon als Kind hatte sie viele Träume, wollte Tänzerin oder Sängerin werden, aber auch etwas mit Sprachen machen und am liebsten im Ausland arbeiten. Schließlich siegte Ihre Leidenschaft für die Sprache, und nach dem Studium der Sozialwissenschaft absolvierte sie ein Volontariat in einem großen deutschen Verlag. Dort erstellte sie sich dann das erste Mal einen Siebenjahresplan, und diese Siebenjahrespläne macht sie heute noch. Beim ersten Mal hatte sie es sich zum Ziel gesetzt, nach sieben Jahren Programmleiterin zu werden. Sie schaffte es noch weiter: bis in die Geschäftsführung! Mit 35 hatte sie nebenberuflich außerdem ihren Master of Business Administration abgeschlossen, doch im Verlag war die höchste Stufe bereits erreicht. Mit dem Karriere-Navigator entwickelte sie im Coaching den Traum vom eigenen Medienunternehmen. Hier sollte es alles geben: Bücher, Seminare, Onlineportale, vielleicht auch einen eigenen Verlag. Noch bevor die sieben Jahre um waren, hatte sie den Traum vom eigenen Unternehmen wahr gemacht und eine Onlinemedienhandlung mit einem Rezensionsportal für Wirtschaftsliteratur gegründet. Damit ist sie so erfolgreich, dass sie ihr Angebot jetzt noch weiter ausbaut.

Idealerweise endet diese Phase mit dem Akzeptieren der Tatsache, dass Zeit endlich ist und jeder – auch man selbst – eines Tages sterben wird. Das führt zu Stabilisierung und der Übernahme der Verantwortung für das eigene Leben. Nicht die Eltern oder die Gesellschaft sind mehr schuld, wenn man seine Träume nicht lebt, man selbst hat es jetzt in der Hand. Und wenn man sich nicht traut, kann man auch nur noch sich selbst einen Vorwurf dafür machen. Für Frauen ist die Zeit, wenn die Kinder das Haus verlassen, oft eine besondere Herausforderung, für sie bricht oft ein wichtiger Bereich der Selbstdefinition weg (für den Mann ändert sich meist weniger, wenn er kein Vollzeitvater war). Aber das leere Nest schafft auch Raum für Neues. Das ist die Phase, in der sehr viele meiner Kunden ihre

Träume doch noch wahrmachen und ihre Lebensqualität dadurch zum Teil immens erhöhen. »Erst jetzt habe ich mich frei genug gefühlt, etwas für mich zu tun. Ich hätte das schon viel früher machen sollen, aber ich hatte vorher immer ein schlechtes Gewissen, dass ich dann keine gute Mutter wäre«, das habe ich von vielen meiner Kundinnen gehört.

Die Phase der Reife

Die dritte Phase, in der das Thema Träume in unserem Leben noch einmal eine ganz besondere Bedeutung bekommt, ist die, die man früher »Ruhestand« genannt hat. Aber das wird dieser Zeit nicht mehr gerecht. Während Menschen in früheren Generationen mit 60 Jahren bereits begonnen haben, psychisch und physisch abzubauen, sind die älteren Menschen heute relativ gesund, fühlen sich oft sehr viel jünger und sind noch voller Tatendrang. Margarete Mitscherlich empfing mit 93 noch Patienten zur Psychoanalyse und hat ein Buch über die »Radikalität des Alters« veröffentlicht, Pablo Picasso war bis zu seinem Tod mit 92 Jahren noch künstlerisch aktiv. Körperlich und geistig fit, kann man noch mit 80, 90 oder 100 Jahren Neues dazu lernen, einen Universitätsabschluss machen oder Fallschirmspringen. Das Lernen von Neuem erfolgt manchmal etwas anders, ist aber bis zum letzten Lebenstag möglich. In dieser Phase der Reife hat man begonnen, zu akzeptieren, welchen Weg das Leben bisher genommen hat, den eigenen Eltern ihre Fehler vergeben und sich daran gewöhnt, dass manche körperlichen Vorgänge etwas länger brauchen oder nicht mehr ganz so kraftvoll ablaufen wie früher. Manche Menschen entwickeln eine abgeklärte Weisheit und geben ihre Erfahrungen gerne an die jüngere Generation weiter. Zum alten Eisen lässt man sich heute nicht mehr so leicht legen, im Gegenteil, viele starten hier noch einmal durch.

Was nun also tun mit der noch vorhandenen Energie? Viele Menschen, die in Rente gehen, setzen heute ihren alten Job mit neuen Vorzeichen fort, andere nutzen ihre erworbenen Erfahrungen und Kompetenzen und setzen diese an anderen Stellen, oft auch zum Wohl der Allgemeinheit ein. Wieder andere fühlen sich befreit und holen in dieser Phase endlich nach, was ihnen vorher aufgrund der Rahmenbedingungen nicht möglich war.

Gerade Menschen, die beruflich sehr gefordert waren, suchen sich auch nach der Pensionierung neue Ziele.

Ihr Leben auf einen Blick

In jeder dieser Phasen gibt es Träume, die als sichere Wegweiser dienen können. Wenn Sie als Kind davon geträumt haben, wie Pippi Langstrumpf zu sein, galt Ihre Sehnsucht vermutlich einem Leben voller Abenteuer und in Freiheit. Dann können Sie sich jetzt fragen, ob genau das jetzt die Qualität Ihres Lebens ist. Es gibt keinen Grund, über die Träume der Kindheit heute zu lächeln, im Gegenteil. Denken Sie an die Zwiebel: Damals gab es die wenigsten Schutzschichten um Sie herum, Sie waren sich selbst noch sehr nah. Wenn Sie also als Kind von einer Großfamilie geträumt haben, dann ist genau das womöglich in Ihrem Wesenskern angelegt. Aber vielleicht haben Sie auch nur davon geträumt, weil Ihre Kindheit alles andere als idyllisch war und sie gerne Geschwister gehabt hätten, und heute würde Ihnen ein Kind vollkommen genügen?

In den folgenden Kapiteln werde ich Sie immer wieder bitten, die Gedanken und Träume aus den verschiedenen Lebensphasen zu notieren. Als Basis dafür erstellen Sie jetzt als erstes eine Übersicht über die wichtigsten Stationen in Ihrem bisherigen Leben, von der Kindheit bis heute. Selbst wenn es schlimme Ereignisse, Gewalterfahrungen und Traumata gegeben haben sollte, dürfen Sie dennoch den Blick zurück wagen. Denn auch wenn Ihnen Schlimmes geschehen ist: Sie sind heute hier, lesen dieses Buch und blicken nach vorne! Und falls Sie das Gefühl haben, hierbei lieber Unterstützung in Anspruch nehmen zu wollen, finden Sie dazu am Ende vom Buch Adressen von Coaches und Therapeuten.

 Nun Sie!

Nehmen Sie bitte ein großes Blatt zur Hand. Am besten wäre ein Blatt aus einem Zeichenblock oder Flipchartpapier, je größer, desto besser (aber natürlich können Sie diesen Schritt auch an Ihrem Computer machen).

Unterteilen Sie das Blatt in Spalten, entsprechend Ihrer bisherigen Lebensjahre. Beginnen Sie mit dem Jahrzehnt Ihrer Geburt und geben Sie den nächsten Spalten die Überschrift des jeweiligen Jahrzehnts. In die einzelnen Spalten tragen Sie dann alle bedeutsamen, prägenden, alle schönen und alle schlimmen Ereignisse im entsprechenden Zeitraum ein. Kindergarten, Schulzeit, Ausbildung, Studium, Unfälle, Krankheiten, Geburt (oder Tod) von Geschwistern, besondere Geschehnisse in der Familie, Tod der Eltern oder Großeltern, Freundschaften, Liebesbeziehungen und deren Ende, Zeiten in Cliquen und Vereinen, die Ihnen etwas bedeutet haben, Jobs, berufliche Erfolge und Misserfolge, Umzüge, wichtige Entscheidungen und so weiter. Diese Aufstellung kann und wird Sie im weiteren Verlauf Ihres Lebenstraum-Navigators dabei unterstützen, sich leichter an die Träume der jeweiligen Lebensphase zu erinnern und auch rote Fäden in Ihrem Leben zu erkennen. Das kann dann in etwa so aussehen wie in der Tabelle rechts.

Lassen Sie die ausführliche Übersicht Ihres bisherigen Lebens ein paar Tage liegen, bevor Sie im Buch weitergehen. Für die meisten meiner Kunden ist dieser Schritt sehr aufwühlend und bewegend. Kaum jemand hat sein Leben zuvor so »auf einen Blick« betrachtet, und je nachdem, was Sie selbst bisher erlebt haben, pendeln auch Sie vermutlich jetzt irgendwo zwischen Dankbarkeit und Betroffenheit. Lassen Sie das bitte erst einmal sacken.

Rote Fäden

Wenn Sie auf Ihre Aufzeichnungen und auf die bedeutsamen Ereignisse in Ihrem Leben blicken, welche roten Fäden können Sie erkennen? Welche Menschen und welche Geschehnisse haben Sie besonders geprägt? Welche Begriffe oder Themen tauchen in Ihrem Leben immer wieder auf?

Ich habe schon in der Kindheit und Jugend vieles loslassen müssen, was mir wichtig war. Zuerst starb mein erster Hund, dann erstickte ein enger Schulfreund bei einem Asthmaanfall, meine Eltern haben sich getrennt und meine Mutter zog in eine andere Stadt, dann starb meine Oma, die eine wichtige Bezugsperson für mich war, kurz danach nahm sich ein guter Freund mit 16 Jahren das Leben, dann starb mein Vater, als ich gerade 17 war, und so setzte sich das auch in den nächsten Jahren meines Lebens fort. Loslassen und

Geboren 1967	70er Jahre	80er Jahre	90er Jahre	2000er bis heute
Geburt	Einschulung	Oma stirbt an Weihnachten	Neue Beziehung, schwanger, Trennung	Stelle in Weiterbildungsinstitut
Kindergarten	Oma zieht zu uns	Selbstmord von Schulfreund	Geburt meiner Tochter, alleinerziehend	Ausbildung in Projektmanagement
Eltern arbeiten beide – Schlüsselkind	Erster Kontakt mit Halbschwestern in DDR	Vater stirbt nach einem Jahr Krankheit	Elternzeit, Kindergruppenleitung	Neue Beziehung
Oma kommt aus DDR	Umzug aufs Land	Beerdigung Vater mit Hunderten Trauergästen	Erster Fallschirmsprung	Abteilung aufgelöst, Kündigung
	Erster eigener Hund	Anwalt als Vormund gesucht, um mit 17 alleine wohnen zu dürfen	Rucksackreise durch Costa Rica	Stelle bei Mitbewerber
	In den Ferien oft in DDR	Fester Freund, zieht bei mir ein	Tagesmutter für Tochter, Stelle bei Autovermietung Flughafen	Coaching-Ausbildung
	Beginn Leistungssport	Abitur	Zweiter Fallschirmsprung	Ausbildung als Personal- und Organisationsentwickler
	Erste große Liebe	Umzug	Tochter im Kindergarten, Beginn Psychologie-Studium	Burnout, Kündigung
	Zwei Unfälle – Sport aufgegeben	Gescheiterte Bewerbungen als Pilot	Gleitschirmpilotenlizenz	Entwicklung des Karriere-Navigators
	Schulwechsel aufs Gymnasium	Bankausbildung	Arbeit beim Kinderschutzbund	Selbstständigkeit als Coach
	Eltern streiten viel, Oma gibt Halt	Trennung	Neuer Hund	Erstes Buch erscheint
	Asthma, Hund kommt weg	Ein Jahr Ausland	Neue Beziehung	Umzug
	Tod Schulfreund	Umzug, neuer Hund	Viele verschiedene freiberufliche Jobs	Aus- und Weiterbildung von Kollegen
	Trennung Eltern, Mutter zieht aus	Stelle bei Airline Flughafen Frankfurt	Fehlgeburt, Trennung	Noch ein Umzug
	Neuer Hund – kein Asthma	Viele Reisen	Mobbing im Job	Fehlgeburten, Trennung
	Hund stirbt an Weihnachten	Fluchtpläne für Familie aus DDR	Abschlussprüfungen Studium	Umzug ins eigene Haus
	Oma wird krank, Pflegeheim	Hund wird krank, muss ihn abgeben	Umzug	Hund stirbt kurz nach Weihnachten
		Noch ein Umzug		Operation
		Die Mauer fällt!		Neubeginn

wieder neu beginnen, das zieht sich als roter Faden durch mein Leben – ebenso die Selbstständigkeit: Erst als Schlüsselkind, dann als 17-Jährige, die vom einen auf den anderen Tag auf sich gestellt war, später als alleinerziehende junge Mutter, dann als Freiberuflerin und Selbstständige.

Ein Teil der roten Fäden in unserem Leben steht für die Lernaufgaben, die wir bewältigen müssen, um wieder zurück zu unserem Wesenskern zu finden und um unser volles Potenzial leben zu können. Neben unseren Träumen sind sie die sichersten Anhaltspunkte auf dem Weg zu unserem wahren Selbst. Ihre Lernaufgaben werden wir in Teil 3 im Buch wieder aufgreifen. Um Ihre wahren Träume erfolgreich umzusetzen, ist es wichtig, sie einzubeziehen, sonst könnte es passieren, dass Sie zwar wissen, wo Sie hin wollen, sich auf dem Weg dorthin aber immer wieder selbst ein Bein stellen. Ihre Träume sind der eine Flügel, Ihre Lernaufgaben der andere. Und erst mit beiden zusammen können Sie am Ende fliegen.

Lebenstraum-Navigator 4:
Die sieben Traumfelder

Glückwunsch, wenn Sie bis hierhin mitgegangen sind! Sich die eigene Vergangenheit in ihrer ganzen Wucht anzuschauen, erfordert einiges an Mut! Möglicherweise ist Ihnen schon jetzt einiges in Ihrem Leben klarer geworden, vielleicht haben Sie neue Erkenntnisse gewonnen und Zusammenhänge entdeckt. Was Sie bis hierher erarbeitet haben, dient als Vorbereitung, um sich jetzt ganz konkret Ihren Träumen in den einzelnen Lebensbereichen zuzuwenden.

Die folgenden Kapitel beinhalten zahlreiche Beispiele, welche Optionen sich uns im jeweiligen Lebensbereich heute bieten. Wie Menschen arbeiten, ihre Partnerschaften führen, wie sie leben, was sie tun, haben oder sein wollen und wovon sie für diese Welt träumen. Ich möchte Ihnen damit zeigen, dass das, was Sie heute »normal« finden, in Wirklichkeit vielschichtiger ist und viel mehr Möglichkeiten bietet, als Sie bisher vielleicht dachten. Manche Themen werden Sie vermutlich mehr ansprechen als andere. Bei manchen werden Sie viel notieren wollen, bei anderen weniger. Das ist okay. Bitte bearbeiten Sie trotzdem alle Kapitel der Reihe nach und notieren Sie immer alles, was Ihnen dazu durch den Kopf geht.

Am Ende jedes Abschnitts finden Sie eine Anleitung, um Ihre eigenen Träume für den jeweiligen Bereich vorläufig zu formulieren. Dort bitte ich Sie zuerst, sich an die jeweils relevanten Träume aus Ihrer Kindheit und Jugend zu erinnern, dann Ihre aktuellen Gedanken dazu festzuhalten und schließlich in einer angeleiteten inneren Traumreise Bilder und Gefühle dazu aus Ihrem Innersten, Ihrem Wesenskern aufsteigen zu lassen und ebenfalls zu notieren. Dieser letzte Teil ist besonders wichtig, weil dadurch zusätzliche unbewusste Bedürfnisse an die Oberfläche kommen. Jedes Kapitel endet damit, dass Sie aus den gewonnenen Informationen drei Entwürfe notieren, die Ihre Träume im jeweiligen Bereich ausdrücken. Vorläufig. Denn am Ende, im *Lebenstraum-Navigator 7,* werden wir

Ihre Ideen dann auf Herz und Nieren prüfen. Es kann übrigens durchaus sein, dass die Träume in den verschiedenen Lebensbereichen sich ähneln oder zum Teil sogar identisch sind, aber es kann auch sein, dass die Entwürfe, die Sie am Ende haben, völlig verschieden sind. Lassen Sie sich überraschen!

1. Beruf und Berufung – Der Traumjob

Nach der Pensionierung den Traum von der Chocolateria wahrmachen, einen gut dotierten Job kündigen, um ein Kulturzentrum zu eröffnen; immer mehr Menschen wagen einen außergewöhnlichen Wechsel, einen kompletten Neuanfang. Und manche wissen schon von klein auf, was sie eines Tages tun wollen.

Schon als Kind bereitete sich Carmen auf ihr Leben als Abenteuerin vor. Aufgewachsen in der ehemaligen DDR, träumte sie davon, fremde Länder zu erforschen und wilde Tiere zu beobachten. Mal probierte sie dazu, wie lange sie ohne Wasser auskommen konnte, dann testete sie nachts auf dem Balkon, wie viel Kälte sie aushalten kann. Carmen studierte Biologie und wurde nach einer abenteuerlichen missglückten Flucht mit anschließender Haft aus der DDR ausgewiesen. Seitdem ist sie als Dokumentarfilmerin, Fotografin, Reiseschriftstellerin und Vortragsrednerin in der ganzen Welt unterwegs.

Die Berufung

Gibt es einen Traumjob? Einen Beruf, in dem man sich so wohl fühlt, dass immer nur eitel Sonnenschein herrscht? Soll man von so einem Job überhaupt träumen oder nicht doch lieber mit dem zufrieden sein, was man hat? Die Meinungen darüber gehen weit auseinander. Es gibt Menschen, die sagen, man solle froh sein, in der heutigen Zeit überhaupt einen Job zu haben. Es gibt andere (zu denen gehöre auch ich), die der Meinung sind, dass jeder von uns dazu bestimmt ist, das Beste aus sich selbst und seinen Anlagen und Talenten zu machen und diese in Form der »Berufung« zu leben. Aber es gibt auch Menschen, die meinen, eine Berufung gäbe es nicht, sondern jeder Job sei gerade gut genug, wenn man nur seine Einstellung dazu entsprechend modifiziere.

Berufung ist der Ruf aus unserem Inneren, der uns dazu bringen will, unserem ganz persönlichen (beruflichen) Weg zu folgen. Bis heute habe ich viele Tausend Menschen beim Finden und Leben ihrer Berufung begleitet. Ich habe in all den Jahren nicht einen einzigen Menschen kennen gelernt, der mit meinem »Karriere-Navigator« seine Berufung nicht gefunden hat (wenngleich einige lieber eine andere gehabt hätten). Auch deshalb bin ich nun umso sicherer, dass jeder von uns aus einem ganz bestimmten Grund hier auf der Erde ist, und dass es gilt, diesen Grund herauszufinden. Im Kontext Arbeit ist das unsere Berufung, die es zu entdecken und mit allen uns zur Verfügung stehenden Kräften zu leben gilt. In jedem von uns ist von Geburt an eine unverwechselbare Kombination aus Eigenschaften und Begabungen angelegt, die uns Hinweise auf unsere berufliche Bestimmung geben.

Unser Beruf ist jede auf Dauer angelegte Tätigkeit zur Bestreitung des Lebensunterhalts, ganz gleichgültig, ob man das, was man tut, auch gelernt hat, ob man es wirklich kann, und ob man es gerne tut. Die Berufung ist hingegen der Ruf Gottes oder des Lebens an einen Menschen zur Erfüllung ihm bestimmter Aufgaben. Die Berufung zu leben bedeutet, die eigene Mitte zu spüren und tiefes Vertrauen in den eigenen Weg und die eigene Bestimmung zu haben.

Es geht also nicht darum, dass Sie *den* Traumjob finden, es geht darum, dass Sie *Ihren* Traumjob finden! Und der kann am Ende ganz anders aussehen, als Sie vielleicht bisher dachten.

Der Traumjob
Angie arbeitete als PR-Beraterin, Pressesprecherin und später als Kommunikationschefin eines großen Musiksenders. Ihr Leben war bestimmt von Partys, Glamour, Hektik, Meetings und Deadlines. Ein Traumjob? Auf jeden Fall ein extrem stressiger. Mit Mitte 30 wagte sie einen kompletten Neuanfang. Sie kündigte, gründete eine Familie und übernahm mit ihrem Mann eine Jugendherberge. Heute arbeitet sie zwar genauso viel wie früher, aber statt dabei auszubrennen, fühlt sie sich gestärkt und glücklich.

Wenn es um den idealen Job geht, orientieren sich die meisten Menschen noch immer an dem, was sie gut können und was sie gelernt haben. Doch oft beherrscht man etwas zwar gut, weil man es viele Jahre getan hat, der Job kostet aber mehr Kraft, als er Freude oder gar Erfüllung bringt. Einer der häufigsten Gründe für anhaltende Erschöpfung oder Burnout ist, dass ein Mensch dauerhaft Dinge tut, die ihm und seiner Berufung nicht entsprechen. Nur wenn auch die Träume und unbewussten Aspekte, die über die reinen Fähigkeiten und Interessen hinausgehen, ins Bild integriert werden, wird die Berufung klar. Die Berufung selbst ist nichts, was einmal gelebt und dann lebenslang abgehakt ist. Es ist vielmehr ein kontinuierlicher Prozess von Entdecken, Umsetzen und Weiterentwickeln. Je klarer ein Mensch sich über sein wahres Selbst ist, desto besser kann er seinem inneren Ruf auch beruflich folgen.

Ida studierte nach dem Abitur BWL und arbeitete die ersten Jahre in einer renommierten Wirtschaftskanzlei, aber sie spürte keine Erfüllung. Schon als Kind hatte sie davon geträumt, nach Afrika zu gehen; also nahm sie nun kurzerhand Urlaub und fuhr eine Hilfsorganisation nach der anderen ab. Bei einem Gespräch hatte sie Glück und bekam tatsächlich einen neuen Job, bei dem sie sich um Projekte in Pakistan und Sri Lanka kümmerte. Später wechselte sie ins Afrika-Referat und betreute fortan Projekte in Äthiopien. Sie fand für ihr Leben den Sinn, nach dem sie gesucht hatte.

Je instabiler und unberechenbarer der Arbeitsmarkt, desto wichtiger wird es, sich nicht zuerst am Außen, sondern als allererstes an sich selbst zu orientieren. Ein krisenfester Job (sofern es den überhaupt noch gibt) ist kein Garant für Zufriedenheit oder gar Glücksgefühle im Beruf. Dazu ist es nötig, dass man den Weg wählt, der der eigene ist, und dann entsprechend der Marktlage und seinen Möglichkeiten das Beste daraus macht. Das heißt, etwas Stimmiges zu tun und in einem Umfeld zu arbeiten, in dem man sich wohl fühlt und das zu den eigenen Bedürfnissen am besten passt.

Ihr Traumjob ermöglicht Ihnen, sich mit den Dingen und Themen zu beschäftigen, die Sie tatsächlich interessieren und Ihnen wirklich Freude machen. Die Tätigkeit muss einen Sinn ergeben, aus sich selbst heraus oder auch für die Welt, und sie muss sich mit den eigenen Lebensmotiven und

Werten decken. Wichtig ist es, eine Nische zu finden, die genau zu einem passt, und die Möglichkeit zu haben, seine sogenannte Work-Life-Balance optimal zu gestalten. Und wieso sollen wir eigentlich nur ein Leben leben?

Unter der Woche arbeitet Andreas als Rechtsanwalt in einer Kanzlei, am Wochenende tauscht er Anzug und Krawatte gegen Latzhose und Gummistiefel und bewirtschaftet als Obstbauer mehrere Streuobstwiesen, deren Erzeugnisse er zu Fruchtsaft verarbeitet und verkauft. Eine perfekte Ergänzung, findet er. Zwar bedeutet es weniger Freizeit, aber dafür gewinnt er die Erdung, die in seinem eigentlichen Job fehlt.

Wenn es Ihnen vor allem darum geht, den richtigen Job zu finden, dann empfehle ich Ihnen, nach der Beschäftigung mit Ihren Lebensträumen noch einmal ein wenig Geld und Zeit zu investieren und sich mit meinem ersten Buch *Finde den Job, der dich glücklich macht* ganz ausführlich mit Ihrer Berufung auseinanderzusetzen. Mit dem Karriere-Navigator können Sie sie konkret formulieren und auch umsetzen. Ein zentraler Bestandteil des Karriere-Navigators sind allerdings unsere beruflichen Träume, und um die geht es jetzt hier.

Zeit des Wandels

Noch vor 20 Jahren schien die berufliche Laufbahn in Deutschland mehr oder weniger vorbestimmt, von Träumen keine Spur. Man hat eine Ausbildung oder ein Studium absolviert, einen Job gefunden, sich darin entwickelt, ist aufgestiegen oder eben auch nicht und hat sich auf klare Rollen und einen damit verbundenen definierten beruflichen Status eingestellt. Der Beruf ergab eine kontinuierliche Lebensgeschichte, auf die man selbst und andere sich verlassen konnten. Doch die Arbeitswelt hat sich in den letzten Jahrzehnten radikal geändert, und das wird sich noch weiter fortsetzen. Die Automatisierung wird weiter zunehmen, gesellschaftliche und wirtschaftliche Veränderungen werden immer neue Tätigkeiten erfordern. Immer mehr Jobs werden von Computern übernommen, dafür wird es neue Berufsbilder geben, um diese technischen Neuerungen zu betreuen und weiterzuentwickeln. Kreativität und Wissen werden immer wichtiger, immer mehr Menschen werden als Selbstständige ihren Lebensunterhalt verdienen, und die Jobs werden immer häufiger gewechselt – nicht immer freiwillig, sondern oft auch ausgelöst durch Unternehmensfusionen, Firmenpleiten oder Wirtschaftskrisen.

Arbeiteten wir früher meist in einem Unternehmen in der Nähe des Wohnorts, steht uns heute die ganze (Berufs-)Welt offen – oft aber für den Preis, dass wir in einer Stadt arbeiten und in einer anderen leben müssen. Wochenendpartner, -eltern und -freunde sind die Folge. Aber auch neue Kontakte können entstehen, die es sonst nicht gegeben hätte.

Arbeitswissenschaftler sagen, dass wir in Zukunft im Laufe unseres Lebens mindestens sieben unterschiedliche Berufe haben werden. Ob Sie nun davon träumen oder nicht, auf jeden Fall werden wir alle immer wieder neue Fähigkeiten nutzen (müssen), um unser Geld zu verdienen. In dem Job zu bleiben, den man irgendwann mal gelernt hat, ist nur noch für wenige Menschen möglich und bei all den Möglichkeiten, die die Welt inzwischen bietet, doch auch ein bisschen langweilig. Immer mehr von uns werden viele Jobs gleichzeitig haben. Das ist heute bei uns zwar noch ungewöhnlich, in anderen Ländern aber seit vielen Jahren Normalität. Patchwork-Arbeiter werden diese Menschen genannt, und Studien zeigen, dass sie oft sehr zufrieden in ihren Jobs sind, weil sie ein hohes Maß an Autonomie erleben und ihre unterschiedlichen Interessen befriedigen können; aber natürlich gibt es auch solche, die schlichtweg mehreren Jobs nachgehen müssen, um ihren Lebensunterhalt zu bestreiten.

Marianne begann nach dem Abitur ein Medizinstudium, das sie zugunsten ihrer Filmkarriere abbrach. In 20 Jahren spielte sie in insgesamt 70 Filmen mit, bis sie im Alter von 40 Jahren entschied, ihr Medizinstudium wieder aufzunehmen. Mit 47 eröffnete sie ihre internistische Praxis in München, die sie dann fast 20 Jahre lang führte. Parallel dazu moderierte sie Fernseh- und Radiosendungen und schrieb Bücher über Medizin und Gesundheit. Für Ihr Lebenswerk bekam sie 2002 das Bundesverdienstkreuz. Noch heute ist sie in den Medien aktiv.

Die meisten von uns haben gelernt, dass es wichtig ist, sich auf einen Beruf festzulegen und ein Spezialist zu werden in dem, was man tut. Daran ist auch nichts verkehrt, aber es ist nur die halbe Wahrheit. Viele meiner Kunden sind verzweifelt, weil sie nicht *die eine* besondere Fähigkeit haben, sondern vielschichtig sind. Dabei ist das durchaus ein Geschenk, wenn man es annehmen kann. Doch statt sich über ihre Vielschichtigkeit zu freuen, sitzen die meisten im Coaching und grämen sich, weil sie das Gefühl haben, in nichts wirklich gut zu sein.

Der Traum von der Selbstständigkeit

Mehr als 4,5 Millionen Selbstständige und Unternehmer gibt es laut Statistischem Bundesamt in Deutschland. Wer selbstständig ist, arbeitet selbst und ständig und lebt, was seine Existenz angeht, häufig in Unsicherheit. Doch kaum jemand, der Selbstständigkeit einmal gelebt hat, ist trotz der höheren Arbeitsbelastung bereit, sie je wieder aufzugeben. Davon abgesehen gibt es so viele unterschiedliche Möglichkeiten, dass jeder seinen eigenen Weg darin finden kann. Sie können als freier Mitarbeiter für mehrere Unternehmen tätig sein, Sie können ein eigenes Unternehmen aufbauen oder einen der freien Berufe ergreifen, Sie können Franchisenehmer werden oder eine ganz eigene Idee entwickeln und Ihre Nische finden. Das alles geht haupt-, aber auch nebenberuflich, wie es bereits 1,5 Millionen Deutsche tun.

Falls Sie (wie viele meiner Kunden) glauben, Sie können nicht selbstständig sein, weil sie Dinge wie Buchhaltung, Steuerrecht und Marketing nicht perfekt beherrschen: Das können Sie wunderbar abgeben, Sie müssen nicht alles alleine machen! Was Sie brauchen, ist ein einfaches, überschaubares und gut umsetzbares Konzept und Leidenschaft für Ihr Thema. Besonders der Service- und Dienstleistungsbereich bietet den Raum, mit neuen Ideen zu punkten. Und wer in einem Bereich gründen will, für den er zwar eine gute Idee, aber ansonsten keine Erfahrung hat, holt sich eben einen kompetenten Partner mit ins Boot.

Eine Idee aus den USA hat Maike umgesetzt. Weil sie wusste, wie viele Frauen sich nach so einem Service sehnen, kann man bei ihr Designerhandtaschen auf Zeit mieten. Anfangs bot sie noch ihre eigenen Taschen an und hatte schnell lange Wartelisten, inzwischen kann man bei ihr ab 29 Euro Hunderte verschiedene Handtaschen leihen. Und wer sie nicht mehr hergeben will, der kann sie dann auch kaufen.

Wohnungen aufräumen, Putzfrauvermittlung, Kinderkochschulen, Babywäscheverleih, Seitensprungagenturen, luxuriöse Hundehotels, eine auf deutschen Wein spezialisierte Weinhandlung mit angeschlossenem Restaurant, psychologische Beratung für Künstler, Torten in Handtaschenform, Poesie auf Brötchentüten und ein Tante-Emma-Laden auf Rädern – alles erfolgreiche Ideen von Männern und Frauen, die den Sprung gewagt und an ihre Ideen geglaubt haben.

Schulen, Ausbildungen und Universitäten bereiten immer noch denkbar schlecht auf Existenzgründungen vor, und auch entsprechende Seminare auf dem Markt beschränken sich in den meisten Fällen auf BWL-Grundlagen und fördern weniger die Persönlichkeit des Gründers, der sich meist erst in seine Rolle hinein entwickeln muss. Bei den vielen Kunden, deren Traum die Selbstständigkeit war und die ich dorthin begleiten konnte, habe ich beobachtet, dass sie sich die Fähigkeiten, die ihnen vorher nicht zur Verfügung standen, in kurzer Zeit zusätzlich aneigneten. Es ist ein großer Unterschied, ob Sie etwas lernen müssen, weil es dazugehört, oder ob Sie etwas lernen wollen, weil es Teil Ihrer unternehmerischen Unabhängigkeit ist!

Mit sechzehn träumte Katarzyna davon, Chefredakteurin bei der renommierten Frauenzeitschrift ›Marie Claire‹ zu werden. Trotzdem studierte sie auf Anraten ihres Stiefvaters zunächst einmal Jura. Nach dem ersten Staatsexamen bewarb sie sich, doch es hieß, sie bräuchte zunächst ein abgeschlossenes Studium, also machte sie das zweite Staatsexamen und promovierte. Durch Glück und gute Kontakte konnte sie im Anschluss ein Praktikum bei ihrem Wunschunternehmen beginnen und wurde direkt zur Assistentin des damaligen Geschäftsführers, der unter anderem auch die ›Marie Claire‹ verantwortete. Ein Teil ihres Traums war schon jetzt wahr geworden, doch sie wollte mehr. Also wurde sie Projektleiterin für Frauenzeitschriften und später Verlagsleiterin der Zeitschrift ›emotion‹, einem neuen Frauenmagazin mit psychologischem Schwerpunkt. Das Konzept dazu hatte sie selbst mit entwickelt. Als mit der Wirtschaftskrise die Anzeigenerlöse einbrachen und das Blatt eingestellt werden sollte, entschied sie, die Zeitschrift selbst zu übernehmen. Sie schrieb einen Businessplan, überzeugte Investoren und erreichte am Ende ihr Ziel. Ob die Übernahme wirklich klappt war allerdings unsicher bis zum letzten Augenblick. Am 19.11.2009 hatte sie zwei Pressemitteilun-

gen vorbereitet. Die erste: wir schließen. Die zweite: Dr. Katarzyna Mol kauft ›emotion‹!

Sich selbst und seine Fähigkeiten realistisch einschätzen zu können ist eine wichtige Grundlage für unternehmerischen Erfolg. Die eigene Persönlichkeit sollte stabil genug sein, um auch mit möglichen Rückschlägen fertig zu werden, und es sollte eine ausgeprägte Leistungsbereitschaft mit der Fähigkeit zur Selbstmotivation gegeben sein. Ist das als Basis vorhanden, gibt es gute Chancen, dass der Schritt in die Selbstständigkeit gelingt und dauerhaft erfüllt.

Eine Auszeit nehmen

Bei beruflichen Veränderungen läuft es häufig nach dem gleichen Schema ab: Zuerst kommen die Unzufriedenheit, das Gefühl, dass das noch nicht alles gewesen sein kann, und die Frage, wie es stattdessen weitergehen könnte. In dieser Phase tauchen bei vielen Menschen die alten Wünsche und Träume wieder auf. Dann informiert man sich über Alternativen, Wechselmöglichkeiten, Selbstständigkeit, recherchiert und entwickelt Ideen. In der nächsten Phase wägt man die aktuelle »Sicherheit« gegen ein anderes, neues, vielleicht besseres Leben ab. Fragt sich, ob man sich da nicht etwas vormacht. Vielleicht ist das Neue auch nicht besser als das Alte, oder vielleicht sogar schlimmer? Oder vielleicht braucht man zuerst mal ein paar Wochen oder Monate ganz für sich?

Studien zufolge träumen 75 Prozent aller Deutschen davon, ihrem Job für ein paar Monate oder gar ein ganzes Jahr den Rücken zuzukehren, um sich Dingen zuwenden zu können, für die sonst kein Platz ist. Den meisten fehlt allerdings der Mut, diesen Traum Realität werden zu lassen. Dabei bieten immer mehr Firmen ihren Mitarbeitern spezielle Sabbatical-Programme an, für die beispielsweise Überstunden angespart werden können, die dann in der Auszeit abgefeiert werden, oder es wird drei Jahre lang weniger Gehalt ausgezahlt, sodass im arbeitsfreien Jahr weiter Geld fließt. Auch Lehrer und Beamte sind berechtigt, ein Sabbatjahr zu nehmen. Diese Zeit gibt Kraft, besser mit Situationen in Job und Leben klarzukommen und einen Burnout zu vermeiden. Der Blick über den Tellerrand schafft für viele langfristig mehr Selbstvertrauen.

Brit träumte jahrelang von einem Laden für Kochbücher mit Testküche, wie sie ihn auf einer Reise in London entdeckt hatte. Sie ließ sich ein Jahr beurlauben, half in einem Buchladen aus, um die Branche besser kennen zu lernen, und beriet sich mit einem Koch. Dann gab sie die Stelle im öffentlichen Dienst auf und eröffnete in Berlin ihren Laden. Jetzt werden bei ihr zwischen zahllosen Kochbüchern unter professioneller Anleitung ganze Menüs gekocht. Und zwei Mitarbeiterinnen hat sie inzwischen auch.

Früher war es vor allem der Wunsch nach Ruhe, doch heute nutzen viele ihre Auszeit für eine gezielte Weiterentwicklung, um ihren Job zu sichern oder ihre Chancen auf dem Arbeitsmarkt zu verbessern. Die zunehmend stressigen Arbeitsphasen und die Zeit, die man für sich selbst hat, müssen in Balance sein. Und wer sich für eine Weile ausklinken kann, kommt hinterher umso motivierter zurück. Vorausgesetzt, er ist im richtigen Job.

Deutschland ist in Sachen Sabbatical noch ein Entwicklungsland. In Dänemark fördert der Staat Arbeitsunterbrechungen für Sabbatical-Zeiten sogar finanziell. Für die Beschäftigten ist dadurch der Anreiz, ihre Erwerbstätigkeit zu unterbrechen, größer. Die freigewordenen Stellen werden im Idealfall von Langzeitarbeitslosen bis zur Rückkehr des Mitarbeiters ausgefüllt. Diesen wird so der berufliche Wiedereinstieg leichter gemacht. Und auch in anderen Ländern Europas gibt es schon ähnliche Programme.

Im Ausland arbeiten

Sehr oft höre ich im Coaching den Traum vom Arbeiten im Ausland. Hoher Lohn, attraktive Arbeitsbedingungen, gute Aufstiegschancen – fürs Arbeiten im Ausland gibt es viele gute Gründe. Etwa 150 000 Deutsche verlassen jedes Jahr die Heimat. Sie wandern in der Hoffnung auf eine bessere Zukunft ins Ausland aus, und viele bleiben dauerhaft dort. Dieser Schritt ist zwar mit großem organisatorischen Aufwand verbunden, heutzutage aber dank Internet und zahlreicher Beratungsstellen relativ leicht zu realisieren.

Aber es muss nicht immer ein langfristiger Aufenthalt oder gar eine neue Staatsbürgerschaft sein. Es gibt auch zahlreiche Möglichkeiten, nur einige Wochen oder Monate im Ausland zu arbeiten, zum Beispiel bei sozialen, ökologischen oder auch archäologischen Projekten. Man kann längere Zeit in einem Kibbuz leben, sich für Work & Travel in Neuseeland, Australien oder Japan entscheiden, ein Auslandssemester oder einen längeren Sprachkurs absolvieren. Manche Programme richten sich vor allem an Jüngere, aber auch Menschen jenseits der 40 können sich ihren Traum noch erfüllen.

Doris hatte schon immer Sehnsucht nach der Ferne. Bisher kümmerte sie sich um Mann, Kinder und den gemeinsamen Betrieb, mit 50 erfuhr sie dann von einem Projekt, bei dem Menschen ein paar Monate ehrenamtlich in einem fremden Land arbeiten können, und flog bald darauf – ermutigt von ihrer Familie – für fünf Monate nach Mittelamerika, um dort in einem Kinderdorf mitzuarbeiten. Rückblickend war es für sie die schönste Zeit ihres Lebens, sagt sie.

Kind und Karriere

Bleibt es ein Traum, berufliches Glück zu finden *und* eine glückliche Familie zu haben? Die Vereinbarkeit von Familie und Beruf wird zwar von vielen noch immer eher als Frauenthema angesehen, aber der moralische Druck auf die Mütter hat zum Glück abgenommen, und die Zahl der Betreuungsplätze für Kinder unter drei Jahren ist gestiegen. Noch immer gibt es allerdings äußere Diskussionen, aber auch innere Vorwürfe, die sich die »Rabenmütter« machen, weil sie ihre Kinder in fremde Hände geben, und die sich die Vollzeitmütter machen, weil sie das Gefühl haben, einen Teil ihres Lebens zu verpassen. Familien, in denen Vater und Mutter arbeiten, haben in den meisten Fällen größere Chancen, um glücklich zu sein. Die Kinder bekommen Eltern, die zufrieden sind (vorausgesetzt, der Job macht ihnen Spaß) und erhalten meistens in den gemeinsamen Stunden intensivere Aufmerksamkeit als solche, deren Mütter den ganzen Tag um sie herum sind. Vom Vorteil eines zweiten Einkommens ganz abgesehen.

Cynthia und Shelley wollten als Managerinnen Kinder, Karriere und kürzere Arbeitszeiten. Statt in Teilzeit zu gehen und auf wichtige Karriereschritte zu verzichten, haben sie sich eine Führungsposition geteilt. Gemeinsam besetz-

ten sie sechs Jahre lang die Position eines Vizepräsidenten in der Devisenabteilung einer amerikanischen Bank. Heute berichten sie in Vorträgen und Artikeln über ihre Erfahrungen. Leicht war es nicht, schreiben sie, aber sie können sich keine andere Art zu arbeiten mehr vorstellen.

Auch in Deutschland gibt es immer mehr dieser außergewöhnlichen Lösungen von geteilten Jobs. In Großbritannien, Frankreich und Schweden sind fast alle Frauen in Führungspositionen Mütter, in Deutschland sind das erst die Hälfte, was vermutlich größtenteils mit den besseren Rahmenbedingungen im Ausland zu tun hat. Gemeinsam ist den Müttern, dass die Familie ihnen nicht im Nacken sitzt, sondern ihnen in vielen Fällen sogar den Rücken stärkt!

Juliane ist Mutter von sechs Kindern und erst als dritte Frau überhaupt Generalanwältin am Europäischen Gerichtshof. Davor leitete sie an der Universität St. Gallen das Institut für Europarecht, Völkerrecht und internationales Wirtschaftsrecht und unterrichtete Studenten. Ihr erstes Kind bekam sie mit 29, kurz vor ihrem zweiten Staatsexamen. Ihr Mann war damals bereits ein erfolgreicher Steueranwalt. Ihr jüngstes Kind bekam sie mit 47 Jahren. Wie sie das alles schafft? Mit einem Kindermädchen, zuverlässigen Betreuungspersonen, der Unterstützung ihres Mannes, guter Organisation und viel Kraft. Es ist anstrengend und erfordert viel Disziplin, aber es geht.

Falls Sie und Ihr Partner also davon träumen, Kinder zu haben und arbeiten zu gehen: Doppelkarriere und Familie zu verbinden funktioniert bei den Paaren am besten, die abwechselnd Karriereeinschränkungen in Kauf nehmen und sich gemeinsam um die Familie kümmern. Wenn es mal eng wird, kommt externe Unterstützung im Haushalt und bei der Kinderbetreuung dazu. Glücksforscher stellen dazu regelmäßig fest, dass die glücklichsten Menschen die sind, die sowohl beruflich aktiv sind als auch Zeit für Familie und Freizeit haben. Die Entscheidung sollte also für Männer und Frauen, wenn sie sich Kinder wünschen, nicht heißen: Will ich Kind oder Karriere?, sondern: Wie verwirkliche ich Kind *und* Karriere? Und natürlich müssen auch die Wirtschaft und die Politik noch ihren Teil dazu tun. In anderen Ländern geht es ja auch.

Zu alt für den Traumjob?

Kaum zu glauben, aber selbst 30-Jährige sprechen im Coaching schon davon, sich für einen beruflichen Wechsel oder Neuanfang zu alt zu fühlen, andere sind sicher, mit 40, allerspätestens 50 gehört man zum alten Eisen und hat keinerlei Chancen mehr auf dem Arbeitsmarkt. Dabei bringen gerade ältere Mitarbeiter wertvolle Erfahrungen mit, die den jungen fehlen. Lange Zeit war es für Menschen über 50 tatsächlich fast unmöglich, noch einmal einen guten Job zu bekommen, langsam (endlich!) geht der Trend jetzt zum gesünderen Mix von jungen und älteren Arbeitnehmern, und der nahende Fachkräftemangel tut sein Übriges. Für die Älteren heißt das allerdings, mit der Zeit gehen zu müssen, sich den Computer und das Internet zu erobern und in der Lage zu sein, ein Smartphone zu bedienen. Ist man bereit für das allseits propagierte lebenslange Lernen, dann gibt es keinen Grund, an irgendeinem Punkt aus dem aktiven Berufsleben auszusteigen oder seine Träume aufzugeben.

Rita musste als junge Frau die Universität verlassen, weil sie Jüdin war, versteckte sich jahrelang vor den Nazis in Italien und baute sich im Schlafzimmer ihres letzten Verstecks ein kleines Labor. Mit weit über 70 hat sie den Nobelpreis für Medizin bekommen. Mit 89 hat sie ein Buch über die Chancen und Vorzüge des Alters geschrieben und darin erklärt, warum unser Gehirn bis ins hohe Alter nicht nur leistungsfähig sein kann, sondern welche Fähigkeiten da sogar erst zum Vorschein kommen. In ihrem Buch rät sie älteren Menschen, intensiv zu leben, den Kopf zu trainieren und das zu tun, was ihnen Spaß macht, wie es auch viele andere Künstler und Wissenschaftler bis weit über 90 taten. Obwohl sie inzwischen über 100 Jahre alt ist und seit mehr als 30 Jahren pensioniert, kommt sie jeden Tag in das von ihr gegründete Hirnforschungsinstitut und forscht weiter. Außerdem engagiert sie sich für die Bildung von Frauen in Afrika und hat für sie bereits 7 000 Schulstipendien beschafft.

 Nun Sie!

Nachdem Sie nun einen Überblick über das Thema Beruf und Berufung gewonnen haben, geht es jetzt in drei Schritten weiter: mit den Träumen Ihrer Vergangenheit, Ihren aktuellen Träumen und den Träumen aus den tieferen Schichten Ihres Unterbewusstseins für Ihre Zukunft. Bitte notieren Sie alle Gedanken dazu und alle Antworten auf die folgenden Fragen. Sie müssen nicht jede Frage beantworten, sie sollen Ihnen nur Anregungen bieten. Dennoch ist das Ziel, dass Sie am Ende mindestens eine, gerne aber auch zwei oder drei ganze Seiten voll mit Ideen zum Thema haben.

1. Vergangenheit

Für den ersten Schritt nehmen Sie bitte Ihre Aufzeichnungen aus der Übung »Lebensphasen« zur Hand und erinnern sich noch einmal an die ersten Jahre Ihres Lebens, jetzt mit Fokus auf Ihre beruflichen Träume und Wünsche.

Als Kind und Jugendlicher, wovon haben Sie da in Bezug auf Ihre zukünftige Berufstätigkeit geträumt? Sahen Sie sich in einer erfolgreichen Karriere in einem Konzern, träumten Sie davon, Ihr eigener Chef zu sein? Im Freien oder in einem Büro? Mit Menschen oder lieber mit Dingen? Wollten Sie in der Stadt oder auf dem Land arbeiten?

Was für eine Vorstellung hatten Sie von Ihrem zukünftigen Berufsleben? Gab es jemanden, der für Sie ein berufliches Vorbild war? Gab es Berufsbilder in Filmen, Hörspielen oder Bücher, die Sie besonders angesprochen haben?

Welchen Beruf haben Ihre Eltern sich für Sie gewünscht? Gab es jemanden, dessen Unternehmen Sie übernehmen sollten, dessen Platz Sie später selbst einnehmen wollten oder dem Sie in alter Familientradition nachfolgen sollten? Träumten Sie von einem Berufsleben als Selbstständiger oder von einem sicheren Job als Beamter?

Welche Tätigkeiten und Aktivitäten haben Ihnen als Kind besonders viel Spaß gemacht, und welche Ideen hatten Sie damit für Ihre Zukunft?

2. Gegenwart

Was sind Ihre Wünsche und Träume in diesen Themenfeldern heute? Was von den Dingen, die Sie gut können, macht Ihnen wirklich am meisten Spaß? Träumen Sie davon, das beruflich zu nutzen? Welchen Interessen würden Sie gerne auch im Job nachgehen?

Wer ist heute Ihr wichtigstes berufliches Vorbild und warum? Welche konkreten beruflichen Träume haben Sie im Moment? Reiseschriftsteller sein, ein Hotel im Süden haben oder als Sänger berühmt werden? Bleiben können, wo Sie sind? Mehr Zeit für sich selbst und Ihre Interessen haben? Den Arbeitgeber wechseln? Sich selbstständig machen? Etwas ganz Neues wagen? Oder eine Auszeit nehmen?

Bei welchem Arbeitgeber wären Sie am liebsten tätig? Öffentlicher Dienst, Familienunternehmen, eine innovative kleine Agentur, ein Konzern?

Möchten Sie Führungsaufgaben übernehmen? Oder Ihre Führung wieder aufgeben? Träumen Sie davon, Macht und Einfluss zu haben, oder möchten Sie sich lieber auf eine Sache oder Tätigkeit konzentrieren können?

Träumen Sie von einem ganz anderen Beruf, einer Umschulung, einem Studium oder einer Zusatzqualifikation? Wollen Sie einen Master of Business Administration machen? Eine Ausbildung zum Heilpraktiker? Oder neue Sprachen lernen?

Möchten Sie ein Spezialist in Ihrem Feld werden oder lieber ein Generalist sein, der immer wieder unterschiedliche Aufgaben übernimmt? Ein Geschäftsführer im eigenen Unternehmen oder lieber ein selbstständiger Interimsmanager in wechselnden Einsätzen? Lieber in einem festen Aufgabenbereich arbeiten oder lieber in unterschiedlichen Projekten?

Träumen Sie davon, mit Menschen zu arbeiten? Wenn ja, mit was für Menschen? Jungen, alten, gesunden, kranken, behinderten, ausländischen, Frauen, Männern? Oder mit Tieren? Oder lieber mit Gegenständen, Werkzeugen oder (schönen) Dingen?

Wo möchten Sie am liebsten arbeiten? An einem bestimmten Ort, in einer Stadt oder einem Land, von dem Sie schon lange träumen? Welche Träume und Wünsche haben Sie für Ihren idealen Arbeitsplatz? Von zu Hause aus arbeiten? Home-Office-Tage? Einzelbüro? Großraum, um mehr Kontakt mit anderen Menschen zu haben? Kundenkontakt? In Ruhe arbeiten?

Träumen Sie von netten Kollegen und einem guten Betriebsklima? Möchten Sie im Job Ihre Ideale leben können? Und welche sind das? Träumen Sie von einem Job, in dem Sie Ihre Kreativität leben können?

Oder träumen Sie davon, einen Partner zu haben, der das Geld verdient, während Sie sich ganz auf sich selbst konzentrieren können, Zeit für Ihre Freunde und Ihre Hobbys oder Ihre Kinder haben?

Was möchten Sie in Ihren Träumen beruflich ganz anders machen als bisher? Was wäre Ihr Traumjob, wenn Sie wüssten, dass Sie nicht scheitern können, sondern zu 100 Prozent erfolgreich darin wären? Was, wenn Sie ganz sicher wären, dass es die richtige Entscheidung ist? Was, wenn Sie absolut frei von allen Verpflichtungen wären? Ein Unternehmen gründen? Ins Ausland gehen? Einen Neustart wagen?

Welches Berufsleben würden Sie gerne einfach mal ausprobieren? Wenn Sie sich von allen Jobs auf der Welt einen aussuchen könnten, welchen Job hätten Sie dann am liebsten? Wären Sie gerne der amerikanische Präsident? Oder Vorstand in einem großen Konzern? Oder würden Sie lieber einen Ökobauernhof bewirtschaften oder ein eigenes Geschäft haben?

Von welchem Einkommen träumen Sie? Mehr als jetzt? Oder weniger, aber dafür mehr Zeit? Oder mehr und trotzdem mehr Zeit?

Haben Sie (wiederkehrende) nächtliche Träume, in denen es um Ihren Job geht? Gibt es sich wiederholende Tagträume dazu?

3. Zukunft

Nun folgt eine Anleitung zur systematischen Erforschung Ihrer inneren Traumwelt. Träumen heißt dabei, absolut frei zu sein von allen Regeln und Grenzen, frei auch von dem, was im Moment in Ihrem Leben ist und wovon Sie glauben, dass es richtig für Sie wäre. Das muss nicht, kann aber durchaus von den Erwartungen anderer oder auch von einschränkenden Glaubenssätzen geprägt und überlagert sein. Beim Träumen ist hier alles erlaubt. Die Bedürfnisse und Wünsche aus Ihrem tiefsten Inneren dürfen an die Oberfläche kommen. Auch solche, die Sie niemals jemandem erzählen würden.

Bitte lesen Sie sich den Verlauf dieser inneren Reise durch oder nehmen Sie den Text auf Band auf und spielen Sie es ab, oder lassen Sie es sich von einem Menschen, zu dem Sie Vertrauen haben, vorlesen. In dieser Übung werde ich Sie in der Du-Form ansprechen. Ihr Unbewusstes und Ihr Unterbewusstsein sind so leichter zugänglich. Bitte versuchen Sie, völlig offen zu sein und die inneren Bilder »kommen zu lassen«. Je weniger Sie ein bestimmtes Bild im Kopf haben, desto mehr Chancen hat Ihre Seele, Ihre wahren Träume ans Licht zu bringen. Fünf Minuten genügen für diese

Übung völlig, aber Sie können Ihren Tagtraum natürlich auch länger genießen, wenn es Ihnen Freude macht. Es geht mit offenen Augen, aber leichter ist es, wenn Sie sich dabei zurücklehnen und die Augen schließen.

Bitte machen Sie diesen Schritt unbedingt mit, auch wenn es Ihnen am Anfang vielleicht noch etwas ungewohnt vorkommt. Sie dürfen nicht nur tagträumen, Sie müssen es sogar, wenn Sie Ihre Innenwelt und Ihre wahren Träume wirklich kennen lernen wollen. Bereit? Dann los!

Die Reise nach Innen

Wenn du magst, schließe nun deine Augen und nimm ganz bewusst drei ruhige tiefe Atemzüge. Lass den Atem einfach kommen und beobachte, wie er sich ruhig und tief durch deinen Körper bewegt. Mit jedem Atemzug fühlst du, wie du ein kleines bisschen mehr und mehr entspannen kannst. Wenn du magst, kannst du dir vorstellen, wie aus deinen Füßen oder deinem Körper Wurzeln wachsen, die dich wie von selbst mit dem Boden und mit der Erde verbinden. Die Wurzeln sichern deine innere Reise, sodass du dich immer leichter entspannen und für die Bilder aus deinem Inneren öffnen kannst. Für die Bilder und Wahrnehmungen, die gleich in dir aufsteigen werden und die aus deinem Unterbewusstsein und aus deiner Seele kommen. Die Bilder, die dir zeigen, welche Träume dich zu deinem wahren Wesenskern zurückführen.

Bitte deine Seele um Unterstützung und Inspiration. Bitte darum, dass dir die Dinge gezeigt werden, die wirklich zu dir gehören, dass du deine wahren Träume erkennen kannst. Die Träume, die dich wirklich ausmachen und die nur zu dir gehören.

Es geht nun um den Job deiner Träume. Nimm als Erstes wahr, wie du in deinem Traum aussiehst. Welche Kleidung trägst du? Wie ist deine Körperhaltung? Wie ist dein Gesichtsausdruck, wie fühlst du dich?

Wo bist du, während deiner Arbeitszeit? Bist du in einer Stadt oder auf dem Land? In Deutschland oder in einem anderen Land? Und wie bist du dort hingekommen? Mit dem Auto, der Bahn, mit dem Flieger, dem Fahrrad oder zu Fuß? Oder bist du im Homeoffice?

Wie sieht es in deinem Büro aus? Ist es ein großer oder ein kleiner Raum? Sind viele Dinge oder Geräte darin, oder ist er eher luftig eingerichtet? Welche Möbel sind in dem Raum? Ist es eher warm oder eher kühl? Eher hell oder eher dunkel darin? Und wie sieht dein Arbeitsplatz aus? Eher chaotisch oder aufgeräumt? Was kannst du sehen, wenn du aus dem Fenster schaust?

Was genau tust du da jetzt? Hat es mit Menschen zu tun oder mit Dingen oder vielleicht mit Tieren oder etwas anderem? Wer ist außer dir noch da? Arbeitest du alleine oder im Team? Was tust du in der Mittagspause? Womit beschäftigst du dich? Mit wem bist du zusammen? Bist du für einen Bereich alleine verantwortlich, oder bist du vielleicht eine Führungskraft? Kannst du selbst deine Entscheidungen treffen, oder bekommst du Aufträge, die du ausführen wirst?

Wie ist deine Arbeitszeit? Sind es feste Zeiten, oder arbeitest du in deinem eigenen Rhythmus? Und was verdienst du in deinem Job? Ist es ein festes Gehalt oder variiert es? Was ist sonst noch in deinem Traumjob wichtig? Welche Perspektiven eröffnen sich dir durch ihn, wohin wirst du dich in den nächsten Jahren noch entwickeln?

Nun beende diese Übung, indem du drei bewusste tiefe Atemzüge nimmst, mit dem dritten Atemzug deine Augen öffnest und dich wieder in dem Raum orientierst, in dem du gerade bist.

Welche neuen Gefühle und Ideen sind bei dieser inneren Reise aufgetaucht?

Bitte notieren Sie alles, was Ihnen während dieser Übung durch den Sinn gegangen ist und was Sie gesehen oder gefühlt haben. Falls Sie symbolhafte Bilder wahrgenommen haben, versuchen Sie, diese für sich zu übersetzen. Ein Bild von einem klaren See kann den Wunsch nach Ruhe oder Tiefe im Beruf ausdrücken. Eine Spirale kann das Symbol für den Wunsch nach Entwicklung sein. Allerdings gibt es hier keine allgemeingültigen Übersetzungen; entscheidend ist, was das Bild für Sie bedeutet.

Sie haben jetzt viele, zum Teil vielleicht auch widersprüchliche Informationen zusammengetragen. Lesen Sie bitte alles, was Sie notiert haben, noch einmal durch und lassen es auf sich wirken. Gibt es auch da so etwas wie einen roten Faden? Begriffe oder Ideen, die immer wieder auftauchen? Freiheit, Selbstständigkeit, schöne Dinge, Reisen und mehr Geld zum Beispiel? Oder in Ruhe arbeiten, Sicherheit haben, Spezialist sein und die Ideale leben können? Oder vielleicht das Thema Führung, Entwicklung, Arbeit mit Menschen, Durchsetzungsfähigkeit oder Ingenieurswesen?

Diese Begriffe dienen Ihnen jetzt als Anregung, um im nächsten Schritt drei verschiedene Optionen für Ihren Traumjob zu entwerfen. Diese Optionen müssen nicht zueinander passen, es können drei völlig verschiedene Dinge sein. Sie können sich ergänzen oder auch gänzlich widersprechen, es geht erst einmal nur darum, Ihre aktuellen Ideen festzuhalten. Und natürlich kann es auch sein, dass Sie sich wünschen, dass alles in diesem Bereich so bleibt, wie es ist, oder einfach »nur« noch besser wird. Auch das können Sie mit einbeziehen, zum Beispiel so:

1. Ich bin mehrfache Bestsellerautorin und habe viel Zeit, um in Ruhe zu schreiben. Meine Bücher unterstützen Menschen dabei, ein glücklicheres Leben zu führen.
2. Als Reisejournalist kann ich die ganze Welt kennen lernen und werde sogar noch dafür bezahlt.
3. Ich habe mit einem Partner eine Firma für Eventorganisation. Wir arbeiten vor allem für Filmproduktionen. Davon habe ich schon mein ganzes Leben lang geträumt.

Und noch ein wichtiger Hinweis: So schön es sein kann, mit dem eigenen Partner, der besten Freundin oder anderen in Ihrem tollen Team zu arbeiten: Bitte nehmen Sie keine konkreten Personen beziehungsweise Namen in Ihre Lebensentwürfe mit hinein (es sei denn, Sie bitten die Menschen vorher um ihr Einverständnis)! Vermutlich möchten Sie auch nicht, dass jemand, den Sie vielleicht nicht so gut kennen oder nicht so gerne mögen, Sie in seine Lebensträume mit einbezieht. Außerdem würden Sie Ihren Traum damit von einem bestimmten Menschen abhängig machen. Bitte formulieren Sie Ihre Träume also möglichst offen.

Haben Sie es bis hierhin geschafft? Wunderbar! Ähnliches erwartet Sie auch für alle anderen relevanten Traumbereiche. Ich weiß, es ist viel Arbeit, und ich bewundere Ihre Entschlossenheit, weiterzumachen! Ich weiß, dass es sich für Sie lohnen wird!

Im gesamten Buch geht es darum, dass Sie sich von übernommenen Vorstellungen frei machen können und dass Sie Ihre eigenen wahren Träume an die Oberfläche holen. Das gilt natürlich auch und besonders für Ihren Beruf; in ihm verbringen Sie nun mal den größten Teil Ihres Lebens. Also wandern Sie aus, machen Sie sich selbstständig, übernehmen Sie die Praxis von Ihrem Vater oder werden Sie zum Aussteiger! Tun Sie, was Sie immer schon tun wollten, aber nur, wenn Sie sicher sind, dass es Ihrem Wesenskern wirklich entspricht!

2. Märchenprinzessin und Froschkönig – Partnerschaft und Familie

Neben dem perfekten Job träumen die meisten meiner Kunden auch vom Traumpartner und einer idealen Partnerschaft. Singles wollen eine glückliche Beziehung, wer einen Partner hat, will ihn verändern, damit er endlich zum Traumpartner wird, und manche Menschen haben zwar eine (eigentlich ganz gute) Beziehung, halten aber sicherheitshalber die Augen offen, ob sich nicht doch noch jemand Besseres findet, der sie dann endlich traumhaft glücklich macht.

Laut einer repräsentativen Studie einer Online-Agentur gibt es etwa 11 Millionen Singles in Deutschland, das sind knapp 20 Prozent der Bevölkerung. In Großstädten machen die Singles sogar bis zu 50 Prozent aus. Es gibt freiwillige Singles, die zufrieden mit ihrem Leben und nicht aktiv auf der Suche sind, doch die Hälfte träumt davon, diesen Zustand zu beenden.

Topf und Deckel

Umfragen zeigen, dass gebildete, erfolgreiche Männer sich besonders gerne mit Frauen verbinden, die ihnen in Bildung, sozialer Herkunft oder Einkommensklasse leicht unterlegen sind. Dann gibt es Männer (und natürlich auch Frauen), die sich nicht fest binden wollen, und es gibt solche, die beim besten Willen nicht vermittelbar sind. Gebildete, gut verdienende Frauen, die einen ebensolchen Mann suchen, bleiben dabei häufig auf der Strecke und statt einen Arzt zu heiraten, machen sie eben selbst ihren Doktor.

Als ich begann, dieses Buch zu schreiben, hatte ich gerade eine langjährige Beziehung beendet und war seit mehr als einem Jahr Single, also führte ich ein paar Selbstversuche durch. Der erste war ein Single-Kochkurs »Topf sucht Deckel«, doch außer einem wunderbaren Rezept für

Safranrisotto konnte dort niemand etwas mit nach Hause nehmen. Als nächstes meldete ich mich bei einer hochpreisigen Online-Partnerschaftsbörse an. Doch auch hier wurde ich eher enttäuscht. Von 34 Kontaktanfragen kam nur ein Mann für ein Kennenlernen infrage, doch der verliebte sich kurz vor unserer geplanten Begegnung – im »echten« Leben.

Mein Fazit: Single-Veranstaltungen und Single-Börsen mögen für manche den Weg ins Glück bedeuten. Aber sich bei der Arbeit oder über Freunde kennen zu lernen oder per Zufall beim Einkaufen über den Weg zu laufen, funktioniert für viele Menschen immer noch am besten. Falls Sie es mit dem Internet trotzdem versuchen möchten, lassen Sie sich von Ihrem potenziellen Date vorab unbedingt ein Foto schicken! Immer! Die Unterschiede zwischen Selbstbeschreibung und Realität sind oft leider frappierend. Da wird aus dem gutaussehenden, schlanken Romeo schon mal der Bäuchlein tragende Mann mit schütterem Haar und Hornbrille. Wogegen natürlich nichts zu sagen ist, aber wenn Sie George Clooney erwarten, sollte nicht Hans Meier um die Ecke kommen. Dafür ist unsere Zeit wirklich zu kostbar.

Liebe im Wandel der Zeit

Bis ins 19. Jahrhundert hinein waren Ehe und Partnerschaft vor allem dazu da, Wirtschafts- und Erbangelegenheiten zu regeln und zu sichern. Im Altertum, bei den Griechen und bei den Römern diente die Ehe zur Fortpflanzung, die erotische Liebe und auch emotionale Beziehungen fanden zumeist außerhalb statt. Scheidungen waren normal und üblich. Und dass man(n) Sex mit mehr als einem Partner und/oder dem gleichen Geschlecht hatte auch. Erst mit dem Neuen Testament wurde die Ehe unauflöslich und Sex zu anderen Zwecken als der Fortpflanzung zur Sünde. Romeo und Julia und andere tragische Liebespaare waren zwar schon frühe Projektionsflächen für die Sehnsucht nach der großen, wahren Liebe, spätestens aber mit der Romantik hielt der Gedanke Einzug, dass es für jeden Menschen den einen und einzigen Partner gäbe. Heiraten mit dem Versprechen, so lange zusammenzubleiben, bis der Tod beide scheidet, wurde die Regel, wobei meist innerhalb der passenden Schicht geheiratet wurde und die Frauen sich glücklich schätzen konnten, einen Ernährer und Beschützer zu finden, wenn sie nicht als alte Jungfern enden oder in Armut sterben wollten.

In den 1960ern wurde die Ehe auf Lebenszeit in Frage gestellt, und alternative Beziehungsmodelle wie Kommunen, Partnertausch, Gruppensex und offene Ehen wurden erprobt (und sind größtenteils ebenso gescheitert wie die damals propagierte antiautoritäre Erziehung). In den 1980er Jahren trat die Krankheit Aids auf den Plan, was das Ganze noch komplizierter machte, und in den 1990ern begann dann eine Art Renaissance der romantischen Liebe und eine Rückbesinnung auf die Zweisamkeit, gemeinsame Werte, Treue und Verlässlichkeit.

Die Qual der Wahl

Heute ist es meist nicht mehr der Tod, der eine Beziehung scheidet, sondern der Alltag, Langeweile, Fremdgehen oder die Erkenntnis, schlicht nicht (mehr) zusammenzupassen. Scheidung und Wiederverheiratung sind normal geworden, und neben den traditionellen Vater-Mutter-Kind-Familien gibt es in Deutschland bereits 15 Prozent Patchworkfamilien, in denen sich Paare, ihre Ex-Partner und Kinder aus Zweit- oder Drittehen, natürlich auch noch mit den dazugehörigen Großeltern, Onkeln, Tanten, Cousins und Cousinen zusammenfinden. Da kommen dann bei einer Familienfeier schon mal locker 30 bis 40 Personen zusammen.

Die Patchworkfamilie ist aber nur ein Modell. Zusammenleben ohne Trauschein, verheiratet sein, ohne zusammen zu wohnen, gleichgeschlechtliche Ehen mit oder ohne Kinder – wir kennen heute zahllose Variationen, unsere Partnerschaften zu gestalten. Früher war es klar und einfach: Heiraten und Kinder kriegen war der kollektive Plan. Und heute? Alles ist möglich, was Kopf, Herz und Körper begehren. Aber wie soll man unter all diesen Optionen die richtige Wahl fürs eigene Leben treffen?

Trotz deprimierend niedriger Erfolgsaussichten treten die Menschen weiter vor den Traualtar, voller Hoffnung darauf, dass sie zu der Hälfte gehören, bei denen es gut geht, und träumen vom ewigen Glück. Die Zahl der Eheschließungen insgesamt ist zwar zurückgegangen, aber dafür versuchen es immer mehr Geschiedene noch einmal. »Schlechte« Ehen bleiben nicht mehr bis zum Sankt-Nimmerleins-Tag zusammen, nur damit die Nachbarn nicht reden, aber manche Ehen werden auch viel zu schnell gelöst, es könnte ja schließlich sein, dass hinter der nächsten Ecke noch ein viel besserer Partner wartet.

Gibt es den Traumprinzen tatsächlich, oder bleibt er am Ende doch ein Frosch, egal, wie oft wir ihn an die Wand werfen? Sind Frauen immer noch Prinzessinnen, die gerettet und wachgeküsst werden wollen, oder doch schon auf der Suche nach dem »neuen Mann«? Sind Ehen noch erstrebenswert und zeitgemäß, oder ist die serielle Monogamie (einem Partner für eine gewisse Zeit treu zu sein und dann die nächste Beziehung zu versuchen) doch besser, ganz ohne teure Rosenkriege? Oder vielleicht doch mehrere Partner gleichzeitig, wie es in manchen Kulturen schon früher üblich war und zum Teil noch ist, aber geht das bei uns überhaupt? Kann man mehrere Menschen lieben und vielleicht sogar gleichzeitig mit mehr als einem eine Beziehung führen? Haben wir nicht alle das Bedürfnis nach Bindung, Verlässlichkeit und Ausschließlichkeit? Und was hält Paare heute überhaupt noch zusammen, wo gesellschaftliche und ökonomische Sachzwänge in den Hintergrund getreten sind und im Prinzip jeder machen kann, was er will? Geht es auch anders?

Tilda, die 50-jährige Schauspielerin und Oscargewinnerin, hat gleich zwei Männer in ihrem Leben. Der eine ist der 20 Jahre ältere schottische Maler und Drehbuchautor John, mit dem sie seit 20 Jahren zusammenlebt und zwölfjährige Zwillinge hat. Der zweite ist ihr Liebhaber Sandro, 17 Jahre jünger als sie und seit 2004 fest an ihrer Seite. Er ist ebenfalls Schauspieler, kümmert sich inzwischen aber auch um ihre Interviewtermine und begleitet sie rund um den Erdball, wenn sie dreht oder einen neuen Film präsentiert. Er liebt wie sie Vernissagen und Premieren, John hingegen mag keine Society-Veranstaltungen, sondern zieht die Ruhe der Highlands vor, kümmert sich um die Zwillinge, schreibt Theaterstücke und malt. Mit dem einen genießt sie die Ruhe, mit dem anderen das Abenteuer. Ein unkonventionelles Beziehungsmodell, in dem sich aber augenscheinlich alle mögen und voller Wertschätzung von einander sprechen.

Traditionen und andere Schwierigkeiten

Was macht es uns eigentlich so schwer, den Partner unserer Träume zu finden und mit ihm oder ihr glücklich zu werden? Viele von uns sind von einer Mutter erzogen worden, die Hausfrau war, und hatten einen Vater, der das Geld verdiente und wenig zu Hause war. Das sind die Vorbilder, die Sie als Kind für Ihre jeweilige Rolle kennen gelernt haben. Weil sie es so gelernt haben, erwarten Männer daher auch heute häufig (zum Teil unbewusst) noch traditionelle Rollen von ihren Frauen. Idealerweise sollen sie sich, auch wenn sie selbst berufstätig sind, trotzdem weiter um Kinder, Haushalt und soziale Kontakte kümmern. Frauen hingegen – die den alten Rollenmodellen immer weniger folgen, sondern sich meist zwischen Haushalt, Kind, Karriere und vielleicht noch dem Vorwurf der arbeitenden Rabenmutter verbiegen – erwarten von Männern, dass sie sich endlich ändern und ihren Teil übernehmen. Aber wie das aussehen soll, das können auch die Frauen nicht so genau sagen.

Wir sind mitten in einem höchst komplizierten Wandlungsprozess, in dem alte Modelle ausgedient haben und neue noch fehlen. Unsicherheit ist die Folge. Noch bis 1977 konnte ein Ehemann seiner Frau verbieten, zu arbeiten, heute kaum noch vorstellbar, dabei ist es noch gar nicht lange her. Das waren die Blütezeiten der Emanzipationsbewegung, von *Emma*, Alice Schwarzer, verbrannten BHs und Diskussionen über Abtreibungsparagraphen. Damals waren viele Frauen noch auf ihre Männer angewiesen, hatten weniger Bildung und oft kein eigenes Einkommen und träumten von einem zuverlässigen Versorger. Das hat sich geändert. Inzwischen gibt es mehr weibliche als männliche Gymnasiasten, und mehr junge Frauen als Männer schreiben sich an Universitäten ein. Frauen verdienen ihr eigenes Geld, machen selbst Karriere und sind nicht mehr auf einen Ernährer angewiesen. Sie haben für ihre Freiheit und Selbstbestimmung gekämpft und viele ihrer Ziele erreicht.

Aber was ist mit den Männern? Wofür können oder sollen sie jetzt kämpfen? In manchen Beziehungen verdienen die Frauen genauso viel oder sogar mehr. Männer riskieren einen Karriereknick, wenn sie sich für ein paar Monate Elternzeit entscheiden. Wer gar den Weg des Hausmannes geht, gilt den meisten immer noch als Weichei. Auf der anderen Seite werden immer mehr Männerselbsthilfegruppen gegründet, und in Schwitzhütten oder Trommelkursen wird versucht, die männliche Identität wieder zu finden. Die Männer stehen vor einer großen Herausforderung: Sie müssen versuchen, den sanften, weiblichen Teil in sich zu entwickeln und gleichzeitig zu ihrer Männlichkeit zu stehen – die Mitte zu finden zwischen Macho und Softie.

Viele Umfragen zeigen, dass sich über 25 Prozent aller jungen Männer intensiver um ihre Kinder kümmern wollen und weniger karriereorientiert sind als die Generation davor. Und durch das neue Scheidungsrecht, bei dem im Falle einer Trennung nur noch die Kinder Unterhalt bekommen, und es meistens ein gemeinsames Sorgerecht gibt, sind die Frauen gut beraten, sich rechtzeitig um ein eigenes Einkommen zu kümmern und spätestens nach der Elternzeit in den Beruf zurückzukehren.

Wenn wir traumhafte Partnerschaften wollen, wird es höchste Zeit, dass Männer und Frauen aufhören, einander zu kritisieren, und sich stattdessen gegenseitig darin unterstützen, ein erfülltes Leben zu führen.

Liebe und Sex

Liebe und Toleranz werden in Umfragen als die entscheidenden Faktoren für eine dauerhafte gelingende Beziehung genannt, gefolgt von dem Wunsch, dem anderen Unterstützung in seiner Selbstverwirklichung zu bieten. Zärtlichkeit, Erotik und Sexualität kommen erst danach. Dennoch gibt es im Allgemeinen ohne Sexualität kaum eine Liebesbeziehung und ohne Liebesbeziehung selten dauerhafte Sexualität. Menschen leben Sexualität, um dem anderen nahe zu sein, mit ihm zu verschmelzen und ihm anzugehören, aber auch die Sexualität aus reiner Lust hat und braucht ihren Raum, sie lebt von Spannung, Distanz und Überraschung. Wer von was wie viel braucht, darin unterscheiden sich die Menschen. Nicht jeder Mann möchte die ständige Party im Bett, manche bevorzugen eher Kuschelsex, und nicht jede Frau wünscht sich ein langes Vorspiel, sondern hat es auch gerne, wenn er schnell zur Sache kommt (und nimmt ansonsten das Ganze selbst in die Hand).

Die Häufigkeit der sexuellen Vereinigung – je häufiger der Sex, desto besser die Beziehung – wurde lange als wichtiger Indikator für Glück angesehen. Dabei kann ausgiebiger sinnlicher Sex alle zwei Monate eine Beziehung weit mehr festigen als drei beiläufige Quickies pro Woche. Zu Beginn vieler Beziehungen spielt Sexualität eine sehr große Rolle, später kann sich das von Partner zu Partner und von Paar zu Paar deutlich unterscheiden. Bei den meisten Frauen nimmt die Lust auf Sex mit den Jahren der Beziehung eher ab, wohingegen bei Männern eher die Kommunikationsbereitschaft sinkt. Oft ist es dann so, dass Männer mit Frauen reden, um mit ihnen zu schlafen, und Frauen mit Männern schlafen, um mit ihnen zu reden. Aber warum auch nicht, solange jeder damit zufrieden ist? Die Kunst ist, für beide Seiten eine gute Lösung zu finden. Das muss nicht immer die goldene Mitte, das dürfen auch abwechselnde Extreme sein. Voraussetzung ist, dass jeder Partner genau weiß, was er braucht, und den Mut hat, seine Wünsche auch offen zu äußern.

Häufig, selten oder sogar irgendwann gar nicht mehr, Kuschelsex oder Sado-Maso, Swingerclub oder ein Leben lang mit nur einem Menschen, Homo- oder Bisexualität, jeder hat seine Vorlieben. Untersuchungen zufolge hat mehr als die Hälfte aller Männer (bei den Frauen sind es deutlich weniger) von der Norm abweichende Reizmuster und Fantasien. Die Ausnahme ist also eher der Regelfall, und jeder hat ein Recht darauf, »anders« zu sein, solange es niemandem schadet. Wer sich seine tiefsten Sehnsüchte und Bedürfnisse hier nicht eingesteht, lebt nur einen Teil seiner Wahrheit und seiner Träume.

Ihr Mann zieht gerne Frauenkleider an – na und? Deshalb liebt er Sie und Ihre Kinder doch nicht weniger! Was spricht dagegen, dass er es tut, solange er nicht unbedingt so zum Bäcker geht? Nur wer sich von den übernommenen Vorstellungen der Gesellschaft und der »Erziehung« der Familie ein Stück distanziert, hat die Möglichkeit, seine Träume und Bedürfnisse auch in der Sexualität wahrzunehmen und zu leben. Und dass zwei Menschen sich lieben, heißt noch lange nicht, dass sie auch Sex miteinander haben müssen. Oder wenn sie Sex mit anderen haben, heißt es nicht, dass sie den eigenen Partner nicht (mehr) lieben.

Primäre Szenarien erkennen und heilen

Je kälter und schneller die Welt im Außen wird, desto mehr träumen die Menschen davon, Freundlichkeit, Zärtlichkeit und Liebe in einer intimen Beziehung zu erleben. Der Mensch ist ein soziales Wesen, partnerschaftliche Beziehungen mit ihren schönen Seiten und ihren Konfliktfeldern stellen damit eine wichtige Chance für die eigene Persönlichkeitsentwicklung dar. In unseren Liebesbeziehungen können wir mehr reifen und wachsen als in jeder anderen Beziehung unseres Lebens. Warum ist das so? Wenn wir eine Beziehung eingehen, wählen wir in den meisten Fällen genau den Partner, durch den wir mit unseren eigenen Lebensthemen und persönlichen Entwicklungsfeldern in Kontakt kommen.

In meinem Zwiebelmodell habe ich gezeigt, dass die Erfahrungen in unseren ersten fünf Jahren prägend sind für unser ganzes Leben. Dass wir hier »entscheiden« und abspeichern, wie die Dinge sind, was wir über uns und die Welt glauben und dadurch als Realität annehmen. Was wir von unseren Eltern vorgelebt bekommen, aber vor allem auch, wie sich der gegengeschlechtliche Elternteil in unserem Leben darstellt, ist die Basis dessen, wie wir später Beziehungen (er-)leben.

Stellen wir uns ein kleines Mädchen vor, dessen Vater abends oft spät von der Arbeit kommt und seine Ruhe haben will. Nur wenn das kleine Mädchen sich lieb, ruhig und angepasst verhält, darf es schließlich auf den heißersehnten Schoß und ein paar Minuten Nähe und Zuneigung spüren. Welches Männerbild wird dieses kleine Mädchen abgespeichert haben, und wie wird es sich als erwachsene Frau ihrem Partner gegenüber verhalten? Und nun nehmen wir einen kleinen Jungen, den seine Mutter aufopferungsvoll liebt und für den sie alles tut. Sie ist immer zur Stelle, wenn er weint, er ist ihr kleiner Prinz, und sie überschüttet ihn mit Aufmerksamkeit. Der kleine Junge erfährt so zwar viel Bestätigung und Anerkennung, aber er fühlt sich auch oft eingeengt und erdrückt. Und nun treffen das kleine Mädchen und der kleine Junge als Erwachsene mit ihren jeweiligen verinnerlichten unbewussten Vorstellungen von Liebe zusammen. Beide wünschen sich sehnsüchtig Geborgenheit, Anerkennung und bedingungslose Liebe. Doch damit kommen zwei Menschen zusammen, die etwas haben wollen, und nicht etwa zwei, die etwas geben können. Der kleine Junge, der jetzt ein Mann ist, wird am Anfang verliebt und aufgeschlossen auf das kleine Mädchen, das jetzt eine Frau ist, zugehen. Am Anfang wird sie bei ihm die Nähe finden, die sie sich immer von ihrem Vater gewünscht hat, und dann wird sie versuchen, alles richtig zu machen, immer für ihn da zu sein und ihm jeden Wunsch von den Augen abzulesen. Er wird das am Anfang sehr genießen, denn das kennt er ja von zu Hause, doch mit der Zeit wird es ihm zu eng werden und er wird ein Stück auf Distanz gehen. Was das kleine Mädchen in der Frau dazu bewegen wird, noch mehr zu geben, noch besser zu werden und noch mehr für den Mann zu tun. Nur eine Frage der Zeit, bis er auf Nimmerwiedersehen die Flucht ergreift.

Eine Liebesgeschichte ist mehr als die richtige Partnerwahl und das anschließende (glückliche) Zusammenleben. Es geht darum, Ihre Urerfahrungen, also die primären Szenarien, die Ihr Bild von Partnerschaft geprägt haben, zu erkennen und falls nötig auch zu heilen. Mit jedem neuen Partner werden Situationen erschaffen, die dem ursprünglichen Thema gleichen, immer in der Hoffnung, dass diesmal etwas Besseres daraus entsteht. Sobald innerhalb der Beziehung etwas geschieht, was Sie verletzt, hat es zu 95 Prozent mit der Urerfahrung zu tun und nur zu 5 Prozent mit der aktuellen! Immer wenn uns etwas, dass der Partner tut oder sagt, auf die Palme bringt, geht es um die alten Wunden aus unserer Kindheit. Nicht das Verhalten des Partners sorgt für den Schmerz, sondern die Aktivierung des Urschmerzes.

Wenn Sie erkennen, dass das, was Sie an Ihrem Partner stört, in den meisten Fällen mit den unerledigten Themen Ihrer Kindheit zu tun hat, können Sie sich auf die Heilung der ursprünglichen Erfahrung konzentrieren, statt am Partner herumzukritisieren und ihn verändern zu wollen. Sollten Sie das aber nicht tun und sich stattdessen lieber trennen, könnten Sie eigentlich auch bleiben, denn mit den nächsten Partnern werden Sie so lange das Gleiche wiederholen, bis Sie hinschauen und lernen. Solange wir glauben, unser Partner wäre das Problem, dass wir glücklich wären, wenn er oder sie sich endlich ändern würde, oder dass alles viel besser wäre, wenn wir endlich unseren Traumpartner gefunden hätten, so lange nutzen wir das Entwicklungspotenzial unserer Beziehung nicht aus.

Vielleicht hatten Sie das Glück, in einer behüteten Umgebung aufzuwachsen, mit Eltern, die eine wunderbare Partnerschaft gelebt haben und sich noch heute von Herzen lieben. Ihre Vorbilder waren durch und durch positiv, und Sie haben nie etwas Negatives erfahren. Trotzdem haben Sie aus unerklärlichen Gründen immer wieder die gleichen Probleme in Beziehungen. Der Grund dafür könnten Ereignisse sein, die sich vor Ihrer bewussten Erinnerung abgespielt haben, also in den ersten drei Jahren Ihrer Kindheit; ein Krankenhausaufenthalt, oder als Sie im Supermarkt für fünf Minuten verloren gingen, irgendetwas, das zutiefst an Ihrem Urvertrauen gerüttelt und sich in Sie eingebrannt hat. Zwar merken Sie im normalen Leben nichts davon, aber sobald Sie sich in einer Beziehung befinden, spüren Sie Angst, den Partner zu verlieren. Oder Sie sind mit Mitgliedern Ihrer Herkunftsfamilie verstrickt, können sich daher keine gelingende Liebesbeziehung erlauben und sabotieren so Ihre Partnerschaft unbewusst immer wieder. Oder Sie haben in sich ein Bild von Partnerschaft abgespeichert, das Sie so aus den Medien, Ihrem Umfeld oder auch der Kirche übernommen haben, das Ihrem wahren Wesenskern aber nicht entspricht. Auch dann zeigen uns die »Probleme« in unseren Beziehungen den Weg zur Lösung.

Wie Traumbeziehungen gelingen können

Sie müssen nur gemeinsam ein Haus kaufen, aufs Land ziehen, katholisch sein oder werden, aus Ostdeutschland stammen und jemanden finden, der im Haushalt mithilft. Dann klappt's, sagen die Statistiken. Doch so einfach ist es natürlich nicht; zuallererst muss die Beziehung von ihrem Sockel herunter! Medien und Ratgeber suggerieren uns, dass eine glückliche Partnerschaft das Wichtigste in unserem Leben ist, dass sie harmonisch verlaufen und möglichst ewig halten muss, und dass wir in ihr alles finden können, was wir brauchen. Wir alle brauchen Nähe, Wärme und vertrauensvolle Kontakte, aber muss das in einer einzigen, ausschließlichen und am besten lebenslangen Liebesbeziehung stattfinden? Oder können wir auch alleine, ohne feste Beziehung, aber mit einem stabilen und liebevollen Freundeskreis glücklich sein?

Wir sind nicht die Hälfte eines Ganzen und nur zusammen mit einem Partner vollständig. Das ist ein übernommenes romantisches Ideal und sorgt bei vielen Menschen nicht für Glück, sondern für stetige Unzufriedenheit. Wir sind immer vollständig. Und wenn wir uns in einer Partnerschaft zusammentun, erwächst aus zwei vollständigen Menschen zusätzlich etwas Neues. Allerdings nur, wenn jeder auch seinen eigenen Weg dabei weitergeht und sein eigenes Leben weiterlebt, seine Interessen weiter pflegt und seine Freunde weiter trifft.

Die größte Herausforderung für eine Traumbeziehung bleibt die Balance aus Nähe und Distanz. Es geht darum, sich wirklich auf einen Menschen einzulassen, ohne sich selbst dabei zu verlieren. Denn was, wenn der geliebte Partner sich dann doch eines Tages einem anderen Menschen zuwendet? Was, wenn er stirbt? Sich einzulassen genügt also nicht. Um wirklich »sicher« zu sein, muss man das Fehlende an Sicherheit, Liebe und Fürsorge für sich in sich selbst entwickeln.

Je mehr ein Mensch mit sich selbst glücklich ist, sein Alleinsein genießen kann und sich selbst liebevoll behandelt, desto mehr kann er sich auch auf eine Partnerschaft einlassen. Je mehr ein Mensch seine alten Verletzungen geheilt und sich persönlich entwickelt hat und je näher er seinem Wesenskern ist, desto weniger braucht er den anderen und desto mehr kann und wird er aus tiefstem Herzen – und nicht aus Erwartung auf eine Gegenleistung – Liebe schenken. Jeder Partner muss sich – trotz und gerade auch in einer Beziehung – auch auf sich selbst konzentrieren, sich seiner Bedürfnisse, seiner Wünsche und seiner Befindlichkeit bewusst sein. Eine Frau, die in sich ruht, weil sie weiß, wer sie ist und was sie kann, braucht niemanden, der sie versorgt, der sie mit seinen Statussymbolen, seinem tollen Job und seinem Geld überzeugt. Und ein Mann, der weiß, wer er wirklich ist, muss sich seine Männlichkeit nicht mit der jüngeren Geliebten beweisen, sondern kann sich auch auf eine starke, selbstständige Frau seines Alters einlassen. Je weiter entwickelt ein Mensch ist, desto weniger ist er von der Meinung der Gesellschaft, seiner Familie und anderer Menschen abhängig.

Beide Partner müssen den Mut haben, ihre wahren Bedürfnisse offen zu äußern. Es gibt eine gemeinsame Schnittmenge, und jeder kann zulassen, dass der Partner seine eigenen Bedürfnisse auch alleine erfüllt. Traumpartner respektieren und unterstützen die Träume des anderen, auch wenn das manchmal schmerzhaft sein kann und jeder mit seinen Schatten, Verlustängsten oder Einsamkeit konfrontiert wird.

Thomas und Sabine sind verheiratet und haben zwei gemeinsame Kinder, aber sie leben in getrennten Wohnungen, weil Thomas als Schriftsteller ein großes Bedürfnis nach Ruhe hat. Die Kinder leben bei Sabine, können aber jederzeit auch zum Vater gehen. Die Familie ist sehr oft zusammen, aber nicht jeden Tag und nur, wenn alle es so wollen. Außerdem haben sie ein Haus in der Toskana, in dem die Familie die Sommer zusammen verbringt.

Die eigene Wahrheit zu leben, ist auf den ersten Blick eine größere Herausforderung, als eine ganz normale Beziehung zu führen, wie die meisten anderen es augenscheinlich ja auch tun. Aber mal Hand aufs Herz, wie viele Partnerschaften oder Ehen kennen Sie, bei denen Sie absolut sicher sind, dass beide darin tatsächlich glücklich sind? Eine Beziehung ist auf Dauer kein romantisches Miteinander, sondern wird oft eher zu einem Zweckbündnis, vor allem wenn Kinder da sind. Sich einmal entschieden zu haben, ist eben kein Garant für dauerndes Liebesglück.

Aus meiner Praxis weiß ich, dass die meisten Menschen ein Leben voller Kompromisse leben. Viele bleiben bei ihrem Partner aus Angst vor dem Alleinsein, aus Angst vor Kummer und Schmerz, aus Bequemlichkeit, Gewohnheit oder falsch verstandenem Verantwortungsgefühl. Ist das also wirklich der leichtere Weg? Könnte es nicht doch besser sein, statt immer dem Partner vor allem sich selbst treu zu bleiben?

Es geht nicht darum, wie Sie eine glückliche Ehe oder eine glückliche Beziehung führen können, sondern ob Sie das überhaupt wollen, und falls ja, wie genau das für Sie aussehen soll! Nur wenn Sie wissen, was Sie wollen, können Sie Ihrem Partner genau mitteilen, was Sie in der Beziehung brauchen, wie Sie leben möchten und was Sie sich wünschen, statt einfach nach Schema F zu leben.

Die Sache mit dem Storch

Viele meiner Kunden träumen von einer eigenen Familie und Kindern. Doch viele versuchen auch, sich um die Kinderfrage herumzudrücken. Sie kommen dann, um über ihre Arbeit zu sprechen, und wenn ich sie frage, ob sie (noch) ein Kind wollen, weichen sie aus. »Ich habe ja keinen Partner«, »Ich würde ja schon gerne, aber meine Frau will nicht«, »In die heutige Zeit kann man doch keine Kinder setzen« und so weiter. Das mag ja alles stimmen, aber es ändert nichts daran, dass jeder die Frage für sich selbst bewusst und klar beantworten muss.

Als Frau heute ein Kind zu bekommen oder auch sich dagegen zu entscheiden, ist ein heikles Thema geworden. Viele Frauen über 30 glauben, sie hätten ewig Zeit (da ja auch Frauen mit Mitte 40 noch schwanger werden, wenn auch oft nur mit Hilfe der Reproduktionsmedizin), dabei gibt es immer mehr Frauen, die schon mit 30 wenige oder keine Eizellen mehr produzieren. Doch kaum eine Frau denkt darüber nach, dass ihr – wenn sie dann im Karrierefahrplan endlich beim Thema Kind angekommen ist – die Natur einen Strich durch die Rechnung machen könnte.

Und auch Männer können die biologische Uhr ticken hören. In den Industriestaaten ist in den vergangenen 50 Jahren die Zeugungsfähigkeit massiv zurückgegangen. Stress, falsche Ernährung, zu wenig Bewegung und Umweltgifte sollen daran schuld sein. Gleichzeitig hat die Erkrankung der männlichen Geschlechtsorgane zugenommen. Wer vom eigenen

Kind träumt, sollte den Zeitpunkt also nicht zu lange hinauszögern – den idealen Moment gibt es sowieso nicht.

Immer mehr Menschen verzichten dem Partner zuliebe auf den eigenen Kinderwunsch. Das funktioniert aber nur dann, wenn beide tatsächlich keine Kinder wollen und auch nie wollten. Ist es nur einer, der verzichtet, tut er oder sie das für die Partnerschaft und macht ihr damit energetisch ein Geschenk. Der andere Partner muss das anerkennen und seinerseits ein Geschenk in den Beziehungstopf geben, damit Geben und Nehmen im Einklang sind. Oft geschieht das allerdings nicht, und der verzichtende Partner beginnt spätestens bei der nächsten Beziehungskrise, sein »Opfer« zum Thema zu machen.

Der Traum vom Kind

Egal, ob Sie sich für oder gegen Kinder entscheiden, Sie *müssen* sich mit dem Thema auseinandersetzen! Nur dann können Sie wirklich eine Wahl treffen und herausfinden, welche der vielen Möglichkeiten am besten zu Ihnen passt und überhaupt infrage kommt: natürliche Zeugung, Hormonbehandlung oder In-vitro-Fertilisation, In- oder Auslandsadoption, Samenspende oder (in Deutschland nicht erlaubte) Leihmutterschaft? Nur Ihrem Partner zuliebe ein Kind zu bekommen oder zu zeugen kann schief gehen. Darauf zu verzichten aber auch. Fragen Sie sich, wovon Sie wirklich träumen, und dann sprechen Sie darüber. Und falls Sie alleinstehend sind und dennoch gerne ein Kind möchten, informieren Sie sich über Ihre Möglichkeiten, oder machen Sie es wie Madonna und holen sich einen Samenspender ins Bett. Es ist Ihr Leben, geben Sie nicht zu schnell auf!

Es gibt natürlich auch die Fälle, bei denen beide Partner ein Kind wollen, es aber trotz größter Bemühungen nicht möglich ist – dann bricht oftmals eine Welt zusammen. Manche haben so viele Jahre mit dem Versuch verbracht, ein Kind zu bekommen, dass sie keine Energie oder Zeit mehr haben, sich dann mit Alternativen auseinander zu setzen. Sich vom langersehnten Traum vom Kind zu verabschieden ist ein langer Trauerprozess. Es ist schwer zu akzeptieren, dass es dieses Kind, von dem man geträumt und das man sich immer wieder vorgestellt hat, niemals geben wird. Aber auch in diesem Fall muss man sich eingestehen, dass der Traum unwiderruflich vorbei ist. Das ist schmerzhaft, aber notwendig, damit man eines Tages neue Energie schöpfen und sie in andere Träume investieren kann.

Ihre Träume für Partnerschaft und Familie

Es ist leicht, vom Prinzen oder der Prinzessin zu träumen oder gar vom einen und einzigen Seelengefährten, der nur für uns gemacht ist. Doch was, wenn unser Seelengefährte längst seine Sandkastenliebe geheiratet hat, statt auf uns zu warten? Was, wenn sie sich für ein Leben als Nonne entschieden hat? Und selbst wenn Sie ihn oder sie gefunden haben, was kommt dann? Welche Art von Beziehung wollen Sie wirklich leben? Diese Fragen sollte jeder Mensch fairerweise für sich beantworten, bevor er sich zum x-ten Mal auf den Weg macht, bevor er sich nach dem Scheitern der letzten Beziehung ins nächste Trostpflaster stürzt und bevor er sich am Ende wieder sagen hört: Eigentlich war mir von Anfang an klar, dass es nicht funktionieren würde.

Wie stellen wir es nun also am besten an, wenn wir glücklich sein möchten? Sollen wir uns einfach auf die Suche nach unserem Traumpartner machen, in der Hoffnung, dass er oder sie uns dann auch als solchen erkennt und will? Oder sollen wir lieber ein paar Frösche küssen und bei einem davon bleiben, auch wenn er nicht zum Prinz wird? Sollen wir in die aktuelle Beziehung mehr investieren, um das Beste daraus zu machen, oder lieber keine Energie mehr verschwenden, sondern uns trennen und weitersuchen? Gerade in Liebesdingen sollten wir nicht dem Verstand die Entscheidung überlassen, sondern vor allem unserem Inneren vertrauen. Und gerade beim Thema Partnerschaft und Familie gilt es zu unterscheiden, was wirklich Ihre eigenen Träume und Wünsche sind und welche Sie nur träumen, weil Sie sie ungeprüft aus Ihrer Familie oder Umgebung übernommen oder sich unbewusst Ihrem Partner oder Ihrer Partnerin angepasst haben.

Es ist übrigens wenig sinnvoll, sich ein enges Bild vom Traumpartner zu machen. Es hindert uns häufig sogar daran, überhaupt jemanden kennen zu lernen, weil wir sofort alles, was nicht ins Beuteschema passt, aussortieren und ihm oder ihr dadurch gar keine Chance geben, uns näher zu kommen. Unsere Idealvorstellungen (die meist keine eigenen, sondern übernommene Träume sind) überdecken, mit welchem Partner wir am besten unsere Aufgaben lernen und unser wahres Selbst leben können. Die zentrale Frage für eine »traumhafte« Partnerschaft ist, in welcher Beziehung Sie Ihr Potenzial und Ihren Wesenskern am besten verwirklichen und leben können. Mit oder ohne Ihren (aktuellen) Partner? Am besten alleine oder doch besser in einer Beziehung? Eine feste Bindung oder wechselnde Partner? Es geht nicht darum, dass Sie ohne Werte und Verlässlichkeit, egoistisch und selbstverliebt oder auf Kosten anderer Ihren Weg gehen. Es geht darum, Ihre eigene Wahrheit zu finden und dazu zu stehen. Und dann einen Partner zu finden, der genau dazu passt.

Wenn wir aufhören, uns selbst und unseren Partnern etwas vorzumachen, und stattdessen ehrlich miteinander umgehen, können wir eine neue, wahrhaftige Form von Liebe und Partnerschaft finden. Letztendlich geht es in jeder Beziehung darum, sein Herz öffnen zu können und Liebe zu schenken. Wie genau, das ist bei jedem Menschen anders. Und wenn es Ihnen noch zu wenig möglich ist, Liebe ohne Erwartungen zu geben, und Sie stattdessen das Gefühl haben, noch etwas vom Partner zu »brauchen«, dann ist es Ihre Aufgabe, in der Vergangenheit aufzuräumen, um (wieder) liebesfähig zu werden, so wie es Ihr und mein und unser aller wahres Wesen eigentlich ist.

Nun Sie!

Wie schon beim Thema ›Beruf und Berufung‹ geht es auch jetzt in drei Schritten weiter. Mit den Träumen Ihrer Vergangenheit, Ihren aktuellen Träumen und den Informationen aus Ihrem Unbewussten für Ihre Zukunft im Bereich Partnerschaft und Familie. Bitte notieren Sie wieder alle Antworten auf die folgenden Fragen und Ihre Gedanken dazu. Aber Sie müssen auch hier nicht jede Frage beantworten.

1. Vergangenheit

Bitte nehmen Sie wieder Ihre Aufzeichnungen aus der Übung »Lebensphasen« zur Hand und erinnern Sie sich an Ihre ersten Jahre.

Was für eine Vorstellung hatten Sie damals von Familie und Beziehungen? Welche Erfahrungen haben Sie gemacht? Waren/sind Ihre Eltern ein

Vorbild für Ihre eigene aktuelle oder erträumte Familie? Oder haben Sie andere Familien erlebt, die Sie beeindruckt haben? Gab es gute Beziehungen in Ihrem Umfeld? Gab es Filme, Serien, Bücher oder Hörspiele zu Familie und Partnerschaft, die Sie in diesem Zusammenhang besonders positiv in Erinnerung haben?

Welche Wünsche und Träume hatten Sie für Ihre Herkunftsfamilie? Wollten Sie, dass Ihre Eltern sich besser verstehen? Sich mehr um Sie kümmern? Ihnen mehr Freiraum lassen?

Wovon haben Sie als Kind oder Jugendlicher in Bezug auf Ihre mögliche spätere Partnerschaft und Ihre eigenen Kinder geträumt? Wollten Sie einen Partner oder eine Partnerin? Haben Sie sich in der Pubertät vom anderen, vom gleichen oder vielleicht von beiden Geschlechtern angezogen gefühlt? Wie wichtig war Ihnen Sexualität? Wollten Sie eine feste Beziehung, wenn Sie erwachsen sind? Wollten Sie heiraten? Eine eigene Familie haben? Wollten Sie Kinder haben, wenn Sie groß sind? Wenn ja, wie viele?

2. Gegenwart

Was sind Ihre Wünsche und Träume in diesen Themenfeldern heute? Möchten Sie eine Partnerschaft oder lieber als Single leben? Lieber heiraten oder eine »wilde« Ehe führen? Was für eine Art von Partnerschaft möchten Sie? Wie viel Zeit und Energie wollen Sie in die Beziehung investieren? Was möchten Sie mit Ihrem Partner machen und was lieber mit anderen oder allein?

Möchten Sie mit Ihrem Partner zusammenleben oder eine eigene Wohnung haben? Eine klassische Aufteilung mit Wohn- und Schlafzimmer oder lieber ein eigenes Zimmer oder vielleicht ein Haus mit zwei Wohnungen?

Wie wichtig ist Ihnen Sexualität? Wie oft brauchen und wollen Sie Sex? Eher wilden oder eher Kuschelsex? Mit einem oder mit verschiedenen Partnern? Träumen Sie von der offenen Ehe oder von absoluter Treue? Was sind Ihre speziellen Wünsche und Bedürfnisse in der Sexualität? Was würden Sie gerne erleben und ausprobieren?

Möchten Sie (mehr) Kinder? Wenn ja, wie viele? Wünschen Sie sich eine Patchworkfamilie? Oder dass sich alle, die schon da sind, besser vertragen? Kommt Adoption für Sie in Frage? Künstliche Befruchtung? Samenspende oder ein Pflegekind? Bis zu welchem Alter wollen Sie Vater oder Mutter werden?

Welche Vorbilder haben Sie heute im Bereich Partnerschaft und Familie? Wessen Familie oder Beziehung hätten Sie gerne? Warum?

Was würden Sie sich wünschen, wenn Ihnen absolut egal wäre, was andere von Ihnen denken? Was würden Sie wollen, wenn Sie niemanden enttäuschen würden? Was würden Sie tun, wenn Sie absolut frei wären?

Haben Sie (wiederkehrende) nächtliche Träume, in denen es um Partnerschaft und Familie geht? Gibt es sich wiederholende Tagträume dazu?

3. Zukunft

Jetzt ist wieder alles erlaubt. Die Bedürfnisse und Wünsche aus Ihrem tiefsten Inneren dürfen an die Oberfläche kommen. Auch solche, die Sie niemals jemandem erzählen würden. Dieser Traum ist wieder vor allem für Sie selbst.

Die Reise nach Innen

Wenn du magst, schließe nun deine Augen und nimm ganz bewusst drei ruhige tiefe Atemzüge. Lass den Atem einfach kommen und beobachte, wie er sich ruhig und tief durch deinen Körper bewegt. Mit jedem Atemzug fühlst du, wie du ein kleines bisschen mehr und mehr entspannen kannst. Wenn du magst, kannst du dir vorstellen, wie aus deinen Füßen oder deinem Körper Wurzeln wachsen, die dich wie von selbst mit dem Boden und mit der Erde verbinden. Die Wurzeln sichern deine innere Reise, sodass du dich immer leichter entspannen und für die Bilder aus deinem Inneren öffnen kannst. Für die Bilder und Wahrnehmungen, die gleich in dir aufsteigen werden und die aus deinem Unterbewusstsein und aus deiner Seele kommen. Die Bilder, die dir zeigen, welche Träume dich zu deinem wahren Wesenskern zurückführen.

Bitte deine Seele um Unterstützung und Inspiration. Bitte darum, dass dir die Dinge gezeigt werden, die wirklich zu dir gehören, dass du deine wahren Träume erkennen kannst. Die Träume, die dich wirklich ausmachen und die nur zu dir gehören.

Es geht nun um die Partnerschaft und die Familie deiner Träume. Sieh zu-

erst dich selbst an, wie siehst du aus? Welche Kleidung trägst du? Wie fühlst du dich?

Nun sieh dir deinen Partner oder deine Partnerin an. Nimm die gesamte Erscheinung wahr, wie sieht er oder sie aus? Wie fühlt er oder sie sich an? Wie ist die Energie des Menschen, den du siehst? Was ist das Besondere an ihm oder ihr? Welche Interessen hat er oder sie? Wie fühlst du dich, wenn du mit ihm oder ihr zusammen bist?

Wie sieht euer Lebensraum aus? Lebt ihr gemeinsam? Seid ihr verheiratet? Wie viel Zeit verbringt ihr miteinander? Wie lebt ihr eure Sexualität?

Welche anderen Menschen gibt es noch, die du liebst und mit denen du in Kontakt bist? Hast du Kinder mit deinem Lebenspartner? Wirst du noch Kinder bekommen?

Was brauchst du in einer Beziehung, um dein wahres Selbst am besten leben zu können? Welcher Partner kann dich in deiner Entwicklung am besten unterstützen und begleiten?

Nun beende diese Übung, indem du drei bewusste tiefe Atemzüge nimmst, mit dem dritten Atemzug deine Augen öffnest und dich wieder in dem Raum orientierst, in dem du gerade bist.

Welche neuen Gefühle und Ideen sind bei dieser inneren Reise aufgetaucht? Bitte notieren Sie alles, was Ihnen während dieser Übung durch den Sinn gegangen ist und was Sie gesehen oder gefühlt haben.

Lesen Sie jetzt bitte alles, was Sie notiert haben noch einmal durch. Gibt es einen roten Faden? Begriffe oder Ideen, die immer wieder auftauchen? Kinder haben, kuschelige Sexualität leben und verheiratet sein? Oder eine offene Ehe, getrennte Wohnungen und viel Leidenschaft?

Diese Begriffe dienen Ihnen jetzt wieder als Anregung, um im nächsten Schritt drei verschiedene Optionen für die Partnerschaft und die Familie Ihrer Träume zu entwerfen. Wieder müssen diese Optionen nicht zueinander passen und sie dürfen ausdrücklich weit entfernt von dem sein, was Sie im Moment leben. Bitte formulieren Sie es wieder offen, ohne einen konkreten Namen zu benutzen. Zum Beispiel so:

1. Ich bin mit meinem Traummann verheiratet, wir bekommen ein eigenes Baby und adoptieren noch zwei Kinder aus dem Ausland. Ich bin sehr glücklich mit unserer großen Familie.

2. Ich habe eine genussvolle leidenschaftliche Beziehung. Wir haben viel Sex und probieren auch ungewöhnliche Orte aus. Unser Leben ist experimentell und außergewöhnlich, und wir genießen das sehr.
3. Ich bin glücklich, weil ich endlich wieder Single bin und das möchte ich auch eine Weile bleiben. Die Scheidung von meiner Frau ist entspannt und freundschaftlich gelaufen und zu den Kindern habe ich weiterhin einen super Kontakt.

Auch in diesem Kapitel ging es wieder darum, dass Sie sich frei machen können von übernommenen Vorstellungen und Ihre eigenen Träume und Bedürfnisse an die Oberfläche holen. Verlieben Sie sich! Verloben Sie sich! Heiraten Sie! In dem Prinzessinnenkleid, von dem Sie schon als kleines Mädchen geträumt haben, und werden Sie mit Ihrem Prinzen glücklich bis ans Ende Ihrer Tage. Retten Sie Dornröschen und reiten mit ihr auf Ihrem weißen Pferd in den Sonnenuntergang. Bekommen Sie fünf Kinder. Aber tun Sie das nur, wenn Sie es wirklich wollen! Machen Sie nichts, weil es alle so machen, sondern stehen Sie zu Ihren wahren Bedürfnissen und bleiben Sie sich selbst treu. Die wichtigste Verabredung und die wichtigste Beziehung, die wir in unserem Leben haben, ist die mit uns selbst.

3. Zusammen ist man weniger allein – Freunde, Gemeinschaft, Lebensraum

Nicholas Christakis von der Harvard Universität hat herausgefunden, dass das eigene Glück stark von unserem Freundes- und Bekanntenkreis abhängig ist. Wer mit einem glücklichen Menschen befreundet ist, so die Ergebnisse seiner Studie, fühlt sich selbst um 15 Prozent glücklicher. Selbst ein glücklicher Freund eines unserer Freunde hebt unser Glücksniveau noch über 10 Prozent an, und selbst gut gelaunte Nachbarn haben noch einen großen Anteil an unserem eigenen Glücksgefühl. Dass das so ist, hat vermutlich mit den Spiegelneuronen zu tun. Das sind Gehirnzellen, die es uns ermöglichen, die Gefühle (und zum Teil auch Gedanken) anderer Menschen so wahrzunehmen, als wären es unsere eigenen. Umso wichtiger also, sich mit den richtigen Menschen zu umgeben und seinen

Freundeskreis und seinen Wohnort achtsam und seinem Wesenskern entsprechend auszuwählen und zu gestalten.

Freunde und Kontakte

Viele meiner Kunden klagen darüber, dass sie vor lauter Arbeit nicht mehr dazu kommen, ihre Freundschaften zu pflegen. Viele Menschen sind einsam und träumen von einem netten Freundeskreis. Früher traf man sich zum Kaffee und schrieb sich Briefe, heute chattet man, schickt sich SMS oder hält sich per Facebook und Twitter auf dem Laufenden. Bereits ein Sechstel der Weltbevölkerung ist inzwischen über soziale Netzwerke miteinander verbunden. Wer das Stichwort Freund bei Google eintippt, erhält zahlreiche Angebote, alte Freunde wiederzufinden oder neue kennen zu lernen. Offenbar brauchen wir Freunde, aber warum und wozu? Dadurch, dass traditionelle Beziehungen und Familien immer mehr zerfallen, sind Freunde in unserem Leben wichtiger als je zuvor. Im Austausch mit anderen erleben wir Sicherheit und Geborgenheit. Wer sich auf andere einlässt und für sie da ist, kann wahre Glücksgefühle erleben. Unser eigenes Wohl ist mit dem Wohl der anderen eng verbunden.

Im Poesiealbum meiner Kindheit stand der folgende Spruch: »Das ist keine wahre Freundschaft, dass, wenn der eine die Wahrheit nicht hören will, der andere zum Lügen bereit ist«, und darin ist eine Menge Wahres. Freunde sind da, wenn die Zeiten hart sind, und treten uns in den Allerwertesten, wenn wir zu weich werden. Freunde geben uns das Gefühl, für einen anderen wichtig zu sein. Partner kommen und gehen, Freunde bleiben. Und im Gegensatz zu unserer Familie können wir uns unsere Freunde aussuchen. Allerdings gilt es, dabei umso wählerischer zu sein und Freundschaft nicht mit zweckgebundenem Networking zu verwechseln. Außerdem ist es sinnvoll, alle paar Jahre einen Kassensturz zu machen und den aktuellen Freundeskreis auf Passung zu überprüfen, damit man keine belastenden Relikte der Vergangenheit mit sich zieht, die vielleicht nur noch Kraft kosten, weil man in der Zwischenzeit ein anderer geworden ist.

Als ich mich nach Abschluss meines Studiums (wieder) selbstständig gemacht habe, hatte ich einige Freunde, die noch aus der Schulzeit beziehungsweise der Ausbildung stammten und mit denen ich im regelmäßigen Kontakt war. Die meisten waren fest angestellt und mit ihren Jobs eher unzufrieden. Viele freuten sich mit mir, dass ich endlich meinen Weg gefunden hatte, doch manche konnten damit nicht gut umgehen. Statt wie früher selbst oft unzufrieden oder gar frustriert zu sein, strahlte ich nun trotz meiner Zwölfstundentage und war wieder ein glücklicher Mensch. Die Welten waren zu verschieden geworden, und es war das Beste, dass unsere Wege sich hier trennten. Heute sind die meisten meiner engsten Freunde selbst Freiberufler und Unternehmer, und unser Zusammensein ist geprägt von Inspiration und gegenseitiger Unterstützung.

Drei gute Freunde hat ein erwachsener Deutscher im Schnitt. Dazu kommen weitere zehn bis 20 Personen, mit denen man enger verbunden ist, und noch weitere weitläufige Bekannte, mit denen eine Freundschaft zwar noch nicht besteht, aber zumindest denkbar wäre. Tatsächlich gibt es wohl viel mehr freundschaftsähnliche Kontakte als wahre Freundschaften. Eine echte Freundschaft ist eine innige Beziehung, bei der es um Ausgewogenheit geht und um gegenseitiges Interesse aneinander. Freundschaft basiert auf Offenheit, darauf, sich dem anderen so zu zeigen, wie man wirklich ist; dazu braucht es Vertrautheit und Vertrauen zueinander. Natürlich nicht rund um die Uhr, aber doch in einem zuverlässigen Rhythmus (selbst wenn es nur ein- oder zweimal im Jahr ist). Nur wer es wagt, sich dem anderen wirklich zu zeigen, und auch den anderen ganz so zu nehmen, wie er ist, ist zu einer echten Freundschaft fähig.

Freunde für alle Lebenslagen

Vielleicht begegnen Sie täglich bei der Arbeit Menschen, mit denen Sie sich richtig gut fühlen. Kollegen, mit denen Sie sich gut verstehen, Kunden, mit denen Sie super klarkommen. Fast die Hälfte aller Freundschaften entsteht im Job, aber leider klappt das nicht immer. Dann gilt es, in der freien Zeit die sozialen Kontakte zu schaffen, die Ihnen gut tun. Wir fühlen uns mit den Menschen am wohlsten, die uns am ähnlichsten sind. Das gilt für die Kontakte via Internet, aber umso mehr für die Menschen, die uns im wahren Leben begegnen. Um sich wohl zu fühlen, ist es also sinnvoll, sich mit Menschen zu umgeben, die ähnliche Gedanken, Gefühle und Interessen haben. Natürlich nicht nur, wir brauchen selbstverständlich auch Menschen in unserem Leben, die nicht einer Meinung mit uns sind, etwas völlig anderes leben oder uns herausfordern – aber eben nicht zu viele davon, sonst fühlen wir uns wie der Goldfisch im Haifischbecken. Wenn Sie sich gerne bewegen, können Sie sich einer Walkinggruppe in Ihrer Nähe anschließen oder in einem Tanzclub anmelden, um dort Gleichgesinnte zu treffen. Oder wie wäre es mit der Mitgliedschaft im nächsten Harley-Davidson-Club, einem Ehrenamt im örtlichen Tierheim oder einem Sprachkurs?

Kaum eine Freundschaft deckt alle Bereiche ab. Oft haben wir Menschen, mit denen wir gut reden, andere, mit denen wir um die Häuser ziehen und solche, mit denen wir zum Sport und anschließend in die Sauna gehen können. In einer guten Freundschaft muss man nicht alles teilen, auch ein gemeinsamer Ausschnitt des Lebens kann intensiv sein. Ein guter Freund ist, auf dessen Zusagen man sich verlassen kann, der ohne Gegenleistung zu erwarten hilfsbereit und tolerant ist, auch wenn er mal ganz und gar anderer Meinung ist, der einfach nur zuhört und nicht gleich Lösungen parat hat und der in der Lage ist, auch in einer Krise fair zu bleiben und seine Gefühle zu zeigen. Ein echter Traum, der sich allerdings nur erfüllt, wenn wir auch in der Lage sind, das alles als guter Freund selbst zu geben.

Manche haben das Glück, anderen aus ihrer »Seelenfamilie« zu begegnen. Das sind solche Menschen, mit denen wir uns auf Anhieb wohl fühlen und zu denen wir uns (unabhängig von Alter und Geschlecht) stark hingezogen fühlen. Manchmal gibt es ein magisches, fast unheimliches Gefühl, wenn man sich zum ersten Mal begegnet. Das Volk der Dogon in Mali sagt, jeder Mensch hat drei Seelenfreunde. Man erkennt sie daran, dass sie uns jederzeit gut tun. Es ist die gute Seele, die treue Seele und die Seele, die für unseren Seelenfrieden zuständig ist. Wer sind Ihre drei Seelenfreunde?

Alternative Gemeinschaften

Mit Beginn der Industrialisierung lösten sich die großen Familienverbände – Vater, Mutter, Kinder, unverheiratete Verwandte und gegebenenfalls Bedienstete unter einem Dach – zugunsten der Kleinfamilie langsam auf. Heute gibt es einen Trend hin zu Lebensformen, die an die vorindustrielle Zeit erinnern – doch an die Stelle der Verwandtschaft sind nun Freunde und Gleichgesinnte getreten.

Die Deutschen werden immer älter und haben immer weniger Kinder. Die Zeiten, in denen man sich darauf verlassen konnte, als alter Mensch bei den eigenen Kindern unterzukommen, sind vorbei. Die jungen Menschen haben ihr eigenes Leben und können es sich manchmal schlichtweg nicht leisten, die Eltern oder einen Elternteil bei sich aufzunehmen. Schon heute machen die über 65-Jährigen 20 Prozent der Bevölkerung aus, ab 2030 werden es schon mehr als 30 Prozent sein.

In Berlin sind 60 Menschen in ein altes Schulhaus gezogen, um miteinander statt nur nebeneinander zu leben. Mehrgenerationswohnen heißt das Projekt. Junge Familien sind dabei, Rentner, Alleinstehende und Behinderte in insgesamt 21 Wohnungen und einem Haus mit Heimkindern. Eine Stiftung hat das Haus gekauft und an die Mietergenossenschaft übergeben, das Land gab Geld dazu und die Sanierung erfolgte so sorgsam, dass der Charme des alten Gebäudes erhalten blieb. Dafür erhielt das Projekt sogar einen Preis für Nachhaltigkeit.

Immer mehr Neubauten entstehen als Gemeinschaftsprojekte. Freunde oder Bekannte schließen sich zusammen, nicht nur, um ein Doppelhaus zu bauen, sondern auch, um größere Projekte miteinander verwirklichen zu können. Natürlich ist das zum Teil deutlich aufwändiger, als ein Haus alleine zu bauen oder eine Wohnung zu kaufen, aber es bringt auch viele Vorteile mit sich: Aufgaben können geteilt werden, zusätzliche Ideen werden eingebracht, es gibt Mengenrabatte beim Materialeinkauf, die Handwerker werden günstiger, ökologisches Wohnen kann verwirklicht werden, und bei zehn Miteigentümern oder mehr fühlt man sich fast wie in einem eigenen kleinen Dorf.

Mitten in Innenstädten entstehen autofreie Viertel mit viel Grün und Plätzen für Kinder, auf einem Bauernhof wohnen mehrere Familien miteinander als Selbstversorger, und ein Architekt organisiert jedes Jahr eine Weihnachtsfeier im Hochhaus, in dem er lebt, wodurch die Bewohner jetzt in guter Nachbarschaft leben und schon mal die alte Dame aus dem fünften Stock zum Arzt fahren oder spontan beim Nachbarn klingeln, um Hallo zu sagen. Mitten in Berlin haben zwei junge Männer eine 6 000 Quadratmeter große brachliegende Wiese in einen Garten verwandelt, in dem die Berliner pflücken, ausgraben und kaufen können, was sie brauchen. Die beiden haben damit einen Ort geschaffen, an dem unterschiedlichste Menschen aufeinander treffen und sich austauschen können.

Nach dem Prinzip »Wohnen für Hilfe« ziehen immer mehr Studenten bei älteren Menschen ein. Die freuen sich, dass die alten Kinderzimmer wieder bewohnt werden und es wieder Stimmen im Haus gibt, und die Jungen freuen sich, dass sie für ein bisschen Mithilfe im Haushalt kostengünstig wohnen können. In vielen deutschen Städten gibt es bereits diese ungewöhnlichen Wohngemeinschaften, die meist von den Studentenwerken der Universitäten organisiert werden.

Aber auch spirituelle Lebensgemeinschaften gibt es (und gab es zu allen Zeiten, denken Sie nur an das jahrtausendealte Klosterleben). Diesen Gemeinschaften geht es heute vor allem um Kommunikation und Kreativität, verbunden mit einem natürlichen Leben. Die verschiedenen Lebens- und Arbeitsgemeinschaften bestehen zum Teil aus wenigen bis hin zu vielen hundert Menschen mit unterschiedlichen beruflichen Hintergründen. Sie verbindet der Traum, sich der eigenen Verantwortung und den Fragen der Zeit zu stellen, das eigene Umfeld ökologisch mitzugestalten und neue Lebensformen zu erforschen und weiterzuentwickeln. Eine der ältesten Kommunen dieser Art in Europa ist Findhorn in Schottland, am bekanntesten ist sicher das Osho-Ashram im indischen Pune, ein modernes Zentrum für Meditation und Entwicklung, das jährlich 20 000 Menschen aus 120 Ländern besuchen.

Der Musiker Thomas lebt schon seit mehr als zehn Jahren seinen Traum einer Landkommune. In der Vulkaneifel wohnt er mit seiner Frau, seiner kleinen Tochter und Gleichgesinnten auf einem ehemaligen Pferdehof. Eine friedliche, spirituell orientierte, künstlerisch spontane und vegetarisch gesunde Lebensweise sind die Grundlagen der Gemeinschaft. Es gibt ein Studio, eine eigene Musikproduktion und zahlreiche gemeinsame Projekte.

Der eigene Raum

Nicht nur die Art und Weise, wie Sie mit anderen Menschen zusammenleben wollen (oder eben auch nicht), ist von Bedeutung, sondern natürlich auch, welche Träume Sie für Ihren ganz persönlichen Lebensraum haben. Gleichgültig, ob es eine Wohnung, ein Haus oder auch nur ein Zimmer ist. Unser Wohnraum ist ein Spiegel unserer Seele. Er ist nicht nur ein Platz, an dem wir unsere Dinge lagern und den wir zum Schlafen nutzen; er ist mehr als nur ein Dach über dem Kopf, er ist die Zentrale unseres Lebens. Unser Rückzugsort. Unser intimer Bereich. Ist er durchgestylt, voller Designerteile oder eher »shabby chic« mit alten abgewetzten Möbeln vom Flohmarkt? Oben auf dem Berg oder unten im Tal, Garten oder Balkon oder weit und breit kein Grün in der Nähe? Hell und leicht oder dunkel und höhlig?

Unsere Räume spiegeln unsere innere Wahrheit, oder zumindest sollten sie das. Möbel werden im Schnitt für 15 bis 25 Jahre angeschafft, man lebt mit ihnen also in die eigene Zukunft hinein. Da ist es sehr sinnvoll, sich nur solche Möbel und Objekte ins Zuhause zu stellen, die wirklich zum eigenen Wesen passen und die eigene Energie positiv beeinflussen, und keine, die man nur hat, weil es chic ist oder modern, die man aber eigentlich nicht mag. Sich zuhause zu fühlen ist existenziell wichtig für jeden Menschen. Manchen gelingt das an vielen Orten, anderen nur in ihren eigenen vier Wänden, wenn sie die Tür hinter sich zu gemacht und die Welt außen vor gelassen haben. So oder so, der Lebensraum Ihrer Träume bietet die besten Rahmenbedingungen, um Ihr eigenes Potenzial zu verwirklichen.

Schon als Kind habe ich ständig umgeräumt, Möbel geschoben und mein Zimmer dauernd neu dekoriert. Meinen Puppen und Barbies habe ich Häuser gebaut und Möbel gebastelt. Später war natürlich einer meiner Berufswünsche Innenarchitektin. Das bin ich zwar nicht geworden, aber ich habe eine Feng-Shui-Ausbildung gemacht und mich ausführlich mit Geomantie beschäftigt. Noch heute gestalte ich mit großer Freude neue Räume und dekoriere immer wieder neu. Da ich viel mit Menschen in Kontakt und oft zu Seminaren und Vorträgen unterwegs bin, bevorzuge ich für meinen Lebensmittelpunkt warme, sanfte Farben und Möbel, die mir Ruhe, Erholung und Erdung geben.

Nun Sie!

Was nun kommt, kennen Sie ja inzwischen. Bitte notieren Sie wieder Ihre Gedanken und alle Antworten auf die folgenden Fragen.

1. Vergangenheit

Bitte nehmen Sie wieder Ihre Aufzeichnungen aus der Übung »Lebensphasen« zur Hand und erinnern Sie sich an die ersten Jahre Ihres Lebens, jetzt mit dem Fokus auf Freunde, Kontakte, Gemeinschaft und Lebensraum.

Welche Bilder und Gefühle, Wünsche und Träume hatten Sie als Kind in Bezug auf Ihre Freunde und die Gemeinschaft mit anderen? Waren Sie in der Gemeinde engagiert, im Fußballclub, Turnverein oder bei der Freiwilligen Feuerwehr? Träumten Sie von einem großen Freundeskreis? Von einer bestimmten Personengruppe? Oder von dem einen besten Freund? Wie haben Sie sich das Leben als Erwachsener vorgestellt? In einer Clique oder mit wenigen ausgewählten Menschen?

Wie haben Sie sich als Kind Ihre Traumwohnung oder Ihr Traumhaus vorgestellt? Wo sollte es sein? Wie sollte die Umgebung aussehen? Wollten Sie in der Stadt leben oder auf dem Land, wenn Sie groß sind? Lieber alleine oder in einer WG? Vielleicht sogar in einer spirituellen Lebensgemeinschaft?

2. Gegenwart

Wovon träumen Sie im Moment in Bezug auf Freundschaft und Gemeinschaft?

Genügt es Ihnen, ein oder zwei gute Freunde zu haben? Wollen Sie zu einer bestimmten Gruppe von Menschen gehören? Träumen Sie davon, Menschen zu treffen, mit denen Sie sich wirklich richtig wohl fühlen? Die Sie inspirieren und vielleicht auch mal herausfordern?

Haben Sie heute Freunde, auf die Sie sich blind verlassen können? Einen Freund oder eine Freundin, die Sie auch nachts um vier aus dem Schlaf klingeln könnten und würden, wenn Sie ihn oder sie brauchen? Sind auch

Sie für Ihre Freunde da? Pflegen und wertschätzen Sie den Kontakt? Halten sich Geben und Nehmen in Ihren Freundschaften die Waage?

Haben Sie wichtige Menschen aus den Augen verloren oder sind vielleicht im Streit auseinandergegangen und träumen davon, sich wieder zu verbinden?

Wünschen Sie sich, die Menschen loszulassen, die nicht mehr zu Ihnen passen und Ihnen nicht mehr gut tun?

Und möchten Sie – gleichgültig, ob Sie in einer festen Beziehung oder Single sind – in Ihren eigenen vier Wänden wohnen? Eine Wohnung kaufen? Oder gar ein Haus? Oder lieber zur Miete wohnen und flexibel sein?

Falls Sie in einer Partnerschaft sind und bereits unter einem Dach wohnen, träumen Sie von einer alternativen Aufteilung, sodass jeder ein eigenes Zimmer hat? Sind Sie bereit, dafür dann auf ein Wohnzimmer oder Schlafzimmer zu verzichten? Oder träumen Sie davon, endlich mit Ihrem Partner oder jemand anderem zusammenzuziehen? Oder trotz Beziehung oder Ehe in getrennten Wohnungen zu leben?

Möchten Sie ein alternatives Wohnprojekt leben? In einem Mehrgenerationenhaus? Eine alte Mühle ausbauen oder einen alten Bauernhof? Träumen Sie von einem Haus, in dem Sie mit allen Ihren Freunden leben können?

Und wie steht es mit Ihrer Einrichtung? Sind Sie eher ein Landhaus-, Loft-, Kolonialstil-, Ethno- oder Puristentyp, oder haben Sie schon Ihren ganz eigenen Stil gefunden? Und wie passt das mit Ihrem Mitbewohner zusammen, wenn Sie einen haben? Wie fühlen Sie sich in Ihrem Zuhause im Moment? Ist alles so, wie Sie es gerne hätten? Welche Prioritäten setzen Sie beim Thema Wohnen? Was ist Ihnen am wichtigsten?

Welche Farben haben oder hätten Sie gerne in Ihrem Zuhause und warum? Und welche Materialien und warum? Wollen Sie sich vor allem darin wohlfühlen, Altes bewahren, modern leben, viel Raum haben, außergewöhnlich sein oder repräsentieren?

Können Sie in Ihren Räumen zur Ruhe kommen? Ist Ordnung in Ihrem Leben? Könnten jederzeit Gäste kommen, ohne dass Sie sich schämen, wie es bei Ihnen aussieht, beziehungsweise träumen Sie davon, dass es so ist?

Welche Träume haben Sie noch für Ihr Zuhause? Eine neue Einbauküche, einen Wanddurchbruch, neue Farben oder Tapeten an den Wänden? Wenn Geld keine Rolle spielen würde, wo und wie würden Sie dann am liebsten leben?

Welche Gegenstände gibt es in Ihrem Zuhause, die eher unangenehme Gefühle in Ihnen auslösen? Die Vase von der Schwiegermutter, das Foto eines ehemaligen Partners, ein Bild an der Wand, das Sie früher einmal schön fanden? Wünschen Sie sich, etwas daran zu ändern?

Gibt es wiederkehrende nächtliche oder Tagträume zu diesen Themen?

3. Zukunft

Die Reise nach Innen

Wenn du magst, schließe nun deine Augen und nimm ganz bewusst drei ruhige tiefe Atemzüge. Lass den Atem einfach kommen und beobachte, wie er sich ruhig und tief durch deinen Körper bewegt. Mit jedem Atemzug fühlst du, wie du ein kleines bisschen mehr und mehr entspannen kannst.

Wenn du magst, kannst du dir vorstellen, wie aus deinen Füßen oder deinem Körper Wurzeln wachsen, die dich wie von selbst mit dem Boden und mit der Erde verbinden. Die Wurzeln sichern deine innere Reise, sodass du dich immer leichter entspannen und für die Bilder aus deinem Inneren öffnen kannst. Für die Bilder und Wahrnehmungen, die gleich in dir aufsteigen werden und die aus deinem Unterbewusstsein und aus deiner Seele kommen. Die Bilder, die dir zeigen, welche Träume dich zu deinem wahren Wesenskern zurückführen.

Bitte deine Seele um Unterstützung und Inspiration. Bitte darum, dass dir die Dinge gezeigt werden, die wirklich zu dir gehören, dass du deine wahren Träume erkennen kannst. Die Träume, die dich wirklich ausmachen und die nur zu dir gehören.

Es geht nun um die Menschen, die Gemeinschaft und den Lebensraum, von dem du träumst. Mit wem bist du dort täglich zusammen? Welche Menschen sind in deiner Nähe? Mit wem fühlst du dich am wohlsten? Wie sehen die Menschen aus, wie fühlen sie sich an, wie riechen sie und was sagen sie zu dir? Bist du in einem Verein oder einer anderen Art von Gemeinschaft engagiert? Bist du in eine Gruppe integriert?

Wer sind die drei Seelenfreunde in deinem Leben? Wer ist die gute Seele, wer die treue Seele und wer die Seele, die für deinen Seelenfrieden mit zuständig ist?

Wie lebst du? Wo ist dein Zuhause? Ist es eins oder hast du mehrere? Lebst du mit Freunden, einem Partner oder anderen Menschen zusammen oder al-

leine? Auf dem Land oder in der Stadt? Ist dein Zuhause eine Wohnung oder ein Haus oder vielleicht ein Appartement?

Wie ist dein Zuhause eingerichtet? Welche Farben siehst du? Wie viel Licht ist darin? Wie viel Platz gibt es? Wie sind die Wände gestaltet? Wie ist der Bodenbelag? Welche Möbel sind darin? Ist da Raum für andere Menschen oder Tiere?

Wie sieht dein Wohnzimmer aus? Wie dein Arbeitszimmer, dein Schlafzimmer und deine Küche? Wie dein Bad? Gibt es einen Raum nur für dich? Ein Gästezimmer? Wie ist die Atmosphäre in deinem Zuhause?

Nun beende diese Übung, indem du drei bewusste tiefe Atemzüge nimmst, mit dem dritten Atemzug deine Augen öffnest und dich wieder in dem Raum orientierst, in dem du gerade bist.

Welche neuen Gefühle und Ideen sind bei dieser inneren Reise aufgetaucht?

Bitte notieren Sie auch diesmal wieder alles, was Sie gedacht, gesehen oder gefühlt haben. Gibt es auch hier einen roten Faden? Begriffe oder Ideen, die immer wieder auftauchen? Ein eigenes Zimmer haben, hell und luftig wohnen, mit anderen auf dem Land leben? Oder mit Mann und Kindern in einem modernen Loft mitten in der Stadt?

Diese Begriffe dienen Ihnen jetzt wieder als Anregung, um im nächsten Schritt drei verschiedene Optionen für Ihre Kontakte, Ihre Freunde und Ihren Lebensraum zu entwerfen. Wieder müssen diese Optionen nicht zueinander passen, dürfen weit entfernt von dem sein, was im Moment ist und dürfen auf den ersten Blick völlig unrealistisch sein. Zum Beispiel so:

1. Ich lebe mit meinem Partner in einem wunderschönen großen Haus mit einem riesigen Garten und vielen Tieren mitten auf dem Land.
2. In meinem Freundeskreis sind zahlreiche außergewöhnliche Menschen. Wir treffen uns regelmäßig, um uns gegenseitig zu inspirieren und zu unterstützen.
3. Meine engsten Freunde und ich haben zusammen ein großes Haus gekauft, in dem jeder seine eigene Wohnung hat. Wir haben einen großen Innenhof, in dem im Sommer viele rauschende Partys stattfinden. Jeder kann aber auch für sich sein, wann immer er will, ohne dass die anderen es ihm übel nehmen.

Wie fühlen Sie sich jetzt mit den idealen Menschen und dem perfekten Lebensraum? Ja, ich weiß, Sie haben das noch nicht alles in Ihrem Leben, aber bitte denken Sie immer daran: Was Sie träumen können, können Sie auch realisieren! Also bitte träumen Sie vom Haus auf dem Land und von der allerbesten Freundin, die Sie für den Rest Ihres Lebens begleitet! Es ist vermutlich Teil Ihres Lebensplans, also wird es auch möglich sein, dass Ihre Träume wahr werden!

4. Geht nicht, gibt's nicht – Erleben-wollen-Träume

Nach einem anstrengenden Aufstieg ein paar Minuten zum Ankommen. Ahhh, was für eine Aussicht! Hier ist niemand außer mir, und nichts zu hören außer dem sanften Raunen des Windes. Schirm auslegen, Leinen sortieren, Gurtzeug anziehen, Fünf-Punkte-Check, habe ich an alles gedacht? Dann einklinken, gleich geht es los. Kurzer Blick zur Windfahne, Wind kommt von vorne, perfekt, alles passt. Nun einen Schritt machen, den Oberkörper leicht beugen, schon geht der Schirm hinter mir hoch und füllt sich mit Luft. Leicht anbremsen, ein paar schnelle Schritte laufen und schon heben wir ab, mein Gleitschirm und ich. Schnell sind wir auf 1500 Meter gestiegen. Da sehe ich das Nebelhorn, dort hinten ist Oberstdorf, und da kann ich sogar einen Bergsee tief in den Alpen sehen! Der Wind trägt meinen Schirm, und ich kann mich ganz diesem Gefühl hingeben: Eins sein mit der Natur und frei sein wie ein Vogel. Die Sicht von hier oben ist berauschend, alles andere erscheint winzig und klein. Eine halbe Stunde später eine sichere Landung unten im Tal. Ein erfüllter Traum.

All die Abenteuer

Viele Menschen träumen davon, fliegen zu lernen, manche wollen tauchen, Fallschirmspringen, mit einem Ballon fahren, eine Raftingtour machen, einmal Stuntman sein, mit Schlittenhunden Finnland durchqueren, die Antarktis erkunden, in einem Formel-1-Wagen, Speedboat oder U-Boot fahren, einen Marathon laufen oder am Iron Man auf Hawaii teilnehmen, die höchsten Berge dieser Welt besteigen, die Schwerelosigkeit in einem Parabelflug erleben oder gar als Passagier ins All fliegen.

Aber warum setzen Menschen für manche Erlebnisse sogar ihr Leben aufs Spiel, in dem sie gefährliche Meeresengen durchschwimmen, alleine mit dem Ruderboot den Ozean überqueren, mit einem Ballon die Welt umrunden oder zu Fuß zum Polarkreis wandern? Extremsport und Abenteuersuche ist für sie zum Lebenselixier geworden. Mut, Geschicklichkeit, körperliche und geistige Grenzerfahrungen, das bildet den Gegenpol zur sonst so kontrollierten, sicheren Welt, den potenziellen Tod häufig im Gepäck. Das mag man finden, wie man will, sicher ist, dass es ein hohes Maß an Selbstbestimmtheit und Selbstwirksamkeit beinhaltet. Ihr Leben findet nicht am Bildschirm oder in Büchern statt, sie begeben sich in die wirkliche Welt, spürbar und begreifbar, und das gibt ihnen das Gefühl, lebendig zu sein.

Rosa war IT-Projektmanagerin bei einer englischen Großbank, hatte Geld, ein Haus und einen Ehemann, aber es war nicht das Leben, von dem sie träumte. Sie wollte leidenschaftlich leben, intensiv und vielfältig. Sie kündigte bei der Bank, verließ ihren Mann und versuchte es zuerst als Biobäckerin und Fotografin. Doch dann kam ihr der Gedanke, um die Welt zu rudern. Schon während ihres Jurastudiums war sie im Ruderteam der Universität, nun entschied sie sich, als erste Frau den Ozean im Ruderboot zu überqueren, von San Francisco bis Australien. Über einige Etappen hat sie bereits Bücher geschrieben, und auch als Rednerin wird sie heute oft eingeladen. Als ein Mensch, der seine Grenzen überwunden hat.

Doch es gibt auch andere, weniger gefährliche Abenteuer und Erlebnisse, von denen Menschen träumen. Einmal im Iglu übernachten, einen großen Bagger bedienen oder einen Traktor fahren (davon träumen tatsächlich viele Männer, wer hätte das gedacht), die Pyramiden sehen, eine Kreuzfahrt machen oder einmal dem geliebten großen Star nahe sein, ein bestimmtes Land bereisen oder die ganze Welt, das perfekte Violinkonzert komponieren, einen neuen Kunststil erschaffen oder eine Erfindung machen, die die Welt verändert.

Als kleiner Junge schmuggelte Sepp sich zum ersten Mal in ein Fußballstadion. Vom Fußballspielen träumte er schon immer, dass er schließlich im Tor landete, war eher Zufall. Als er 15 war, wurde der gegnerische Trainer bei einem Spiel auf ihn aufmerksam und holte ihn in die Auswahl vom FC Bayern Mün-

chen. Trotzdem spielte er weiter auch im Sturm und wurde in einer Saison sogar Torschützenkönig in der zweiten Liga, obwohl er gleichzeitig schon in der ersten Liga Torwart beim FC Bayern war. Er stand in 473 Bundesligaspielen im Tor, wurde mit der Mannschaft mehrfach deutscher Meister, Pokalsieger, Europameister und 1974 sogar Weltmeister. Ein Unfall beendete seine Karriere als Torwart, aber der Mann, den viele wegen seiner gelegentlichen Sketcheinlagen auf dem Platz auch »Karl Valentin des Fußballs« nannten, ließ sich nicht unterkriegen. Als Torwarttrainer verbuchte er weitere Erfolge mit Bayern München und der deutschen Nationalmannschaft.

Neben dem Fußball träumte der kleine Sepp als Kind auch von einer Karriere im Theater oder Film. In Schulaufführungen spielte er immer die Hauptrollen, später drehte er neben dem Fußball auch zwei Filme, was für die Regisseure allerdings nicht einfach war, da er – statt sich an den Text zu halten – lieber improvisierte. Als seine Trainerkarriere 2006 zu Ende ging, kam eine Anfrage, ob Sepp mit dem »Überraschungsfest der Volksmusik« auf Tour gehen würde. Nur, wenn er mit Wencke Myrrhe singen und etwas zaubern dürfe, stellte er als Bedingung. 48 Mal stand er schließlich damit auf der Bühne.

Der Mensch und die Natur

Für seelische und körperliche Gesundheit braucht der Mensch den Kontakt zur Natur. Tief in uns spüren wir, dass wir ein Teil davon sind, auch wenn wir das im täglichen Leben oft vergessen. In der Schönheit und Stille der Natur können wir uns selbst wieder besser wahrnehmen, sie schenkt uns einen Ausgleich zu unserem sonst so reizüberfluteten Leben. Wir Menschen träumen vom Haus am Meer, weil wir dort die rationale Distanz zu unserer Umgebung aufgeben und uns dem Gefühl des Einsseins hingeben können. Ein See symbolisiert Sicherheit, ebenso wie eine hügelige Landschaft, in der unsere Urahnen sich vor Feinden verbergen und ihrer Beute auflauern konnten. Wie Kinder fühlen wir uns geborgen in »Mutter Natur«, aber auch herausgefordert, unsere Grenzen zu überwinden, wie es bei vielen Bergsteigern mit dem Traum der Gipfelbesteigung der Fall ist.

Vor allem das Wandern haben die Deutschen für sich wieder entdeckt. Früher galt es als Spießerspaß, heute ist es ein Traum von vielen. 60 Prozent aller Deutschen geben an, gerne zu wandern. Besonders die Kopfarbeiter wollen heute ins Grüne und in die Berge. Neue Zeitschriften, die sich mit Themen des Landlebens beschäftigen und Expertenwissen zu so wichtigen Dingen wie Quittengelee kochen oder Nistplätze bauen bieten, erleben seit Jahren einen Umsatzboom, und die Bewerberzahlen der Damen bei »Bauer sucht Frau« steigen. Je unübersichtlicher unser Leben ist, umso mehr sehnen wir uns nach der einfachen, heilen Welt.

Der Traum vom Reisen

Reisen kommt bei den Erleben-wollen-Träumen ganz weit vorne: eine Weltreise machen, mit dem Rucksack durch Nepal ziehen, einen Tangokurs in Buenos Aires belegen, den Jakobsweg gehen, auf den Seychellen am Strand liegen, ein paar Wochen in einem Kloster oder in einer einsamen Berghütte ohne Strom und fließendes Wasser leben oder in Afrika auf Safari gehen. Drei von vier Deutschen packen heute jedes Jahr für mehrere Wochen ihre Koffer. Was zieht uns in die Ferne? Entspannen, dem Alltag für kurze Zeit entfliehen, Zeit für sich oder Spaß haben, aber auch Reisen mit Sinn, Kulturreisen oder Sprachkurse machen.

Erst wenn wir uns von unseren täglichen Ritualen und Begrenzungen gelöst haben, spüren die meisten von uns sich wieder selbst. Im Urlaub geben unsere eigenen Bedürfnisse den Rhythmus vor. Länger schlafen, essen, wenn wir Hunger haben, in Ruhe ein Buch lesen, nach dem Lustprinzip leben. Die Sehnsucht zu reisen kommt aus unserem inneren Widerspruch zwischen Geborgenheit in unserer Komfortzone und dem Bedürfnis, uns weiterzuentwickeln. Beim Reisen in andere Kulturen sind wir auf uns selbst zurückgeworfen. Das Regelgerüst von zu Hause funktioniert oft nicht, sodass wir mehr unserer Intuition vertrauen (müssen) und neue Verhaltensweisen erlernen. Das gelingt natürlich nicht, wenn wir es jedes Jahr nur bis nach Sylt schaffen. Reisen kann uns an unsere Grenzen führen und auch helfen, sie zu überwinden, und was für manche unvorstellbar ist, machen andere wahr.

Claudia und Thomas haben gewagt, wovon andere träumen. Mit ihren drei kleinen Kindern sind sie in einem umgebauten Lkw zwei Jahre durch Südamerika gereist. 44 000 Kilometer legten sie dabei zurück. Es war ihr größter Traum, mit dem Reisemobil durch die Welt zu ziehen, Deutschland eine Weile hinter sich zu lassen und ihren Kindern den Blick über den Tellerrand zu bieten. Reisen war schon früher eine gemeinsame Leidenschaft der beiden und blieb ihnen auch mit Kindern erhalten. Erst als die ältesten zur Schule kommen sollten, kehrten sie wieder zurück.

Auch alleine reisen wird immer beliebter, wenngleich es auch eine große Herausforderung sein kann. Ob Städtereise oder Strandurlaub, wer sich nicht mit anderen absprechen muss, kommt umso mehr mit sich selbst ins Gespräch. Will ich dieses Museum wirklich besuchen oder nicht doch lieber noch länger im Café sitzen, gehe ich nach dem Essen noch mal in die Stadt oder lege mich einfach schon um sechs Uhr schlafen? Für manche eine ganz neue Situation, und sich selbst nimmt man dabei immer mit, doch wenn man Glück hat, lernt man sich dadurch neu kennen.

Viele meiner Kunden haben den Traum, einmal im Leben eine Pilgerreise zu machen. Durchaus eine Möglichkeit, zu sich selbst zu finden, vorausgesetzt, man bringt die inneren Stimmen des Verstandes nach einer Weile zum Schweigen und öffnet sich für das, was dahinter liegt.

Als Kind träumte Angelika davon, Ärztin zu werden und Menschen in Entwicklungsländern zu helfen, doch ihre Eltern wollten nicht, dass sie studiert, sie sollte heiraten und Kinder bekommen. Kurz nach ihrer Ausbildung als Zahnarzthelferin kam dann ihr erstes Kind. Der Mann dazu war schnell auf und davon, dennoch hat sie es ein zweites Mal gewagt, aber auch diesmal blieb ihr nur das Kind. Um beide durchzubringen, hatte sie oft zwei oder drei Jobs gleichzeitig, aber sie beschwerte sich nie. Verantwortung zu übernehmen hatte sie früh gelernt. Schon als Kind hatte sie sich um ihre unselbstständige, unsichere Mutter gekümmert, dann um ihre eigenen Kinder, später als Tagesmutter auch noch um andere, und heute ist sie in der Altenpflege tätig. Dort ist sie gerne und empfindet einen tiefen Sinn in dem, was sie tut. Wenn sie eines Tages pensioniert wird, will sie weiter für alte Menschen da sein: in Krankenhäuser und Pflegeheime gehen, ihnen dort vorlesen und einfach zuhören. Ihr ganzes Leben lang hat sie etwas für andere getan. Ihr größter Traum ist jetzt, genug Geld zu haben, um wieder zu reisen. Und als Erstes will sie auf jeden Fall den Jakobsweg gehen.

Besser berühmt werden

Auf der eigenen Homepage, mit einem Video auf Youtube, auf Knien vor Dieter Bohlen bei »Deutschland sucht den Superstar« oder gescholten von

Heidi Klum wegen 100 Gramm Fett auf den Hüften – die Menschen sind heute bereit, für Ihren Traum vom Ruhm beinahe alles zu tun, auch wenn es für die meisten nur ein kurzer und oft zweifelhafter Moment ist. Neu ist die Idee der Selbstinszenierung nicht, doch in der Vergangenheit war sie guten Schauspielern, Musikern und Künstlern vorbehalten. Ich werde gesehen und wahrgenommen, also bin ich! Danach sehnen sich viele und machen sich deshalb vor einem Millionenpublikum zum Löffel. Im Internet gelingt es vielen, mit den skurrilsten Ideen förmlich über Nacht bekannt zu werden. Wer berühmt sein möchte, tut allerdings gut daran, sich zu fragen, womit. Es gibt andere und vor allem nachhaltigere Möglichkeiten, als vor aller Augen von einer Jury beurteilt zu werden, und wer die Anmeldung einer Castingshow unterschreibt, sollte das Kleingedruckte genau lesen, sonst könnte es sein, dass er oder sie sich viele Jahre lang mit seinem peinlichsten Moment im Privatfernsehen wiederfindet. Es geht auch anders.

Die mehr als 200 Mitglieder des einzigen Sinfonieorchesters in Zentralafrika proben fünf Mal pro Woche, auch wenn wieder das Licht ausfällt und andere widrige Umstände die Proben behindern. Tagsüber arbeiten die Musiker in ihren Jobs, abends treffen sie sich, um zu musizieren und zu singen, und wenn die Saiten der Geigen knapp werden, behelfen sie sich auch schon mal mit Bremskabeln von Fahrrädern. Ihr Alltag ist ein Kampf ums Überleben, doch ihr Erfolgsgeheimnis ist unbändige Leidenschaft für die Musik. Nach einem großen Konzerterfolg am Unabhängigkeitstag in Mombasa träumen sie nun von einer Tournee durch Europa.

Um sich selbst den Traum zu erfüllen, auf einer Bühne zu stehen, müssen Sie nicht unbedingt in eine Schauspielschule gehen, es geht auch mit einem Improvisationskurs an der Volkshochschule oder der Mitgliedschaft in einem Chor. Wer singt, gibt sein Inneres preis, daher fällt es vielen Menschen schwer, doch wirklich unmusikalisch ist niemand, sie haben nur verlernt, sich selbst so auszudrücken. Und die paar wenigen, die wirklich keinen Ton treffen, können das durch individuelles Stimmtraining zumindest ein Stück verändern. Beim Singen wird das Ausatmen verlängert, dadurch entspannen sich Verkrampfungen und man wird lockerer. Die Musik dringt in jeden Bereich des Körpers vor und setzt Endorphine frei. Singen und Musik tun der Seele gut. Kein Wunder also, dass so viele davon träumen!

Es war das Jahr 1979 und ich der größte ABBA-Fan der Welt. Ich hatte einen ABBA-Sammelordner, das Zimmer voller Poster und natürlich sämtliche Schallplatten der schwedischen Erfolgsband. Ab und zu gab es einen Besuch hinter der Bühne bei einem Konzert zu gewinnen, also investierte ich mein gesamtes Taschengeld, um bei jedem Gewinnspiel mitzumachen. Ich richtete all meine Aufmerksamkeit und Energie auf diesen einen Traum: Ich treffe ABBA! Die Super-Trouper-Tour führte die vier schließlich nach Deutschland, und das Wunder geschah: Für den Chorus des Songs »I have a dream« wurde in jeder Stadt ein Kinderchor gesucht, und unter allen Kinder- und Jugendchören wurde der auserwählt, in dem ich seit vielen Jahren sang. In dem Moment, als ich davon erfuhr, wurde in mir alles still. Ein tiefes Gefühl von Frieden, Sicherheit und Glück. So musste der Himmel sein! Und so stand ich mit ABBA auf der Bühne der Frankfurter Festhalle im Scheinwerferlicht. 6 000 Augenpaare sahen mich an. Das Klavier spielte die Melodie, ich atmete tief ein und begann zu singen. Mein Traum wurde Wirklichkeit.

Nun Sie!

1. Vergangenheit

Von welchen (vielleicht völlig verrückten) Erlebnissen haben Sie schon in Ihrer Kindheit geträumt? Mit Delfinen schwimmen? Mit einem Ballon fahren? Einmal auf einer großen Bühne stehen? Einmal um die ganze Welt reisen?

2. Gegenwart

Und was sind Ihre Träume heute? Angenommen, es würde auf jeden Fall gut gehen, was würden Sie dann gerne wenigstens einmal ausprobieren? Wenn der Erfolg gesichert wäre, was würden Sie dann gerne tun?

Angenommen, Sie dürften einen Monat lang an einen Ort Ihrer Wahl reisen und hätten genug Geld, dort alles zu tun, was Sie wollen: Wohin würden Sie reisen? Und was genau würden Sie dort tun? Ein Waisenhaus in Thailand aufbauen? Eine Tauchschule auf den Malediven eröffnen? In einem Fünf-Sterne-Hotel in Mecklenburg-Vorpommern endlich mal wieder in Ruhe die Füße hochlegen und die Störche beobachten?

Welches Abenteuer möchten Sie unbedingt noch erleben? Und falls Sie jemanden mitnehmen könnten, wer würde das sein? Was muss in diesem Leben auf jeden Fall noch geschehen, damit es sich für Sie gelohnt hat? Von welcher verrückten Aktion träumen Sie (vielleicht schon sehr lange)? Was würden Sie sich wünschen oder tun, wenn Ihnen absolut egal wäre, was andere von Ihnen denken? Was würden Sie wollen, wenn Sie niemanden enttäuschen würden? Was würden Sie tun, wenn Sie absolut frei wären?

Kurz vor Ihrem Tod wird Ihnen noch ein Erlebnis Ihrer Wahl geschenkt. Was würden Sie dann gerne noch (einmal) tun?

3. Zukunft

Jetzt ist wieder alles erlaubt. Die Bedürfnisse und Wünsche aus Ihrem tiefsten Inneren dürfen an die Oberfläche kommen. Diesmal gebe ich Ihnen in der inneren Reise nur ein paar Stichworte, damit Sie möglichst viel Raum haben, Bilder für Ihre Erlebnisse zu bekommen.

Die Reise nach Innen

Wenn du magst, schließe nun deine Augen und nimm ganz bewusst drei ruhige tiefe Atemzüge. Lass den Atem einfach kommen und beobachte, wie er sich ruhig und tief durch deinen Körper bewegt. Mit jedem Atemzug fühlst du, wie du ein kleines bisschen mehr und mehr entspannen kannst. Wenn du magst, kannst du dir vorstellen, wie aus deinen Füßen oder deinem Körper Wurzeln wachsen, die dich wie von selbst mit dem Boden und mit der Erde verbinden. Die Wurzeln sichern deine innere Reise, sodass du dich immer leichter entspannen und für die Bilder aus deinem Inneren öffnen kannst. Für die Bilder und Wahrnehmungen, die gleich in dir aufsteigen werden und die aus deinem Unterbewusstsein und aus deiner Seele kommen. Die Bilder, die dir zeigen, welche Träume dich zu deinem wahren Wesenskern zurückführen.

Bitte deine Seele um Unterstützung und Inspiration. Bitte darum, dass dir die Dinge gezeigt werden, die wirklich zu dir gehören, dass du deine wahren Träume erkennen kannst. Die Träume, die dich wirklich ausmachen und die nur zu dir gehören.

Es geht nun um die Dinge, die du in diesem Leben noch erfahren, ausprobieren und erleben willst und vielleicht auch sollst!

Was gibt es im Bereich Reisen noch zu erleben? Welche Länder wirst du noch sehen? Welche Orte besuchen? Welche Menschen treffen?

Welche Abenteuer gilt es für dich in diesem Leben noch zu bestehen? Welche Erlebnisse werden dein Leben noch besonders bereichern? Welchen Herausforderungen wirst du dich noch stellen? Sport, Natur, Tiere, Menschen, über deine eigenen Grenzen gehen … Was wird es sein?

Nun beende diese Übung, indem du drei bewusste tiefe Atemzüge nimmst, mit dem dritten Atemzug deine Augen öffnest und dich wieder in dem Raum orientierst, in dem du gerade bist.

Welche neuen Gefühle und Ideen sind bei dieser inneren Reise aufgetaucht?

Bitte notieren Sie alles, was Ihnen während dieser Übung durch den Sinn gegangen ist und was Sie gesehen oder gefühlt haben. Lesen Sie dann noch einmal alles durch und lassen es auf sich wirken. Gibt es auch diesmal einen roten Faden? Begriffe oder Ideen, die immer wieder auftauchen? Abenteuer erleben, Berge besteigen, einen Urlaub mit dem Rucksack machen oder auf der Bühne stehen?

Diese Begriffe dienen Ihnen jetzt wieder als Anregung, um die drei verschiedenen Optionen für Ihre Traumerlebnisse zu entwerfen. Diesmal ist es besonders wichtig, dass Sie so richtig herumspinnen. Von manchen Dingen träumen wir vielleicht heimlich, trauen uns dann aber doch nicht heran. Wieder drei Beispiele:

1. Ich nehme an der »Raid Gauloises«, dem härtesten Extremsportrennen der Welt teil.
2. Ich mache eine luxuriöse Kreuzfahrt mit einem Forschungsschiff ins ewige Eis und bereise in diesem Leben noch alle Länder der Welt, die mich interessieren.
3. Ich stehe in einem berühmten Musical als Hauptdarstellerin auf der Bühne und bekomme am Ende der Aufführung vom begeisterten Publikum »standing ovations«.

Gerade bei den Erlebnissen ist die Wahrscheinlichkeit groß, dass die Wünsche und Träume, die Sie in sich tragen, von Anfang an Ihre eigenen sind. Allerdings sind die Verhinderungsfaktoren, die Sie bisher davon abgehalten haben, diese Träume zu leben, eher von außen gekommen. »Das kannst Du nicht«, »Das ist doch zu gefährlich«, »Wie willst Du das denn finanzieren«, oder »Stell Dir vor, wie Du Dich blamieren wirst« – es könnte sein, dass Sie das bisher noch blockiert hat. Doch vielleicht finden Sie durch die »Reanimierung« Ihrer alten Wünsche bald die Kraft, sie zu realisieren!

5. Mein Haus, mein Auto, mein Meerschweinchen – Haben-wollen-Träume

Wer träumt nicht davon, reich zu sein, aber macht Geld wirklich glücklich? Nein, sagen Glücksforscher. Zwar hilft es, seine Schäfchen im Trockenen zu haben, sprich, über so viel Geld zu verfügen, dass eine defekte Waschmaschine nicht zur finanziellen Katastrophe wird, doch befragte Millionäre unterscheiden sich von zufällig ausgewählten anderen Menschen nur minimal in ihrem Glücksempfinden. Was wirklich glücklich macht, sind gute Beziehungen, der richtige Job, einen Sinn im Leben zu sehen, etwas für andere zu tun und den eigenen Lebensplan zu verwirklichen.

Geld zu haben macht übrigens dann besonders glücklich, wenn man es für gute Zwecke ausgibt, das haben Psychologen der British Columbia Universität herausgefunden. Ein Teil der Studienteilnehmer erhielt den Auftrag, sich von dem Geld, das sie von den Versuchsleitern bekamen, selbst etwas zu kaufen oder Rechnungen zu zahlen, der andere Teil bekam den Auftrag, den Betrag zu spenden oder anderen Menschen Geschenke zu machen. Davor und danach wurde bei allen der Glückszustand gemessen. Die Wohltäter schätzten sich hinterher signifikant glücklicher als die andere Gruppe.

Das ist dann vermutlich auch der Grund, warum neuerdings viele Reiche einen großen Teil ihres Vermögens verschenken wollen (ob es deren Kinder auch glücklich macht, steht natürlich auf einem anderen Blatt). Bill Gates und Warren Buffett haben eine Aktion gestartet, bei der 40 US-Milliardäre öffentlich versprochen haben, mindestens die Hälfte ihres Vermögens für wohltätige Zwecke zu spenden. Hunderte Milliardäre und Millionäre mehr wollen sie noch davon überzeugen, dasselbe zu tun. Geben ist zumindest ab einem bestimmten Punkt wohl doch seliger denn Nehmen.

Das eigene Haus

Viele Deutsche träumen von der eigenen Immobilie, und das aus gutem Grund. Eine Eigentumswohnung, ein kleines Reihenhaus oder ein freistehendes Einfamilienhaus gelten noch immer als sinnvoller Baustein für die eigene Altersvorsorge. Davon abgesehen fühlt es sich für viele besser an, das eigene Häuschen abzuzahlen, als jeden Monat das Geld an den Vermieter zu überweisen, ohne etwas davon je wieder zu sehen. 96 Prozent der Mieter träumen Umfragen zufolge vom eigenen Heim. Mehr als die Hälfte aller Deutschen wohnt bereits in den eigenen vier Wänden. Und manch einer findet alternative Wege zum Eigenheim.

Kyle, ein junger und damals arbeitsloser Amerikaner, wählte einen außergewöhnlichen Weg, um zu bekommen, wovon er träumte. Sein Einsatz war etwas Zeit und ein Stückchen Metall. Basierend auf einer Geschichte, die er in seiner Kindheit gehörte hatte, in der man mit etwas Kleinem anfängt und von Tür zu Tür geht, um es gegen etwas Größeres zu tauschen, startete er mit einer roten Büroklammer eine Internettauschaktion. Über einen Kugelschreiber, einen Türknauf und andere kuriose Gegenstände hatte er ein Jahr und 14-maliges Tauschen später sein Traumhaus »ertauscht« und inzwischen sogar ein Buch darüber geschrieben.

Das Haus am Meer, das Weingut in der Toskana, die kleine Pension in den Bergen, auch davon träumen viele meiner Kunden. Manchmal geht es tatsächlich um genau das, manchmal steht hinter dem Traum aber vor allem das Bedürfnis nach Ruhe, Ursprünglichkeit, Natur und Frieden.

Der Traum von der eigenen Insel ist für drei Freunde wahr geworden. In der Flensburger Förde haben sie eine Insel für 25 Jahre gepachtet und sind dort die einzigen Bewohner. Wasserflieger, Schafswolle und die selbstbetriebene Inselkneipe, die ab und an auch als Technodisco dient, sorgen für ihr Überleben. Die Sicherheit ihrer alten Jobs ließen sie dafür hinter sich.

Dinge haben

Ein volles Bankkonto vorausgesetzt, können wir uns aussuchen, ob wir einen Ferrari kaufen oder ein Haus bauen wollen, je nach Region wird uns das in etwa das Gleiche kosten. Ein Dach über dem Kopf zu haben und mobil zu sein ist zumindest sinnvoll, oft häufen wir aber auch Dinge an, die wir nicht wirklich zum Leben brauchen. Drei von vier Deutschen sammeln, unabhängig von Bildungsstand, Alter und Geschlecht. Autogramme, Bierdeckel, alte Nähmaschinen, Kugelschreiber, Erstausgaben, Briefmarken, Münzen, Barbiepuppen, Lampen, Überraschungseierfiguren, Schallplatten, CDs, Videos, Gartenzwerge, Antiquitäten, Kunst, Steine, Oldtimer, Uhren, Schmuck, Comics oder Porzellanschweine. Der Sammlerfantasie sind keine Grenzen gesetzt.

Ja, ich gebe es zu, auch ich gehöre zu den Menschen, die sammeln. Schon als Kind hatte ich ein Faible für Micky-Maus- und Donald-Duck-Figuren und habe in den letzten 40 Jahren das eine oder andere außergewöhnliche Stück zusammengetragen und geschenkt bekommen. Sie stehen in einer Vitrine, und ich habe jeden Tag Freude daran, sie anzuschauen. Dass Dinge sich ansammeln, geschieht manchmal aber auch ungewollt. Meinen ersten Froschkönig bekam ich von einer Freundin geschenkt. Ein zauberhaftes kleines Objekt, das deshalb einen Ehrenplatz auf meiner Fensterbank bekam. Das sahen andere Freunde, und zum nächsten Fest bekam ich zwei weitere Frösche. »Ach, du sammelst Frösche?«, hörte ich dann, und obwohl ich dementierte, folgten bald die nächsten. Weil sie alle so zauberhaft aussehen, fällt es mir schwer, mich wieder von ihnen zu trennen, aber daher in eigener Sache, lieber Leser: Sollten wir uns jemals persönlich kennen lernen, dürfen Sie mir gerne eine alte Micky Maus mitbringen, aber bitte schenken Sie mir keinen Frosch!

Warum träumen Menschen vom »Haben«? Etwas zu haben gibt uns Sicherheit, erdet uns und lässt uns sinnlich spüren, dass etwas (zu) uns gehört. Doch Haben bedeutet auch Verantwortung. Man muss sein Gut hegen und pflegen, sich darum kümmern und es vor Beschädigung und Zerstörung schützen. Was wir haben, betrachten wir bewusst oder unbewusst als Teil von uns selbst; was uns täglich umgibt, macht einen Teil unserer Identität aus und ist Ausdruck unseres Stils und unseres

Lebensgefühls. William James, einer der Begründer der modernen Psychologie, schrieb im vorletzten Jahrhundert, wie schwierig es sei, zwischen sich selbst und seinem Besitz zu unterscheiden, da Menschen dem gegenüber, was ihnen gehört oder was sie erreicht haben, ähnlich empfinden wie sich selbst gegenüber. Durch das, was ein Mensch besitzt, kann die Polizei ein Persönlichkeitsprofil von Täter oder Opfer erstellen, aus Grabfunden werden Schlüsse über die Toten gezogen. Was wir haben ist wie ein erweiterter Teil dessen, was wir sind oder was wir gerne wären.

Behalten oder loslassen?

Für unsere Vorfahren in frühesten Zeiten war es riskant, sich auf ein Tauschgeschäft einzulassen, da es weder Verträge noch Gerichte gab. Wer hatte, war auf der sicheren Seite. Damals mag das sinnvoll gewesen sein, doch heute führt das bei vielen Menschen zu übervollen Schränken, Froschkönigsammlungen und immer häufiger zum Messi-Syndrom, einer Krankheit, bei der die Betroffenen sich von gar nichts mehr trennen können und im schlimmsten Fall sogar ihren Müll aufheben.

Judith und Paul entschieden sich für ein außergewöhnliches Experiment. Ein ganzes Jahr lang verzichteten sie auf jeglichen Konsum und versuchten, mit dem auszukommen, was sie bereits im Haus hatten. Einzig die Grundbedürfnisse wurden noch per Einkauf befriedigt – wie Obst, Brot, Eier und Toilettenpapier – aber weder erlaubten sie sich neue Socken (die alten kann man schließlich auch stopfen), noch gab es Wattestäbchen für die Ohren. Über ihre Erfahrungen haben sie ein Buch geschrieben. Für ihre Beziehung war es eins der besten ihrer vielen gemeinsamen Jahre, schreiben sie darin. Das gemeinsame Projekt hat sie zusammengeschweißt und gelehrt, »das Gewöhnliche zu umarmen«.

Sich ganz von materiellen Dingen abzuwenden und ein asketisches Leben zu führen (wovon auch viele Menschen träumen), ist für die meisten aber auch keine Lösung. Wir leben nun mal in einer materiellen Welt. Unser Vermieter oder die Bank möchte jeden Monat Geld sehen, und auch wenn wir bescheiden leben, müssen wir irgendwie für unseren Unterhalt sorgen.

Aber muss es wirklich die Rolex oder das Diamantcollier sein? Im Hinblick auf unsere Lebensträume gilt es, regelmäßig zu prüfen, welcher Besitz, welches »Haben« wirklich zu uns und unseren Träumen passt, diesen Teil dann zu genießen und den Rest aufzugeben.

Träumen Sie vielleicht sogar wie viele meiner Kunden davon, manche Dinge endlich loszulassen? Im Prinzip können Sie alles verschenken, spenden oder wegwerfen, was Sie nicht (mehr) brauchen, was Sie nicht mit Freude erfüllt, was nicht (mehr) schön ist, was Sie doppelt oder dreifach haben und was Sie an etwas erinnert, das Ihnen nicht gut tut. Machen Sie den Wunderbartest: Fragen Sie sich, wenn Sie das Teil, Kleidungsstück, Buch oder was auch immer anschauen, ob es in Ihren Augen wirklich wunderbar ist, ob Sie ein tolles Gefühl dabei haben, wenn Sie es anziehen, benutzen oder betrachten, und falls das nicht der Fall ist, tun Sie es weg! Und falls es Ihnen schwer fällt, viele Dinge gleichzeitig aufzugeben, dann machen Sie es einfach zu einem Projekt, ein halbes Jahr lang jeden Tag eine einzige Sache aus Ihrem Besitz wegzuwerfen oder zu verschenken. Ich habe das ausprobiert und kann Ihnen versichern, es macht Spaß und fühlt sich absolut fantastisch an!

Wenn es dort brennen würde, wo Ihr Hab und Gut ist, was davon würden Sie aus dem Feuer retten, wenn Sie nur einmal hinein gehen dürften und nur mitnehmen könnten, was Sie tragen können? Studien zufolge würden Männer eher die Dinge retten, die mit Aktivität zu tun haben. Werkzeuge, Fahrzeuge, Trophäen, alles, was Leistung symbolisiert. Frauen hingegen wählen eher Fotos, Geschirr oder Kleidung, Dinge, die mit Erinnerungen und Verbundenheit zu tun haben. Im mittleren Lebensalter dient Besitz bei beiden Geschlechtern vor allem als Statussymbol und Ausdruck des persönlichen Erfolgs. Wenn wir älter werden, rückt mehr und mehr der ideelle, der Erinnerungswert in den Vordergrund.

Was ist Ihnen von dem, was Sie bereits besitzen, das Allerliebste? Machen Sie doch spaßeshalber mal eine Liste mit den zehn wichtigsten Sachen, die Sie haben. Besitzen Sie diese Dinge, weil sie Ihnen etwas bedeuten, oder bedeuten Sie Ihnen etwas, weil Sie sie besitzen? Und was genau verbinden Sie damit? Welche Gefühle lösen sie in Ihnen aus? Passen die Dinge (noch) zu der Person, die Sie heute sind? Und wenn Sie sie aufgeben würden, wovon würden Sie dann träumen?

Unsere Tiere

Wegen ihnen können wir seltener in den Urlaub fahren, müssen viel mehr putzen, zu den unpassendsten Gelegenheiten müssen sie zum Tierarzt, und ihr Tod wird uns eines Tages das Herz brechen – und trotzdem lieben wir sie: unsere Tiere. Es gibt Menschen, die mit Tieren nicht viel anfangen können und das Theater, das Hunde- und Katzenbesitzer gerne um ihre Lieblinge machen, nicht verstehen. Und es gibt Menschen, die sich einfach gerne um Tiere und ihren Schutz kümmern. Hund und Katze sind die beliebtesten Haustiere der Deutschen, zusammen mit Nagetieren und Vögeln. Über fünf Milliarden Euro werden in Deutschland pro Jahr für sie ausgegeben. Die Anschaffung eines eigenen Tieres will natürlich gut überlegt sein, und artgerechte Haltung und beste Versorgung sollten dabei selbstverständlich sein. Ein exotisches Wildtier, das seinem natürlichen Lebensraum entrissen wird, hat daher nichts in unseren Wohnzimmern verloren. Aber natürlich kann man die »Tierliebe« auch übertreiben. Hundehütten mit Whirlpool, Pfotenmaniküre und Designerbrillen müssen für das Hundeglück vermutlich wirklich nicht sein.

Als ich drei Jahre alt war, habe ich ein Seil mit einem armen Stofftier hinter mir her gezogen und lautstark danach verlangt, einen Hund zu bekommen. Zuerst gab es mehrere Wellensittiche und Hamster, bis dann endlich zu meinem achten Geburtstag mein erster Hund dazu kam. Schon als Kind träumte ich davon, einen Ort zu schaffen, an dem ich unerwünschten oder gehandicapten Hunden einen guten Platz zum Leben geben kann, und ich habe fest vor, das in diesem Leben noch wahr zu machen. »Man kann auch ohne Hund leben, aber es lohnt sich nicht« – das hat Heinz Rühmann gesagt und es stimmt definitiv auch für mich.

In meinen Coachings und Workshops höre ich immer wieder von meinen Kunden, dass sie als Kinder ihre Haustiere geliebt haben und davon träumen, wieder ein Tier zu haben. »Aber das geht ja nicht, schließlich bin ich jeden Tag im Büro«, »Ja, das ist doch nur ein Kindheitstraum gewesen, heute brauche ich das nicht mehr«, »In den Urlaub zu fahren ist mir wichtiger«; es gibt zahlreiche Argumente, die gegen ein eigenes Tier sprechen. Aber wenn Ihre Seele ein Tier braucht, um glücklich zu sein, wenn Sie insgeheim trotz allem von einem treuen Lebewesen an Ihrer Seite träumen, warum dann so schnell aufgeben? Wieso fragen Sie nicht Ihren Chef, ob Sie Ihren (zukünftigen) Hund mit ins Büro nehmen können? Hunde senken nachweislich den Stresslevel der Mitarbeiter und sorgen für ein besseres Betriebsklima! Ich habe mir früher meine Jobs danach ausgesucht, ob ich meinen Hund mitnehmen konnte, und als das einmal nicht ging, habe ich mir einen zuverlässigen Hundesitter gesucht.

Wenn Sie als Kind von einem eigenen Tier geträumt haben und auch heute »eigentlich« gerne eins hätten, dann überlegen Sie nicht, warum es nicht geht, sondern lieber, wie es gehen kann! Ein Meerschweinchen oder ein Hase? Zwei putzige Rennmäuse oder ein Pärchen Wellensittiche? Ein eigener Hund oder eine Freigängerkatze? Vielleicht gibt es Menschen, die Sie mit einspannen können und die Ihnen helfen, das Leben mit Tier zu organisieren. Fragen Sie den rüstigen Rentner von gegenüber, ob er bereit wäre, mit Ihrem Liebling mittags eine Runde zu drehen, oder fragen Sie Ihre Chefin, ob Sie Ihren (dann natürlich gut erzogenen) Hund mit ins Büro nehmen könnten. Versuchen können Sie es, Sie haben schließlich nichts zu verlieren!

Haben und Sein

Sehr häufig verwechseln wir Haben-wollen-Träume mit den dahinter liegenden Sein-wollen-Träumen. Da wendet sich der alternde Mann einer jüngeren Geliebten zu, weil er sich selbst dadurch wieder jünger fühlen möchte, und da quellen die Schuhschränke über (auch viele Männer sammeln Schuhe!), um von der inneren Unzufriedenheit abzulenken.

Thomas größter Traum war es, reich zu sein. Ab wann er sich reich fühlen würde fragte ich ihn im Coaching. 100 000 Euro nach Steuern auf seinem Tagesgeldkonto, dann wäre alles gut. Zwei Jahre später traf ich ihn wieder. Er hatte inzwischen mehr als doppelt so viel Geld, und ich fragte ihn, ob er nun glücklich sei. Das Gegenteil war der Fall. Obwohl er nach seiner eigenen Definition nun »reich« war, machte er sich jeden Tag Sorgen, dass er sein Geld verlieren könnte. Er könnte krank werden und das Geld zum Überleben verbrauchen müssen, die Inflation könnte es schlucken oder seine Bank könnte Pleite gehen, schließlich hört man das ja immer wieder. Am liebsten hätte er alles unter seiner Matratze versteckt, wobei auch dann an ruhigen Schlaf nicht zu denken gewesen wäre. Hinter dem Traum des Reichtums lag bei ihm der Wunsch nach Sicherheit. Doch durch das Geld hat er die gewünschte Sicherheit nicht gefunden. Im Gegenteil. Mit mehr Geld fühlte er sich noch unsicherer als früher.

Macht, Erfolg, Ansehen, ein Doktortitel … wer herausfinden möchte, worum es bei seinen Träumen wirklich geht und was er wirklich braucht, sollte sich ansehen, was er haben möchte und welches Bedürfnis in Wahrheit dahinter steht. Der Mensch ist nicht dauerhaft glücklich, wenn er dann die junge Geliebte hat, sondern fühlt sich nach einiger Zeit trotzdem wieder alt, und das 200ste Paar Schuhe hat noch immer nicht zum dauerhaften Wohlgefühl geführt (wohl aber zu einem leeren Bankkonto). Sie können sich alles kaufen, was Sie wollen, aber am Ende Ihres Lebens wird Sie glücklich gemacht haben, was Sie gewesen sind und welche Spuren Sie hinterlassen haben. Und nicht, wie viel Paar Schuhe.

Erinnern Sie sich noch an die russische Matroschka, die Schachtelpuppe aus Holz? Sie ist wie unsere wahren Träume. Um zu erkennen, worum es bei einem Haben-wollen-Traum wirklich geht, müssen wir die äußeren Schichten immer weiter abtragen, bis wir im Kern angekommen sind.

Nun Sie!

1. Vergangenheit
Von welchem »Besitz« haben Sie als Kind geträumt? Wollten Sie ein eigenes Haus, ein schickes Auto oder vielleicht ein Schloss haben? Welche besonderen Dinge wollten Sie haben, wenn Sie groß sind? Träumten Sie von einem Haustier? Welches »Sein-Bedürfnis« könnte hinter Ihren damaligen Haben-wollen-Träumen gestanden haben?

2. Gegenwart
Von welchen Dingen träumen Sie heute? Möchten Sie ein eigenes Haus, ein bestimmtes Schmuckstück, ein eigenes Tier oder mehrere, ein besonderes Auto, einen eigenen Bauernhof?

Wenn Sie genug Geld hätten, um sich jetzt sofort jeden materiellen Wunsch auf dieser Welt zu erfüllen, wofür würden Sie das Geld ausgeben? Und warum?

Und wenn Sie eine Milliarde Euro hätten (das ist eine eins mit neun Nullen dran!), was würden Sie damit tun? Die Frage mit der Million können die meisten Menschen leicht für sich beantworten. Doch was macht man mit so viel Geld? Nehmen Sie sich die Zeit, über diese Frage in Ruhe nachzusinnen. Für viele meiner Kunden entstehen hier sehr wertvolle Gedanken und Erkenntnisse!

3. Zukunft

Jetzt folgt wieder der Blick nach Innen, und es ist diesmal besonders wichtig, dass Sie ehrlich zu sich sind! Auch wenn Sie bereits wissen, dass manche Ihrer Haben-wollen-Bedürfnisse (nur) symbolisch für andere, tiefere Bedürfnisse stehen, der Weg dorthin führt über Ihre vordergründigen Bilder! Also lassen Sie Ihre Wünsche aus Ihrem tiefsten Inneren an die Oberfläche kommen. Sie müssen hinterher ja niemandem davon erzählen!

Die Reise nach Innen

Wenn du magst, schließe nun deine Augen und nimm ganz bewusst drei ruhige tiefe Atemzüge. Lass den Atem einfach kommen und beobachte, wie er sich ruhig und tief durch deinen Körper bewegt. Mit jedem Atemzug fühlst du, wie du ein kleines bisschen mehr und mehr entspannen kannst. Wenn du magst, kannst du dir vorstellen, wie aus deinen Füßen oder deinem Körper Wurzeln wachsen, die dich wie von selbst mit dem Boden und mit der Erde verbinden. Die Wurzeln sichern deine innere Reise, sodass du dich immer leichter entspannen und für die Bilder aus deinem Inneren öffnen kannst. Für die Bilder und Wahrnehmungen, die gleich in dir aufsteigen werden und die aus deinem Unterbewusstsein und aus deiner Seele kommen. Die Bilder, die dir zeigen, welche Träume dich zu deinem wahren Wesenskern zurückführen.

Bitte deine Seele um Unterstützung und Inspiration. Bitte darum, dass dir die Dinge gezeigt werden, die wirklich zu dir gehören, dass du deine wahren

Träume erkennen kannst. Die Träume, die dich wirklich ausmachen und die nur zu dir gehören.

Es geht nun um das, was du in deinem Leben noch haben möchtest. Nimm dir Zeit und lass viele verschiedene Bilder zu den einzelnen Fragen in dir entstehen.

Welche Dinge möchtest du in diesem Leben unbedingt noch haben?
Wie viel Geld möchtest du haben und was willst du damit kaufen oder tun?
Gibt es Tiere, die du gerne in deinem Leben hättest?
Nun beende diese Übung, indem du drei bewusste tiefe Atemzüge nimmst, mit dem dritten Atemzug deine Augen öffnest und dich wieder in dem Raum orientierst, in dem du gerade bist.

Was ist während dieser inneren Reise aufgetaucht? Bitte notieren Sie wieder alles, was Sie gesehen oder gefühlt haben. Und nun lesen Sie bitte alles, was Sie in diesem Kapitel notiert haben, noch einmal durch. Vermutlich gibt es auch hier Begriffe und Wünsche, die sich wiederholen. Sie wollten in der Kindheit einen Hund, hätten auch jetzt gerne einen, wenn es organisatorisch irgendwie möglich wäre, und auch in der inneren Reise ist er wieder aufgetaucht? Sie träumten schon als Kind vom Loft in New York, und der Wunsch ist immer noch da?

Bitte notieren Sie drei Entwürfe für die Dinge, von denen Sie träumen! Wieder drei Beispiele:

1. Ich habe einen Buchladen mit einem angeschlossenen kleinen Café, in dem ich auch eigene Torten und Plätzchen verkaufe.
2. Ich habe ein großes Haus, eine Haushälterin, einen Gärtner, eine Putzfrau, zwei Hunde und einen tollen Geländewagen.
3. Ich habe eine eigene Wohnung und ein kleines Atelier zum Malen in der Innenstadt.

Was also sind die drei Dinge, von denen Sie am meisten träumen, die Sie unbedingt in diesem Leben noch haben wollen? Sind es Dinge, von denen Sie schon als Kind geträumt haben? Dann haben sie vermutlich viel mit Ihrem Wesenskern zu tun. Sind diese Dinge erst im Erwachsenenalter aufgetaucht? Dann gilt es, sie später noch zu überprüfen. Denn inzwischen wissen Sie ja bereits: Haben macht nur glücklich, wenn es zum wahren inneren Bedürfnis passt.

6. Mein Körper und die Erleuchtung – Sein-wollen-Träume

Schön, schlank, gesund oder erleuchtet sein – die meisten Menschen, mit denen ich über das Thema Lebensträume gesprochen habe, haben mir einen dieser Träume genannt, wobei »Gesund bleiben!« an erster Stelle steht. Doch interessanterweise konnten Psychologen in Studien nachweisen, dass chronisch Kranke ihren Glückslevel im Durchschnitt höher einschätzen als gesunde Menschen. Durch die Erkrankung verändert sich die gesamte Wahrnehmung, man wird bescheidener und freut sich mehr über die kleinen Dinge des Lebens oder einen Augenblick der Schmerzfreiheit. Anders als die Gesunden, die ihre Gesundheit oft als zu selbstverständlich erleben und daher kaum wahrnehmen.

Christian ist 21, als sein Leben sich von einem auf den anderen Tag ändert. Bei einem routinemäßigen Arztbesuch bekommt er die Diagnose: Krebs. Überlebenschance 60 Prozent. Aufgewachsen unter der Obhut seiner Oma – als unehelicher Sohn eines Flüchtlingskinds und eines Unternehmers, der seine Vaterschaft nicht anerkennen wollte –, hatte er sich schon früh mit dem Wesen der Menschen beschäftigt. Für ein Psychologiestudium reichte der Notendurchschnitt nicht, also studierte er Philosophie und Soziologie. Nach dem ersten Schock der Diagnose widmete er sich nun dem Ziel der Heilung, entdeckte Weisheitslehren, Spiritualität und Esoterik, begann zu meditieren und ergab sich der Möglichkeit seines Todes. Nach einer Operation, der unausweichlichen Chemotherapie und dem Besuch bei einem Geistheiler war er wieder gesund. Die Metastase, die eigentlich in einer zweiten Operation entfernt werden sollte, war so schnell verschwunden, dass die Ärzte das Wort Wunder nach dem Röntgen nur schwerlich vermeiden konnten. Seine »Wiedergeburt« feierte er mit Reisen zu heiligen Stätten in Ägypten und Israel und schwamm mit einem Delfin im Roten Meer. Dann traf er einen spirituellen Lehrer, den er zwölf Jahre begleitete, mit dem er um die Welt reiste und dessen Workshops in ihm weitere nachhaltige Bewusstseinswandel in Gang brachten. Heute ist er völlig gesund, doch richtig im »normalen« Leben angekommen ist er noch nicht. Aber vielleicht muss er das auch gar nicht. Sein Traum ist, sich immer weiterzuentwickeln, die Welt zu verstehen, am Meer zu sein und philosophische Texte zu schreiben, aber auch für andere da zu sein und etwas bewegen zu können. Er hat sein Leben wieder, und es hat aus ihm einen außergewöhnlichen Mann gemacht.

Neue Wege der Medizin

Im Licht neuer Erkenntnisse aus Hirnforschung und Neurobiologie wird deutlich, dass Körper und Geist viel enger miteinander verwoben sind, als die meisten Mediziner bis heute vermutet haben. Es ist inzwischen bewiesen, dass innere Bilder Einfluss auf Krankheit und Heilung nehmen, und zum Glück nutzen immer mehr Ärzte deshalb neben der modernen Medizin auch alternative und zusätzliche Methoden zur Behandlung ihrer Patienten. Autogenes Training, Handauflegen und Meditation gehören in manchen Kliniken bereits zum Standard. Universitätskliniken arbeiten mit Heilern zusammen, Krankenhäuser integrieren therapeutisches Berühren in den Pflegealltag, Psychologen decken neue Heilungswege auf, die auf altem Wissen beruhen. Ziel soll dabei nicht der ein oder andere spektakuläre Heilerfolg sein, sondern die Verbesserung der Chancen für alle Patienten. Endlich beginnen die Grenzen zwischen konventioneller Medizin und ungewöhnlichen Behandlungsmethoden zu fließen. In den USA gehört Spiritualität inzwischen zur Grundausbildung eines Mediziners, und in vielen Kliniken gibt es sogenannte »healing rooms«, in denen Gott um Heilung gebeten wird und deren Nutzung in den Staaten als ebenso selbstverständlich angesehen wird wie der Gang in die Arztpraxis. Die Medizin öffnet sich, um von allen Methoden das Beste zu nutzen. Zum Wohl ihrer Patienten.

Für Ruediger war nicht von Anfang an klar, dass er Arzt werden würde, im Gegenteil, in seiner Familie gab es schon zahlreiche Ärzte und Theologen, das wollte er also auf keinen Fall. Dafür zog es ihn zum Architekten, Journalisten oder Zeichenlehrer. Schließlich hat er dann doch noch Medizin studiert, sogar gerne, wie er sagt. Schon während seines Studiums beschäftigte er sich mit Homöopathie, es folgte eine Zusatzausbildung zum Arzt für Naturheilweisen und zum Psychotherapeut, und irgendwann auf dem Weg wurde ihm klar: »Das System zur Behandlung von Patienten ist zu einseitig und damit falsch.« Als Co-Autor schrieb er ein Buch über Psychosomatik, das ein internationaler Bestseller wurde, und gründete mit seiner Frau ein Heil-Kunde-Zentrum, in dem Menschen ganzheitlich behandelt werden. Bis heute hat er mehr als 50 Bücher geschrieben und damit Millionen Menschen auf der ganzen Welt erreicht. Er träumt davon, eine »andere Medizin« zu machen und »ein Feld ansteckender Gesundheit« zu schaffen, in dem immer mehr Menschen die tieferen Zusammenhänge des Lebens erkennen und damit heil werden können – oder besser noch, gar nicht erst mehr erkranken müssen.

Waschbärbauch und Hängebusen

Augenringe, Orangenhaut, Hakennase, Tränensäcke, Besenreiser, Hasenzähne, Segelohren, der Po zu groß, die Brüste zu flach, die Hüften zu breit, der Penis zu klein, der Bauch zu dick, das Haar zu dünn, die Falten zu tief. Botoxspritzen, Hyaluronsäure, Nasenkorrektur, Lifting, Silikonimplantate, Bauchdeckenstraffung, Fettabsaugung, die Lippen aufspritzen lassen – die Zahl der gefühlten Schönheitsmakel und ihrer Korrektur ist grenzenlos.

Etwas am Körper zu ändern, ein paar Kilo abzunehmen oder endlich die Falten loszuwerden, auch davon träumen viele Menschen. Wie wir über unseren Körper denken und mit ihm umgehen, haben wir ebenfalls in der Kindheit gelernt. Je nachdem, wie unser Umfeld mit uns umgegangen ist, welche Aussagen wir über uns gehört und verinnerlicht haben, meinen wir heute, etwas verändern zu müssen, oder finden uns gut, wie wir eben sind. Leider finden die meisten Menschen sich alles andere als vollkommen. 75 Prozent der deutschen Frauen finden sich zu dick, obwohl das tatsächlich nur bei 25 Prozent zutrifft. Im schlimmsten Fall kann das bis zur Krankheit führen. Körperdysmorphe Störung nennt es sich, wenn man ständig darüber nachdenkt und darunter leidet, dass der eigene Körper nicht in Ordnung ist.

Vor allem Frauen sind mit ihrem Aussehen überkritisch, doch die Männer ziehen nach. Laut Umfragen sind fast 70 Prozent der Deutschen mit ihrem Körper unzufrieden. Jede zweite Frau kann sich vorstellen, eine Schönheitsoperation machen zu lassen. Geschätzte eine Million Deutsche lassen der Schönheit pro Jahr chirurgisch oder mit Spritzen nachhelfen, 80 Prozent davon sind Frauen. In den USA ist bei Frauen die Brustvergrößerung am beliebtesten, die häufigsten Eingriffe bei Männern sind Lidstraffung und Brustimplantate (ja, Sie haben richtig gelesen!). In Deutschland sind Fettabsaugen und Brustoperationen am beliebtesten. Außerdem steigen die Operationszahlen für Designer-Vaginas und Flip-Flop-tauglichen Füße. Wer heute noch mit Schlupflidern, einer großen Nase oder dünnen Lippen durch die Welt läuft, hat irgendwie versagt. Schließlich ist das nicht mehr gottgewolltes Schicksal, sondern bereits Vernachlässigung, oder? Wobei, juristisch gelten Schönheitsoperationen als Körperverletzung. Nur durch die schriftliche Einwilligung des Kunden bleiben sie folgenlos.

Der Lauf der Zeit

Der Blick in den Spiegel zeigt irgendwann eindeutig die ersten Falten, die ersten grauen Haare und das Schwinden der Jugendlichkeit. Die Männer drehen sich vielleicht noch nach Ihnen um, aber ihr Blick verweilt nicht mehr so lange wie früher. Sie können als Mann vielleicht noch mit der Herde mitlaufen, aber ganz vorne sind Sie schon seit einer Weile nicht mehr dabei. Das ist besonders schwer für die Menschen auszuhalten, die sich über ihr gutes Aussehen oder ihren tollen Körper definiert haben und wenig anderes in ihrem Leben haben, was sie ausmacht.

Es wird schwierig für eine Frau ab Mitte 40, wenn sie immer noch versucht auszusehen, als wäre sie Anfang 20, und der Hals irgendwann Jahrzehnte älter ist als das Gesicht. Es heißt, in Hollywood würde man sich bereits nach europäischen Schauspielerinnen für die reiferen Rollen umsehen, weil die meisten amerikanischen Darstellerinnen dank Botox keine Mimik mehr zeigen können. Seit der Entdeckung der Spiegelneuronen ist übrigens bekannt, dass Babys ihre Emotionen dadurch lernen, Gesichtsausdrücke zu interpretieren und nachzuahmen. Was wird das wohl für Veränderungen für die Gefühlswelt künftiger Generationen geben, mit immer mehr gebotoxten Müttern und Vätern?

Älter werden ist nichts für Feiglinge. Mit Mut zur Veränderung und einer ordentlichen Portion Humor gelingt es, deutlich entspannter zu altern. Es bringt nichts, ständig den jüngeren Jahren nachzutrauern. Wenn man Probleme mit dem Älterwerden hat, ist die Lösung nicht, jung zu bleiben, sondern zu lernen, gelassener zu altern! Lebendig sein und fünf gerade sein lassen, das ist die beste Prävention gegen Faltenbildung auf der Seele. Wahre Schönheit reift im Alter nach, und was nützt ein verjüngtes

Gesicht, wenn es ständig traurig aussieht? Andererseits, in nicht allzu ferner Zukunft wird eine Schönheitsoperation vermutlich normal sein. Noch vor 50 Jahren konnte sich auch kaum jemand eine Zahnspange zur Korrektur einer Fehlstellung vorstellen. So ist eben der Lauf der Zeit. Oder?

Wirklich schön

Für ihre Schönheit bewunderte Schauspielerinnen haben als Kinder oft unter ihrem Aussehen gelitten und waren alles andere als glücklich. Michelle Pfeifer sagte in einem Interview, sie hätte ausgesehen wie eine Ente. Angelina Jolie wurde wegen ihrer vollen Lippen von den Schulkameraden gehänselt. Dann doch lieber sein wie Barbra Streisand, eine der wundervollsten Sängerinnen und Schauspielerinnen der Welt – trotz oder vielleicht gerade wegen krummer Nase und Silberblick! Schönheit liegt bekanntlich im Auge des Betrachters, deshalb sollten wir vor allem für uns selbst schön sein und uns selbst schön finden. Wie sonst soll es irgendein anderer tun?

Wer schön ist, hat es im Leben leichter. In der Schule bekommen schönere Menschen die besseren Noten, später bessere Jobs und ein höheres Gehalt. Sie kommen bei Fremden besser an und gelten als interessant, anständig und erfolgreich. Allerdings gab es durch die Jahrhunderte hinweg immer wieder andere Schönheitsideale, die vor allem für die Frauen galten. Mal wurden Rubensfrauen mit breiten Hüften begehrt, dann wurden Taillen durch Korsetts in Form gebracht, dann galt es vor allem, Busen zu zeigen. In den 1920ern sollten Frauen knabenhaft aussehen, in den 1960ern galten Vollblutfrauen wie Sofia Loren oder Marilyn Monroe als schön. Heute zeigen Laufstege und Magazine Models mit Size Zero (das ist Kleinkindgröße auf Einmeterachtziglänge). Also, was ist denn nun schön?

Obwohl es objektiv nur wenige von oben bis unten wirklich schöne Menschen gibt, richtet sich der Blick der meisten auf diese wenigen. Wer »nur« durchschnittlich aussieht, wähnt sich einer Minderheit angehörend, dabei sehen die meisten Menschen eher durchschnittlich aus und sind doch mit all ihren wunderbaren Makeln und Macken ganz und gar sie selbst. Da Schönheitsoperationen meist nach Katalogen vorgenommen werden, könnte es schlimmstenfalls eines Tages dazu kommen, dass alle Frauen ähnliche Designerbusen und viele Menschen die gleichen Nasen haben. Aber Sie haben immer die freie Wahl! Wenn Sie mit Ihrem Körper nicht zufrieden sind, gerne einen größeren, kleineren oder anders geformten Busen oder ein Sixpack-Implantat hätten, dann lassen Sie es sich machen! Es ist nichts Schlechtes daran, das zu tun, was Sie sich wünschen. Nicht besonders sinnvoll ist es dabei allerdings, einer kurzfristigen Mode zu folgen.

Es ist eine anstrengende Illusion, für immer jung und schön bleiben zu wollen, zumindest, was das Äußere angeht. Egal, wie lange Sie Ihren Körper frisch halten, die Veränderungen kommen früher oder später, ob Sie sich nun damit einverstanden erklären oder nicht. Je abhängiger man übrigens von seinem Aussehen ist, desto weniger zufrieden ist man (weil natürlich niemand wirklich immer toll aussehen kann) und desto unattraktiver wirkt man. Ich kenne einige bildhübsche Frauen, die sich so sehr um sich selbst drehen, dass sie kaum Freunde haben und niemand es lange mit ihnen aushält. Und die alles andere als glücklich sind.

Unterm Strich geht es nicht darum, endlich einen schönen oder gar perfekten Körper zu haben, sondern zu lernen, sich im eigenen Körper wohl zu fühlen. Sonst ist das, als ob Sie jeden Tag in einem ungeliebten Kleidungsstück stecken, das Sie einfach nicht loswerden können. Jeder von uns hat nur diesen einen Körper in seinem Leben, also gilt es auch hier, das Beste daraus zu machen. Nicht aus dem Aussehen, sondern aus der (möglichst liebevollen) Beziehung, die man mit seinem Körper eingeht.

Sie sind nicht Ihr Körper, Sie haben einen Körper, und Ihre Seele wohnt darin. Also gehen Sie bitte pfleglich mit dem Tempel Ihrer Seele um!

Mein Freund, die Waage

Drei bis fünf Kilo abnehmen, viele meiner Interviewpartner und Kunden haben diesen Traum. Aber warum? Wird man dann glücklicher, schöner, entspannter, oder ist wenigstens der Sex besser? Gesunde Ernährung und Bewegung sind super, aber muss es wirklich unbedingt ein »perfekter« Körper sein? Hängen Glück oder Unglück tatsächlich an ein paar Kilo?

Viele Frauen (und auch immer mehr Männer) haben alles ausprobiert, was der Diätmarkt hergibt. Jedes Jahr erscheinen unzählige neue Diätratgeber, und im Frühling finden sich in sämtlichen Frauenzeitschriften mit absoluter Zuverlässigkeit wieder die gleichen alten Tipps, um in zwei Wochen oder noch besser einem Wochenende zur Bikinifigur zu kommen. Aber was ist eine Bikinifigur? Die retuschierten Bilder aus den Illustrierten? Dann denken Sie nur daran, wie die gleichen Stars aussehen, wenn sie im ungestylten Alltag von Paparazzi erwischt werden.

Selbst wenn man es schafft, das (meist zu niedrige) Traumgewicht und die Idealmaße zu erreichen, wird man sich dabei nicht dauerhaft wohl fühlen, schließlich muss man weiter jede Kalorie zählen, um das Gewicht dann auch zu halten. Warum nicht die etwas runderen Formen annehmen und stolz zu seinen Pfunden stehen, solange sie sich im gesundheitlichen Rahmen halten? Na gut, ich muss zugeben, ich habe selbst einen ordentlichen Schreck bekommen, als ich vor ein paar Jahren das erste Mal die Bye-bye-Wave (das ist die wellenartige Bewegung, die das Unterteil des Oberarms macht, wenn man zum Abschied winkt) an mir realisiert habe. Vier Wochen Hanteltraining waren die Folge. Das musste aber auch reichen. Ich habe schließlich anderes zu tun. Mit dem Thema Gewicht kenne ich mich allerdings (notgedrungen) aus eigener Erfahrung gut aus.

Innerhalb kürzester Zeit hatte ich vor einigen Jahren aus heiterem Himmel 25 Kilo zu- und später genauso rasch wieder abgenommen. Es fing schleichend an, doch dann zeigte die Waage jede Woche bis zu zwei Kilo mehr. Ich versuchte, mit wenig Essen und mehr Sport gegenzusteuern – keine Chance. Mein Stoffwechsel machte, was er wollte. Ich suchte zahlreiche Ärzte auf, ließ meine Blutwerte checken und musste mir von einem der angeblich besten Endokrinologen Deutschlands (der keine Ahnung hatte, woran es liegen könnte) sagen lassen, ich solle mich mit den 25 Kilo abfinden, schließlich werden viele Frauen ab 40 dick. Was für eine Aussage, aber doch nicht innerhalb von drei Monaten und fast ohne Kalorien! Hätte ich auf diesen Arzt gehört, würde ich nun vermutlich immer noch mit Kleidergröße 44 durch die Welt spazieren (was auch okay war, weil ich nicht besonders eitel bin), aber der Mensch dort im Spiegel, das war einfach nicht ich. Ich wusste, es gibt einen Schalter in mir, der verstellt war und den ich nur wieder umlegen musste. Dann bekam ich den Tipp für eine Montignac-Diät. Im Buch dazu las ich, dass die Mixtur aus genetischer Veranlagung (da habe ich leider Pech gehabt), Stress (davon hatte ich damals reichlich) und falscher Ernährung (zu viele Kohlenhydrate) zum sogenannten Hyperinsulinismus führen kann. Das heißt übersetzt, egal was, wie viel oder wie wenig man isst, alles geht direkt auf die Hüften. Die Bauchspeicheldrüse ist aus dem Tritt geraten, und um abzunehmen, muss man ihr nur helfen, sich wieder zu normalisieren. Das gelingt, indem man drei Monate lang auf einfache Kohlenhydrate verzichtet (die in Weißbrot, Nudeln, aber auch in Obst stecken) und dafür viel Gemüse, Salat und Eiweiß zu sich nimmt. Ich bin kein Typ für Diäten, dafür esse ich viel zu gerne. Ich kochte mir also der Diät zum Trotz besonders große Portionen der erlaubten Lebensmittel – und nahm ab wie von Zauberhand.

Gesunde Ernährung, moderate Bewegung, ausreichend Schlaf, wenig Stress, gute Work-Life-Balance, kein Nikotin und Alkohol nur in Maßen – auch wenn das ein bisschen langweilig klingt, wer das beherzigt, der bleibt quasi von selbst länger jung und hält sein natürliches Gewicht. Doch die wenigsten Deutschen bewegen sich ausreichend, von der Ernährung und dem Rest ganz zu schweigen. Dabei kann man alleine durch Bewegung sein Glückslevel enorm steigern! Dreimal wöchentlich 30 Minuten stramm spazieren gehen oder Rad fahren genügen. Das hat man selbst in der Hand, und deutlich günstiger als der Mitgliedsbeitrag bei den Weight Watchers oder im Fitnessstudio ist es auch.

Allerlei Wellness

Die Römer ließen sich in Dampfbädern massieren, im Orient fand man Erholung und Genuss in den Hamams, die Inder lassen es sich seit Jahrtausenden mit Ayurveda gut gehen, die Skandinavier in der Sauna. Wellness ist kein neuer Trend, sondern die Wiederentdeckung dessen, was eigentlich selbstverständlich sein sollte: gut für sich und seinen Körper zu sorgen. Wellness ist wieder in, weil vielen Menschen Körpergefühl und Sinnlichkeit verloren gegangen sind und sie von der Balance von Körper, Geist und Seele, von Stressbewältigung und Entspannung träumen.

Viele Menschen kennen die Bestseller ›Liebe dich selbst …‹ von Eva-Maria und ihrem Mann Wolfram. Nun träumen die beiden von Hotels, Restaurants und Orten, an denen das Konzept erlebbar werden kann. NOAH sollen ihre Resorts heißen und sind für Menschen gedacht, die spüren, dass ihr Leben mehr Achtsamkeit und Balance braucht, und die nach Ausgleich, Gesundung und Nachhaltigkeit suchen.

Die Menschen sind für Fragen der Psyche und der Gesundheit heute sensibilisierter und haben verstanden, dass sie selbst die Aufgabe haben, sich gut um sich zu kümmern und für sich sorgen zu lassen. Die Überforderungen, denen viele im Leben ausgesetzt sind, verlangen nach einem Ausgleich. Massagen stehen ganz oben auf der Liste der Anwendungen. Wo sonst wird man eine ganze Stunde lang mit vollster Aufmerksamkeit gestreichelt und verwöhnt? Sie haben es sich verdient, also gönnen Sie sich ruhig ab und zu (oder auch öfter) etwas Gutes!

Der Traum von Erleuchtung

Manche Menschen streben nach äußerem Ruhm, andere träumen davon, den Weg der »Erleuchtung« zu gehen. Mystik ist eine Grundform religiösen Lebens, die durch Versenkung die Trennung zwischen menschlichem Ich und göttlichem Sein aufzuheben sucht. Enzyklopädien beschreiben es in etwa so: Nach der Reinigung, wenn alle Bindungen an Welt und Menschen abgeworfen wurden, erfolgt die Erleuchtung; hierin wird erkannt, dass im Kern des eigenen Daseins unaussprechliche Entzückungen und Einsichten erfahren werden können, die die Welt nicht kennt. Das klingt ja durchaus erstrebenswert, oder?

Ken Wilber, der amerikanische Philosoph und Autor, beschreibt es etwas anders: »Es scheint, als würden Sie die Welt ›da draußen‹, die sehr real wirkt, so betrachten, als wäre sie getrennt von Ihnen. Doch plötzlich merken Sie – Sie erkennen es einfach –, dass Sie nur Ihr eigenes Selbst betrachten und dass Ihr Selbst die gesamte Welt ist, wie sie von Moment zu Moment entsteht, gerade jetzt und jetzt und jetzt.« Und weiter: »Sie werden nicht erleuchtet; Sie wachen einfach eines Morgens auf und gestehen sich ein, dass Sie es bereits von jeher gewesen sind, dass Sie mit Ihrem Selbst das große Versteckspiel gespielt haben.« Und Sokrates soll schon vor mehr als 2 400 Jahren gesagt haben: »Du kannst nur lernen, dass du das, was du suchst, schon selber bist. Alles Lernen ist das Erinnern an etwas, das längst da ist und nur auf Entdeckung wartet.«

Wie auch immer Erleuchtung nun genau funktioniert, dahinter steckt auch wieder die Suche nach Sinn, und die Gruppe der Sinnsucher wächst stetig weiter. Mithilfe der Naturwissenschaften und dem Verstand allein lässt sich diese Frage nicht beantworten. Wir bewegen uns bei diesem

Thema auf der Ebene der Mutmaßungen, der Überzeugungen und des (individuellen) Glaubens. Wir wissen, dass wir eines Tages sterben werden, dass wir uns mit unserem ersten Atemzug bereits auf unser Ende zubewegen. Natürlicherweise fragt sich jeder Mensch also eines Tages: Wozu?

Niemand von uns kann wissen, wie es »wirklich« ist. Und am Ende erlebt vermutlich sogar jeder seinen Tod gemäß seiner eigenen Glaubenssätze und Überzeugungen, wie es manche Nahtod-Erfahrungsberichte nahelegen. Auf einige warten dann vielleicht tatsächlich Scharen von willigen Jungfrauen, auf andere das Fegefeuer und auf manche unendliche Liebe. Die meisten von uns werden es erst erfahren, wenn wir nicht mehr zurückkommen können, um darüber zu berichten.

Erleuchtung leicht gemacht?

In den 1970ern gab es noch wenige, die sich aktiv auf den Weg der »Erleuchtung« gemacht hatten, aber heute sind viele Millionen Menschen auf der Suche danach. Viele wünschen sich dabei allerdings »Instant-Erleuchtung« – nicht wie guter Kaffee, ganz altmodisch im Kaffeefilter aufgegossen, langsam durchgesickert und dann genussvoll getrunken, sondern wie ein Pulver, das – einmal mit heißem Wasser überschüttet und umgerührt – ratz-fatz zu den gewünschten Erkenntnissen führt.

Gerade in »esoterischen« Kreisen gilt: Die Liebe heilt alles (was ja stimmt), vergeben ist besser als verzeihen (stimmt auch), und diesen Glaubenssatz und jenes Trauma lösen wir husch-husch auf, dann ist der Weg zu Glück und Erfüllung frei (stimmt eben nicht). Besuchen Sie dieses Seminar, lesen Sie jenes Buch, suchen Sie diesen Therapeuten, Guru, Heilpraktiker, Heiler oder Schamanen auf, hören Sie nach Innen, verlassen Sie Ihre Komfortzone, lernen Sie Neurolinguistische Programmierung und positives Denken oder bestellen Sie einfach nur alles, was Sie brauchen, beim Universum, dann ist alles gut. Schön wär's?!

Statt gründlicher Betrachtung der eigenen Geschichte und der möglichen Verstrickungen, in denen sie sich bewegen, wünschen sich die Menschen (im Coaching und auch sonst im Leben) häufig ein Schnellverfahren, eine einmalige Inspiration, nach der alles anders ist. Und wenn es nicht anders ist, wird eben noch ein Seminar gemacht, noch ein Buch gelesen und noch ein Coach oder Therapeut aufgesucht.

Neben der berechtigten Sehnsucht nach tiefer Erkenntnis und vielen seriösen Angeboten gibt es daher auch die Schattenseite: die ständig neuen Heilsversprecher. Der Gesamtumsatz der Branche wird auf dem deutschen Markt im Moment auf mehr als 15 Milliarden Euro pro Jahr geschätzt. Die Beatles pilgerten nach Indien, heute pilgern viele Millionen Deutsche (auch immer mehr Männer!) ins Yogastudio. Gut für Seele, Geist und Körper. Andere, eher zweifelhafte Angebote (wie Lady Lucy, die im Fernsehen für 3,99 Euro pro Minute für Sie Kontakt mit Engeln aufnimmt) stehen uralten Traditionen wie Meditation und Achtsamkeit gegenüber. Teuer und vielleicht sogar gefährlich wird es für jene, die ihre Verantwortung an einen Guru abgeben und bares Geld dafür zahlen, für immer von ihrem miesen Karma befreit zu werden. Das erinnert sehr an die Praktiken des Ablasshandels, was heute eigentlich jedem aufgeklärten Menschen klar sein müsste.

Menschen suchen nach Licht ohne Schatten, nach Freude ohne Leid und nach Glück und Erfüllung für immer. Doch es geht nicht darum, für immer frei zu sein von Leid. Das Leiden gehört zu unserer Welt, wie das Atmen und das Lieben. Bitten Sie lieber: »Liebe Seele (wahlweise Gott, Universum oder woran auch immer Sie glauben), lass mich lernen, mit allem, was mir begegnet, möglichst gut klar zu kommen! Danke!«, dann sind Sie auf der sicheren Seite. Oft wollen wir den Weg abkürzen, und manchmal gelingt es uns sogar, aber wir können keinen Entwicklungsschritt überspringen. Wie auf einer Spirale bewegen wir uns stetig weiter aufwärts. Manchmal ist die Neigung etwas steiler, manchmal ist sie ganz flach, manchmal ist der Weg breiter und manchmal so schmal, dass man meint, sich kaum darauf bewegen zu können. Und manchmal würde man am liebsten stehen bleiben und ein bisschen ausruhen, bis man dann ganz von selbst nach einer Weile vom Leben weiter geschoben wird.

Persönliche Erleuchtung findet, wer Licht in sein inneres Dunkel bringt. Wer zurück zu seinem wahren Kern findet und sich mit all seinen Schattenseiten lieben lernt. Ohne sich selbst gut kennen zu lernen und die eigenen Lernaufgaben anzunehmen und zu bewältigen, ist es nur eine Instant-Erleuchtung, die genauso schnell kalt und vergessen wird, wie der Kaffee.

Der größere Plan

Nur mal angenommen, was Sie erleben, wie Sie es erleben, mit wem Sie es erleben, und was Sie daraus machen, wäre kein Zufall, sondern es gäbe dahinter so etwas wie einen Plan. Einen Plan, den Sie als Seele zu einer anderen Zeit, von einer anderen Warte aus womöglich selbst ersonnen haben. Einen Plan, der dazu dient, das Beste aus diesem Leben zu machen und so viel wie möglich zu lernen und zu lieben. Wer einen Plan hinter seinem Leben sieht und akzeptiert, ist auch in der Lage, sinnvolle Ziele für sich zu formulieren. Erst wenn ich weiß, wer ich bin, woher ich komme und wohin ich gehe, finde ich meine Antworten. Und auch wenn schwere Zeiten kommen, wer ein Warum zum Leben hat, erträgt fast jedes Wie, das sagte schon Nietzsche.

Victor Frankl, der Begründer der Logotherapie und Überlebender deutscher Konzentrationslager, sagte, der Mensch verwirkliche sich in der Hingabe an eine Sache, die größer sei als er selbst. Jeder hat die Aufgabe, im Verlauf seines Lebens diese Sache zu finden und damit verbunden, die Fragen nach der Existenz Gottes und dem Sinn seines Lebens für sich zu beantworten; und manchem begegnet bei dieser Suche sogar der ersehnte Moment der Erleuchtung.

Als Kind hatte Brita nur wenige Träume für ihr Leben, aber sie wünschte sich schon sehr früh, den Platz zu finden, wo sie in einem höheren Sinn gewollt wurde. Aufgewachsen ist sie in einem Elternhaus, wo Bildung eine wichtige Rolle spielte und ihr vermittelt wurde, dass es wichtiger ist, das Glück im Inneren zu suchen, als Karriere zu machen. Die Familie ist immer viel gereist und ihre Vorfahren waren bekannte Afrikaforscher, daher studierte sie Touristik. Ihr erster Job war die Pressearbeit in einer Tourismuszentrale, danach, mit nur 24 Jahren, übernahm sie ein eigenes Tourist Office. Durch ihren Lebenspartner kam sie in Kontakt mit Meditation. Bald organisierten sie monatliche Vorträge zu unterschiedlichen Themen und meditierten und philosophierten gemeinsam mit anderen. Dann hörte sie von einem Veranstalter, der etwas Ähnliches bereits im größeren Stil anbot und lernte den Gründer kennen – eine schicksalhafte Begegnung. Seit fast 30 Jahren leitet sie jetzt den Verein und stellt dort ein Programm mit Vorträgen, Workshops und Ausbildungen für Körper, Geist und Seele zusammen. Ihr Traum: weiterhin die besten Lehrer und Referenten aus aller Welt einzuladen und Menschen ganzheitliches Wachstum zu ermöglichen.

Nun Sie!

1. Vergangenheit

Bitte nehmen Sie wieder Ihre Aufzeichnungen aus der Übung »Lebensphasen« zur Hand und erinnern sich an die ersten Jahre Ihres Lebens, jetzt mit dem Fokus auf Ihren Körper und die Frage nach dem Sinn.

Welche Vorstellung hatten Sie in Ihrer Kindheit und Jugend davon, wie Ihr Körper später aussehen sollte? Weich und weiblich? Durchtrainiert und männlich? Wollten Sie größer, kleiner, kräftiger oder dünner sein?

Welcher ältere Mensch war in Ihrer Kindheit und Jugend Ihr Vorbild? Und warum?

Haben Sie als junger Mensch über den Sinn des Lebens nachgedacht? Zu welchen Ergebnissen sind Sie damals gekommen? Wovon haben Sie im Zusammenhang mit Ihrem Glauben geträumt?

2. Gegenwart

Welche Wünsche und Träume haben Sie heute für Ihren Körper? Ein paar Kilo ab- oder zunehmen? Was ist Ihr Traumgewicht?

Die Nase, den Busen oder die Zähne richten lassen? Einen anderen Teil Ihres Körpers verändern?

Träumen Sie davon, in irgendeinem Bereich Ihre Gesundheit zu verbessern? Wodurch? Und wie möchten Sie altern? In Würde oder am liebsten gar nicht?

Träumen Sie davon, sich jede Woche eine Massage zu gönnen? Oder regelmäßig ins Fitness-Studio zu gehen? Oder in eine Meditationsgruppe? Träumen Sie davon, sich endlich gesund zu ernähren und gut auf sich zu achten? Oder endlich wirklich mit dem Joggen anzufangen? Oder träumen Sie davon, entspannt auf der Couch zu liegen und Schokolade zu essen?

Wenn Sie einen Wunsch für den Sinn Ihres Lebens frei hätten, welcher wäre das? Was glauben Sie, warum Sie hier auf dieser Welt sind? Falls es einen Gott gibt, was wünscht er oder sie sich dann wohl von Ihnen?

Träumen Sie von einem Leben nach dem Tod? Wenn ja, wie sieht es für Sie aus?

3. Zukunft

Wieder geht es jetzt um Ihre inneren, zum Teil vielleicht noch unbewussten Träume und Bedürfnisse. Malen Sie sich ruhig alles in den allerschönsten Farben aus! Bei der Frage nach dem Lebenssinn kann es durchaus sein, dass Sie statt oder zusätzlich zu klaren Bildern eher Symbole wahrnehmen. Wenn es um den Sinn geht, bewegen Sie sich in Ihren tiefsten inneren Schichten. Ganz nah an Ihrem Wesenskern. Und um bis zu Ihrem Bewusstsein durchzudringen, schickt die Seele oft verpackte Bilder, damit nicht zu viel von Ihrem Verstand zensiert werden kann.

Die Reise nach Innen

Wenn du magst, schließe nun deine Augen und nimm ganz bewusst drei ruhige tiefe Atemzüge. Lass den Atem einfach kommen und beobachte, wie er sich ruhig und tief durch deinen Körper bewegt. Mit jedem Atemzug fühlst du, wie du ein kleines bisschen mehr und mehr entspannen kannst. Wenn du magst, kannst du dir vorstellen, wie aus deinen Füßen oder deinem Körper Wurzeln wachsen, die dich wie von selbst mit dem Boden und mit der Erde verbinden. Die Wurzeln sichern deine innere Reise, sodass du dich immer leichter entspannen und für die Bilder aus deinem Inneren öffnen kannst. Für die Bilder und Wahrnehmungen, die gleich in dir aufsteigen werden und die aus deinem Unterbewusstsein und aus deiner Seele kommen. Die Bilder, die dir zeigen, welche Träume dich zu deinem wahren Wesenskern zurückführen.

Bitte deine Seele um Unterstützung und Inspiration. Bitte darum, dass dir die Dinge gezeigt werden, die wirklich zu dir gehören, dass du deine wahren Träume erkennen kannst. Die Träume, die dich wirklich ausmachen und die nur zu dir gehören.

Sieh dich nun als Erstes selbst im Körper deiner Träume. Wie siehst du aus? Wie groß bist du? Wie ist dein Gewicht? Wie fühlt sich dein Körper an? Wie ist deine Energie? Wie fühlst du dich? Und wie empfindest du dir selbst gegenüber? Gehe jeden einzelnen Teil deines Körpers durch, sieh ihn an und fühle in ihn hinein.

Nun bitte deine Seele, dass sie dir den Sinn deines Lebens zeigt. Das kann in Form eines Symbols geschehen, aber auch in klaren Bildern und Ereignissen, die dir gezeigt werden. Nimm dir dafür ausreichend Zeit. Welche Gefühle und Bilder löst das in dir aus?

Nun beende diese Übung, indem du drei bewusste tiefe Atemzüge nimmst, mit dem dritten Atemzug deine Augen öffnest und dich wieder in dem Raum orientierst, in dem du gerade bist.

Bitte notieren Sie wieder alles, was Ihnen während dieser Übung durch den Sinn gegangen ist und was Sie gesehen oder gefühlt haben. Falls Sie symbolhafte Bilder wahrgenommen haben, versuchen Sie, diese für sich zu übersetzen. Wieder drei Beispiele:

1. Ich habe fünf Kilo abgenommen, bin durchtrainiert, kerngesund und fühle mich pudelwohl in meiner Haut.
2. Ich habe mir endlich den Busen machen lassen und auch mein Gesicht ist dank Botox wieder glatt. Endlich fühle ich mich im Außen so jung, wie ich in meinem Inneren bin.
3. Durch Meditation und viel innere Arbeit habe ich Frieden mit meinem Körper gemacht und den Sinn meines Lebens gefunden. Das macht mich sehr glücklich, und von meinem Glücksgefühl profitiert auch meine Umgebung.

Nehmen Sie drei Kilo ab, wenn es Sie glücklicher macht, lassen Sie sich ein D-Körbchen machen oder die Nase richten, aber stellen Sie vorher sicher, dass Sie es tun, um sich mit sich selbst wohler zu fühlen, und nicht, um anderen besser zu gefallen, denn das werden Sie damit nicht schaffen. Man liebt Sie um Ihrer selbst und Ihrer Ausstrahlung willen und nicht wegen den fehlenden Kilo am Bauch oder den zusätzlichen Gramm im Busen. Bei der Frage nach Ihrem Aussehen ist die Wahrscheinlichkeit relativ hoch, dass Sie sehr von der Gesellschaft und dem Umfeld beeinflusst worden sind. Dem kann sich kaum einer von uns entziehen. Gerade deshalb ist es wichtig, auch diese Träume am Ende mit dem Lebenstraum-Navigator noch einmal zu checken.

Und wenn Sie die Erleuchtung suchen, lesen Sie ruhig Hunderte von Büchern oder machen Sie bei zahllosen Selbsterfahrungskursen mit, aber vergessen Sie neben den äußeren Aktivitäten nicht die inneren und die ruhigen Momente, die Sie besser als alles andere zu sich selbst zurückführen können.

7. Think big! – Träume für die Welt

Albert war bereits Doktor der Philosophie und Professor für Theologie, als er sich entschloss, Arzt zu werden. In einer afrikanischen Kleinstadt baute er später mit seiner Frau Helene das Albert-Schweitzer-Hospital, in dem er Leprakranke behandelte. 1952 erhielt er den Friedensnobelpreis und gilt heute als Begründer der Entwicklungshilfe.

Seit meiner Kindheit habe ich das Leben von Menschen studiert, die einen besonderen Eindruck in der Geschichte hinterlassen und die Welt zu einem besseren Ort gemacht haben. Sie alle hatten eine große Vision und waren bereit, Dinge zu tun, die andere nicht einmal zu versuchen wagten. Sie hörten auf ihr Herz und ließen ihre innere Stimme lauter sein als alle äußeren.

Menschen, die davon träumen, die Welt zu verändern, tun dies oft aufgrund eines »Rufes« von außen oder emotional intensiver Geschehnisse. Häufig ging der eigenen Aktivität auch ein tiefer Fall voraus. Wie bei Al Gore, der nur knapp die Wahl zum mächtigsten Mann der Welt verlor, aber möglicherweise gerade dadurch unser aller Bewusstsein und vielleicht auch unser Leben durch seinen Einsatz für das Klima auf der Welt verändert hat.

Manche Menschen hinterlassen tiefere Spuren als andere. Neben den großen Namen der Friedensstifter, Revolutionäre, Helfer der Armen, Umweltschützer, Tierschützer und Prominenten, die ihren Status nutzen, um auf wichtige Themen aufmerksam zu machen und sich zum Beispiel als UNICEF-Botschafter engagieren, sind es auch »ganz normale« Menschen, deren Beitrag in nationalen oder lokalen Projekten unschätzbar wertvoll ist.

Soziales Engagement

Es gibt Menschen, die das eigene Leben nachhaltig verändern, wenn man ihnen begegnet. Die einen so tiefen Eindruck hinterlassen, dass man selbst ein besserer Mensch werden möchte.

Geboren und aufgewachsen in Wolfsburg als Sohn eines VW-Mitarbeiters schien eigentlich alles klar: Nach der Schule machte Joachim bei VW eine Aus-

bildung zum Werkzeugmacher. Bier, Zigaretten, gemütlich feiern, das war neben der Schichtarbeit sein Leben. 1990 wog er 123 Kilo – bis zu dem Tag, an dem er beschloss, sein Leben zu ändern. Er hörte mit dem Rauchen auf und begann zu laufen. Wenige Monate später und inzwischen 50 Kilo leichter, lief er seinen ersten Marathon. Er wurde Triathlet und stellte Weltrekorde im Ergometer-Climbing, Versa-Climbing, Sidewalking und Inlineskaten auf. Er überquerte den Ural mit einem Tretroller und nahm an den härtesten Abenteuer-Wettkämpfen der Welt teil.

Als ein Schulfreund an Aids starb, folgte die nächste große Wende seines Lebens. Er entschied, seinen Sport in den Dienst humanitärer Projekte zu stellen. Er fuhr mit dem Fahrrad von Paris nach Dakar durch die Sahara und innerhalb von 36 Tagen mit dem Rad von Alaska nach Feuerland. 2008 startete die siebte Expedition, bei der in 20 Ländern innerhalb von 64 Tagen von ihm und seinem Team jeweils der höchste Berg des Landes bestiegen wurde, um mit einer Gipfelfahne auf die geschätzte Dunkelziffer der mit HIV Infizierten aufmerksam zu machen. Danach forderte er die Welt per Internet und Social Media auf, Gleiches zu tun. Hunderte Menschen zogen los, um bisher in mehr als 130 Ländern die Fahne zu setzen. Die »world aids awareness expedition« war geboren. Sein neues Ziel hieß nun: »Jeder kann die Welt bewegen!« In zahllosen Vorträgen, Workshops und Büchern hat er sein Wissen und seine Erfahrungen bereits an andere Menschen weitergegeben. Inzwischen ist Joachim auch Kuratoriumsmitglied der Deutschen AIDS-Stiftung.

Warum macht er das? Wovon träumt ein Mensch wie er? »Zufriedenheit«, ist seine Antwort. Er möchte zufrieden mit sich selbst sein, indem er alles tut, was er kann, um eine Spur zu hinterlassen. Das gibt seinem Leben als einer der bekanntesten und wirkungsvollsten Aids-Aktivisten der Welt seit mehr als 15 Jahren seinen Sinn.

Auch viele meiner Kunden spüren in sich den tiefen Wunsch, einen Beitrag für diese Welt zu leisten, aber sie wissen oft nicht, was sie tun können, und geben den Gedanken dann wieder auf. Wenn überhaupt, spenden sie an Weihnachten und bei Katastrophen dann etwas Geld. Viele engagieren sich aber bereits ehrenamtlich, zum Beispiel in der Hospizarbeit, wo sie Menschen bis zu ihrem Tod betreuen, eine sehr bewegende Aufgabe, die sicher nicht für jeden geeignet ist. Oder sie helfen bei einer der zahlreichen Tafeln in Deutschland bei der Essensausgabe an Obdachlose mit.

Es gibt zahlreiche Organisationen, die von Menschen mit Träumen gegründet wurden, damit andere Menschen überhaupt träumen können. Da gibt es beispielsweise »Ashoka«, eine internationale Hilfsorganisation, die seit 30 Jahren soziale Projekte fördert. Ausgewählte Kandidaten profitieren von Netzwerk, Coaching und Finanzierungshilfen. Die Organisation macht damit aus engagierten Amateuren effektive Profis. Jährlich stehen für die Stipendien etwa 20 Millionen Dollar zur Verfügung, die von großen internationalen Unternehmen gespendet werden.

Sich zu engagieren hat übrigens nichts mit dem sogenannten Helfersyndrom zu tun, bei dem es mehr um das eigene Wohl als das der anderen geht. Beim Engagement geht es um eine gesunde Balance zwischen Egoismus und Altruismus und nicht darum, sich ausnutzen zu lassen oder sich selbst aufzugeben.

Nachhaltigkeit, Umwelt und Tiere

Der Bio-Boom beim Essen, aber auch in der Kosmetik, der Mode und beim Autofahren, beim Hausbau und der Energiegewinnung, zeigt, dass es keine Luxusbeschäftigung mehr ist, sich für die Umwelt zu engagieren. Im Gegenteil: Es wird überlebensnotwendig für uns alle sein.

Um Nachhaltigkeit geht es – dem Himmel sei Dank – immer mehr Konsumenten und Unternehmen. Sie beginnen, insgesamt ihren Lebensstil und ihr Konsumverhalten zu verändern, indem sie umweltfreundliche Produkte kaufen und durch die Wahl von Fair-trade-Produkten faire Arbeitsbedingungen in der Welt unterstützen. Politik mit der Geldbörse können wir alle machen, indem wir »gute« Produkte kaufen, die nicht nur in der Qualität top sind, sondern auch in der Ökobilanz. Und wie immer gibt es Menschen, die ihrer Zeit voraus sind und das etwas früher erkannt haben.

Claudia gründete eine Internet-Plattform für strategischen Konsum. Zusammen mit einer wachsenden Gruppe von Gleichgesinnten ist es ihre Vision, Unternehmen davon zu überzeugen, ökonomisch, ökologisch und sozial nachhaltig zu handeln. Sie träumt von einem »grünen Wirtschaftswunder«, und immer mehr – auch große – Unternehmen sind dabei.

Auch das Bewusstsein für die Schönheit unseres Planeten wird glücklicherweise immer größer. Viele Pflanzen- und Tierarten sind allerdings bereits ausgestorben, viele andere vom Aussterben bedroht. Was uns heute noch als normal erscheint, wird es in 20 Jahren zum Teil gar nicht mehr geben. Ob das Sterben der Korallenbänke durch die Erwärmung der Meere, das wiederum Fische sterben lässt, oder das Schmelzen vom ewigen Eis, was vielen Tieren ihren Lebensraum entzieht – es ist höchste Zeit, etwas zu tun.

Schon als Teenager arbeitete David neben der Schule als Tierpfleger bei der Stiftung AAP (das holländische Wort für Affe). Heute ist er Biologe und Chef dieser Stiftung, die sich um die Rettung und Resozialisierung von Schimpansen kümmert, die in Zoos oder als Versuchstiere in der Forschung schlecht untergebracht oder misshandelt worden sind. Die Stiftung befreit die Tiere, päppelt sie in einer Auffangstation in Holland auf und bringt sie vorsichtig mit Artgenossen zusammen. Wenn sie körperlich und seelisch genesen sind, werden sie in ein Freigehege der Stiftung in Spanien umgesiedelt und können dort fast wie in freier Natur leben. Den Affen zu helfen ist für David vom Traum zur Lebensaufgabe geworden.

Der Traum von Freiheit und Gerechtigkeit

Nelson Mandela und Martin Luther King träumten von Chancengleichheit für Schwarze und Weiße, Gandhi von Freiheit für Indien und der Dalai Lama von der Befreiung Tibets. Ein autoritäres Regime, Unterdrückung, Vergewaltigung, Gefängnis, Folter oder gar Tod, gleichgültig, ob man selbst das Opfer dieser Umstände oder nur Zeuge davon ist – in dem Moment, wo man es erkannt hat, ist man Teil des Ganzen und kann sich nicht mehr in Unwissenheit zurückziehen. Man muss etwas tun, aktiven Widerstand leisten, den Betroffenen helfen, oder die Gesellschaft informieren und wachrütteln. Die Möglichkeiten sind vielfältiger Natur, auch wenn sie für die Helfer häufig mit Gefahr für Leib und Leben einhergehen und oft große persönliche Opfer fordern.

Horst ist 17, als er im Zweiten Weltkrieg zur Armee eingezogen wird. Weil es für ihn unvorstellbar ist, zu töten, geht er zur Marine und wird Meldegast. Mehr-

mals wird sein Schiff abgeschossen, doch er überlebt und gerät schließlich in russische Gefangenschaft. Jahre nach Kriegsende kehrt er endlich zurück in seine Heimat Dresden, doch dort hat sich inzwischen vieles verändert, die Stadt ist fast vollständig zerstört. Er muss miterleben, wie eine neue Diktatur errichtet und die DDR gegründet wird.

Er liebt seine Heimat, deshalb bleibt er, heiratet und bekommt Kinder, aber er träumt von Freiheit für sich, seine Familie und sein Land. Er gründet eine Widerstandsgruppe gegen das Regime, die Unterstützung vom amerikanischen Geheimdienst erhält. Keine Gewalt gegen Menschen, das ist seine Bedingung. Die Unruhe im Land wird immer größer, es ist die Zeit vor dem Arbeiteraufstand des 17. Juni, doch durch Verrat kommt die Stasi ihnen auf die Spur. Horst wird verhaftet und in einem großen Schauprozess als Staatsfeind Nummer Eins zu lebenslanger Haft verurteilt. Viele Jahre Folter und sieben Jahre Einzelhaft muss er ertragen, aber die Namen seiner Mitstreiter gibt er nicht preis. Fünf weitere Jahre bleibt er als politischer Häftling unter Mördern und Schwerverbrechern inhaftiert, doch er gibt sich und seinen Traum nicht auf.

Nach zwölf Jahren wird er zusammen mit anderen politischen Gefangenen von der Bundesregierung freigekauft und in den Westen abgeschoben. Seine inzwischen von ihm geschiedene Frau und seine beiden Töchter muss er zurücklassen. Er engagiert sich politisch und wird unter anderem Vorsitzender der »Vereinigung der Opfer des Stalinismus« – immer unter Lebensgefahr, denn auch im Westen wird er noch von der Stasi beobachtet. Er heiratet wieder und bekommt noch ein Kind. Sein größter Traum ist die deutsche Wiedervereinigung und die Zusammenführung seiner Familie. Doch den Tag wird er nicht mehr erleben. Fünf Jahre vor dem Fall der Mauer stirbt er an den Spätfolgen der Haft. Zu seiner Beerdigung erscheinen Dutzende ehemaliger Weggefährten und schütteln seiner 17-jährigen Tochter die Hand. »Deinem Vater verdanken wir unser Leben«, sagen sie. Dieses 17-jährige Mädchen war ich.

Doch hat das eigene Engagement überhaupt einen Sinn? Ist es nicht nur ein Tropfen auf den heißen Stein? Wenn viele so denken, geschieht wenig, aber wenn viele etwas Kleines tun, kann aus dem Tropfen ein großer Strom werden und dann die ganze Welt erreichen. Nur wenige von uns können alleine die Welt verändern, aber jeder kann in seinem eigenen Einflussbereich etwas dazu beitragen, die Welt ein bisschen besser zu machen. Indem er sein wahres Selbst lebt und sein inneres Licht leuchten lässt, aber auch, indem er tut, was immer ihm möglich ist, um einen Beitrag zu leisten. Durchaus eigennützig, denn kaum etwas löst bei Menschen ein größeres Glücksgefühl aus als die Überzeugung, das Richtige zu tun und etwas für andere gegeben zu haben.

 Nun Sie!

Jetzt haben Sie es wirklich gleich geschafft! Ein letztes Mal kommt das, was Sie inzwischen ja schon gut kennen. Bitte notieren Sie wieder alle Gedanken beziehungsweise alle Antworten auf die folgenden Fragen.

1. Vergangenheit

Nehmen Sie noch ein Mal Ihre Aufzeichnungen aus der Übung »Lebensphasen« zur Hand und erinnern Sie sich an die ersten Jahre Ihres Lebens, jetzt mit dem Fokus auf das, was Sie vielleicht schon als Kind für diese Welt erträumt haben.

Als Sie klein waren, was wollten Sie für die Welt tun? Wollten Sie Tiere schützen, die alte Nachbarin unterstützen, sich für die Umwelt einsetzen? Waren Sie in der Gemeinde engagiert und haben mit »Brot für die Welt« gesammelt, weil Ihr Traum war, dass jeder Mensch genug zu essen hat?

2. Gegenwart

Wenn Sie heute davon träumen würden, etwas für die Welt zu tun, was genau könnte das sein? Welches Projekt könnten Sie im Kleinen oder im Großen tun? Was können Sie beitragen?

Was würden Sie tun, wenn Sie unbegrenzten Mut und vor nichts Angst hätten? Was würden Sie tun, wenn Sie alle Kraft und Energie der Welt hätten?

Träumen Sie davon, sich einer bestimmten Gruppe anzuschließen? Oder einer christlichen Vereinigung? Oder vielleicht selbst sogar einen Verein zu gründen? Möchten Sie gerne ehrenamtlich arbeiten? In welchem Kontext und mit welchen Menschen?

Welche Gruppe von Menschen interessiert Sie am meisten? Obdachlose, alte Menschen, Behinderte, arme Kinder, Jugendliche?

Möchten Sie sich für mehr Nachhaltigkeit einsetzen? Sich sozial engagieren, für die Umwelt, die Freiheit oder Gerechtigkeit einsetzen? Welche Themen sprechen Sie besonders an?

Möchten Sie etwas für Tiere tun? Im Ausland, im Tierheim? Oder geht es Ihnen vor allem um die Natur?

Und falls Sie davon träumen, etwas im oder fürs Ausland zu tun, welche Länder sprechen Sie am meisten an?

Was möchten Sie dabei am liebsten tun? Womit können Sie besonders gut umgehen? Wozu fühlen Sie sich am meisten hingezogen?

Gibt es wiederkehrende nächtliche oder Tagträume, in denen Sie etwas für die Welt tun (wollen)?

3. Zukunft

Jetzt ist wieder alles erlaubt. Die Bedürfnisse und Wünsche aus Ihrem tiefsten Inneren dürfen an die Oberfläche kommen.

Die Reise nach Innen

Wenn du magst, schließe nun deine Augen und nimm ganz bewusst drei ruhige tiefe Atemzüge. Lass den Atem einfach kommen und beobachte, wie er sich ruhig und tief durch deinen Körper bewegt. Mit jedem Atemzug fühlst du, wie du ein kleines bisschen mehr und mehr entspannen kannst. Wenn du magst, kannst du dir vorstellen, wie aus deinen Füßen oder deinem Körper Wurzeln wachsen, die dich wie von selbst mit dem Boden und mit der Erde verbinden. Die Wurzeln sichern deine innere Reise, sodass du dich immer leichter entspannen und für die Bilder aus deinem Inneren öffnen kannst. Für die Bilder und Wahrnehmungen, die gleich in dir aufsteigen werden und die aus deinem Unterbewusstsein und aus deiner Seele kommen. Die Bilder, die dir zeigen, welche Träume dich zu deinem wahren Wesenskern zurückführen.

Bitte deine Seele um Unterstützung und Inspiration. Bitte darum, dass dir die Dinge gezeigt werden, die wirklich zu dir gehören, dass du deine wahren Träume erkennen kannst. Die Träume, die dich wirklich ausmachen und die nur zu dir gehören.

Sieh dich nun in dem Kontext, in dem du mit deinen ganz besonderen Fähigkeiten deinen Beitrag zu dieser Welt leisten kannst! Wo bist du? Was genau tust du da? Mit wem bist du zusammen? Für wen bist du aktiv? Wer ist mit dir in dieser Sache engagiert? Wie viel Zeit verbringst du mit diesen Aktivitäten? Machst du es ehrenamtlich, oder ist es sogar deine Hauptbeschäftigung?

Nun beende diese Übung, indem du drei bewusste tiefe Atemzüge nimmst, mit dem dritten Atemzug deine Augen öffnest und dich wieder in dem Raum orientierst, in dem du gerade bist.

Sie haben nun hoffentlich wieder viele Informationen zusammengetragen. Anders als bei den vorherigen Aufgaben gehen Sie jetzt noch einen Schritt weiter und machen ein Brainstorming, bei dem Sie alles aufschreiben, was Ihnen spontan an Projekten in den Sinn kommt, gleichgültig, ob sie umsetzbar sind oder nicht. Schließlich geht es hier um Ihren möglichen konkreten Beitrag für die Welt, da darf es erst einmal ruhig eine Nummer größer sein! Also lesen Sie alles, was Sie bisher notiert haben, noch einmal durch, und sammeln Sie Ihre Ideen. Das kann dann zum Beispiel so aussehen:

- Hundetierheime aufbauen
- Tiertafel unterstützen
- Bildung für Mädchen im Ausland ermöglichen
- Ein Hilfsprojekt aufbauen, das von einer gesamten Stadt dauerhaft unterstützt wird
- Schulen bauen
- Tierschutz im Ostblock
- Adoptionsagentur für ältere Singles
- Traumerfüllungsplattform schaffen
- Stiftung gründen und todkranken Kindern letzte Wünsche erfüllen
- Hospizarbeit
- Charity-Events organisieren
- Gnadenhof für Tiere
- Hundevermittlung von spanischen Hunden nach Deutschland
- Welpentierheim für Hunde gründen
- Selbsthilfegruppe für Sternenkinder
- Tierheim/Lebensraum für Hunde mit Handicaps
- Menschen in Not helfen
- Für etwas den Rahmen schaffen, organisieren, mich kümmern
- Traumatisierte Kinder, Waisen, Frauen, Menschen in Not unterstützen

Nun fassen Sie Ihre Ideen bitte in Gruppen zusammen, wie zum Beispiel »Politisches Engagement«, »Gemeindearbeit«, »Etwas für Menschen tun«, »Etwas für Tiere tun« oder »Etwas für die Umwelt tun«. Dann bringen Sie innerhalb der einzelnen Gruppen Ihre Ideen in eine emotionale Reihenfolge, also das, was Sie am meisten anspricht, auf Platz 1 und so weiter. Nun haben Sie eine gute Übersicht über Ihre Ideen und auch schon über deren Prioritäten und Bedeutung gewonnen. Losgelöst von der Machbarkeit oder auch Ihrem dafür nötigen Energieeinsatz, wählen Sie jetzt bitte die drei Projekte oder Ideen aus, die Sie am meisten ansprechen:

1. Ich habe eine Stiftung, die Menschen nach schweren Schicksalsschlägen dabei unterstützt, sich einen Lebenstraum zu erfüllen. Gleichgültig, ob es ums Fliegen lernen, um den letzten Wunsch eines Todkranken oder um den Schritt in die Selbstständigkeit geht.
2. Zusammen mit Gleichgesinnten schaffe ich einen sicheren und liebevollen Lebensraum für gehandicapte, unerwünschte und schwer vermittelbare Hunde. Außerdem gibt es dort Platz für abgegebene Hundewelpen, die aufgepäppelt und weitervermittelt werden.
3. Mit Charity Events sammle ich Geld, um dort Schulen zu bauen und Bücher bereitzustellen, wo Bildung noch nicht für jeden möglich ist.

Sind Sie tatsächlich bis hierhin mitgegangen? Dann gratuliere ich Ihnen wirklich von Herzen! Sie sind großartig! In den letzten Kapiteln haben Sie für sieben wichtige Lebensbereiche Ihre drei größten Träume formuliert, das heißt, Sie haben jetzt eine Liste von insgesamt 21 konkreten Träumen und Ideen für Ihr Leben! Sie sollten sich an dieser Stelle ruhig selbst auf die Schulter klopfen oder, noch besser, sich liebevoll umarmen (ja, das kann man auch prima alleine machen, Ihrem Körper ist es gleichgültig, von wem er lieb gehalten wird, es setzt so oder so Wohlfühlhormone frei). Sie haben wirklich viel geschafft! Ich bin sicher, Sie sind sich selbst und Ihrem wahren Kern beim Bearbeiten der bisherigen Aufgaben schon ein gutes Stück näher gekommen, auch wenn es zum Teil vielleicht eine große Herausforderung war. Zwei Schritte gilt es jetzt noch zu gehen, und dann können Sie Ihre Träume auf den Prüfstand stellen.

Lebenstraum-Navigator 5: Ihre Lebensmotive

Lebensmotive sind die zentralen Bedürfnisse, die in Ihrem Leben befriedigt werden müssen, oder anders gesagt, es sind die Dinge, die Sie morgens tatsächlich aus dem Bett treiben (und zwar jeden Tag!), und die beruflich und privat erfüllt sein müssen, damit es Ihnen gut geht. Nicht erfüllte Bedürfnisse sind im Umkehrschluss also das, was Sie unzufrieden, unglücklich und auf Dauer sogar krank machen kann. Kein Mensch ähnelt hier einem anderen, jeder von uns hat in sich ein Bündel einzigartiger Lebensmotive, die ihn antreiben und (zum Teil völlig unbewusst) steuern. Was für Sie existenziell wichtig ist, kann für Ihren Partner, Ihre Kinder oder Ihren Chef also völlig unwichtig sein, woraus übrigens die meisten Schwierigkeiten in jeder Art von Beziehungen resultieren.

Die beiden Listen

Falls Sie mein erstes Buch bereits gelesen haben, können Sie sich an das Folgende vielleicht noch vage erinnern. Hier gehen wir aber anders an das Thema heran, also folgen Sie einfach der Anleitung, als hätten Sie das alles noch nie gehört und gesehen. Und wenn Sie sich mit den Motiven noch nie beschäftigt haben, dann nutzen Sie die Chance, sich mit diesem wichtigen Bereich Ihrer Persönlichkeit hier ausführlich auseinanderzusetzen. Für alles, was noch kommt, ist es sehr wichtig, dass Sie die folgenden Aufgaben *erst* bearbeiten, *bevor* Sie weiterlesen. Bitte widerstehen Sie dem Impuls, weiterzublättern. Alles, was im Anschluss noch kommt, bezieht die Ergebnisse aus diesem nächsten Schritt mit ein.

Nun Sie!

Bitte schauen Sie jetzt auf die folgenden Begriffe und markieren Sie möglichst spontan alle Worte, die in Ihnen positive Resonanz auslösen, also alle, die Ihnen beim Lesen der Liste ein gutes, positives, intensives Gefühl geben.

Macht	Freiheit	Neugier
Anerkennung	Ordnung	Sparen
Ehre	Gerechtigkeit	Beziehungen
Status	Familie	Eros
Erfolg	Genuss	Schönheit
Spaß	Ruhe	Reichtum
Harmonie	Herausforderung	Ruhm
Freude	Idealismus	Sicherheit
Abenteuer	Unabhängigkeit	Aktivität

Haben Sie das? Wunderbar. Sollten Sie mehr als zehn Worte markiert haben, streichen Sie bitte die weg, die Sie davon am wenigsten intensiv berühren, solange, bis nur noch maximal zehn übrig sind. Diese Begriffe bringen Sie als nächstes ebenso spontan in eine emotionale Reihenfolge, also das Wort, das Sie emotional am stärksten positiv anspricht, bekommt die Eins, das nächste die Zwei und so weiter. Haben Sie auch das? Sehr gut.

Jetzt machen Sie das Gleiche bitte noch mal, nur mit dem Gegenteil. Markieren Sie in der Liste (es sind die gleichen Begriffe) jetzt die Worte, die in Ihnen eine negative Resonanz auslösen, also alle, die Ihnen beim Lesen ein unangenehmes, gruseliges oder abwehrendes Gefühl geben. Achten Sie nicht auf die Bedeutung der Worte, nur auf Ihre Gefühle beim Lesen. Also, jetzt spontan bitte alle Worte mit negativer Resonanz markieren!

Macht	Freiheit	Neugier
Anerkennung	Ordnung	Sparen
Ehre	Gerechtigkeit	Beziehungen
Status	Familie	Eros
Erfolg	Genuss	Schönheit

Spaß	Ruhe	Reichtum
Harmonie	Herausforderung	Ruhm
Freude	Idealismus	Sicherheit
Abenteuer	Unabhängigkeit	Aktivität

Haben Sie auch das geschafft? Prima! Sollten Sie mehr als zehn Worte markiert haben (was eher unwahrscheinlich ist), streichen Sie bitte diesmal die weg, die davon am wenigsten unangenehm sind. Die übrigen Begriffe bringen Sie nun bitte ebenso spontan wieder in eine emotionale Reihenfolge: Das Wort, das Sie am unangenehmsten oder furchtbarsten finden, bekommt die Eins, das nächste die Zwei und so weiter.

Jetzt haben Sie zwei Listen mit den positivsten und negativsten beziehungsweise angenehmsten und unangenehmsten Worten. Damit haben Sie die Basis für die letzten Schritte gelegt und können jetzt ganz entspannt weiterlesen.

DNA oder Geschichte?

Die Begriffe der Liste, die Sie gerade bearbeitet haben, stammen aus der Motivationsforschung. Die hat herausgefunden, dass es (etwa) 16 verschiedene Lebens- und Handlungsmotive gibt, die in jedem von uns unterschiedlich ausgeprägt sind. Aus meiner Praxis weiß ich, dass auch einige Unterpunkte dieser Motive große Bedeutung für die Menschen haben, daher habe ich diese in die Aufzählung integriert, sodass wir hier insgesamt auf 27 kommen. Tausende meiner Kunden haben ihre Lebensmotive damit erkannt und darauf basierend zum Teil lebensverändernde Entscheidungen für sich getroffen. Wem klar wird, dass er – beruflich oder privat – in allen wichtigen Belangen gegen seine Bedürfnisse lebt, in dem wächst die Kraft, tatsächlich etwas zu verändern. Und das oft sehr schnell!

Es gibt Motive, die allen von uns angeboren sind (die wirklich jeder hat), solche, die individualgenetisch bedingt sind (die in Ihren ganz persönlichen Genen liegen), und solche, die aus unserer eigenen Geschichte stammen (die in Ihnen beim Aufbau der Zwiebel entstanden sind und somit nicht zu Ihrem Wesenskern gehören, sondern Felder für persönliche Entwicklung darstellen). Manche der Begriffe lassen sich eindeutig zuordnen, manche passen in zwei oder sogar alle drei Bereiche. Sie selbst werden am besten wissen, was für Sie zutrifft.

Angeboren sind die Motive, mit denen jedes kleine Kind zur Welt kommt. Dazu gehören Neugier, Beziehungen, Eros, Genuss, Schönheit, Ruhe, Harmonie, Freude und Aktivität. Zum Teil basieren diese Begriffe aber auch auf genetischer Prägung. Manche Menschen haben eben mehr Sinn für Eros (was jede Form von sinnlicher Erfahrung beinhaltet, also nicht nur Erotik) und andere mehr für Harmonie (was sich zum Beispiel in einem besonderen Gehör für Musik oder einem besonderen Blick für Bildharmonien ausdrücken kann).

Erlernt sind die Motive, die einen Mangel angeben. Macht kommt von Ohnmacht, es spricht also oft die Menschen an, die sich in einer frühen Phase ihres Lebens ohnmächtig gefühlt haben. Anerkennung kommt von fehlender Anerkennung in der frühen Kindheit, wodurch viele Menschen lebenslang von der Meinung anderer abhängig bleiben. Gerechtigkeit als Motiv entsteht aus erlebter Ungerechtigkeit, im eigenen Leben, in der Familie oder auch der Kultur oder dem Land, aus dem man stammt oder in dem man lebt. Ein Mensch, der Status – also die Wirkung nach außen durch Prestige, teure Dinge oder Ruhm – als Motiv hat, ist umso mehr abhängig von der Meinung anderer Menschen. Reichtum kommt häufig von fehlendem inneren Reichtum und ist meist ein Bedürfnis nach innerer Sicherheit und Urvertrauen. Und Unabhängigkeit schließlich zeigt oft das Bedürfnis, sich unabhängig von einer Gruppe von Menschen, der eigenen Familie oder einer Institution zu machen. Die erlernten Motive führen in den meisten Fällen zu dem Übernehmen von »falschen« Lebensträumen von außen.

Licht und Schatten

Und nun wird es noch ein bisschen komplizierter. Alle Motive, die sich positiv anfühlen (also die auf Ihrer ersten Liste), sind die, die Sie antreiben und Ihnen zum größten Teil bereits bewusst sind. Die Motive, die sich negativ oder unangenehm anfühlen (die auf Ihrer zweiten Liste), sind Ihnen zum Teil vielleicht auch bereits als unangenehm bekannt gewesen, aber was Sie vielleicht noch nicht wussten: Diese Motive stehen für einen Teil Ihres Schattens und Ihrer Lebenslernaufgaben!

Alle 27 Motive steuern Ihr Leben. Diejenigen, die Sie am meisten ansprechen, haben die meiste Energie für Sie. Im positiven wie im negativen.

Nun schauen Sie bitte auf Ihre ersten drei positiven Lebensmotive. Das sind die Dinge, die unbedingt erfüllt sein müssen, damit es Ihnen wirklich gut geht. Ich sehe Sie förmlich mit dem Kopf nicken, während Sie darauf schauen. Für die meisten Menschen ist das sehr stimmig.

Wenn »Freiheit« eines Ihrer (angeborenen) Grundmotive ist, träumen Sie möglicherweise schon länger davon, sich selbstständig zu machen. Ist »Sicherheit« Ihr (erlerntes) Motiv, träumen Sie vielleicht von einem gutverdienenden Partner, der Ihnen das Gefühl gibt, dass Ihnen nichts passieren kann. Ist »Abenteuer« unter Ihren Motiven, träumen Sie womöglich davon, die Welt mit dem Rucksack zu bereisen, und sind es »Beziehungen«, wünschen Sie sich vielleicht schon seit Jahren, in einer Wohngemeinschaft zu leben. Sind unter Ihren drei wichtigsten Motiven Genuss, Schönheit oder Eros? Dann träumen Sie vielleicht davon, als Künstler zu arbeiten, ein eigenes Restaurant zu haben, Ihre Wohnung immer wieder neu zu gestalten oder das sogar beruflich zu tun.

Und nun schauen Sie auf die ersten drei Begriffe, die in Ihnen die negative Resonanz ausgelöst haben. Das sind die Dinge, die Sie in diesem Leben noch lernen dürfen, damit es Ihnen wirklich gut geht und damit Sie Ihre Träume leicht und entspannt leben können!

Wenn Sie sich zum Beispiel beim Begriff Ordnung geschüttelt haben, kann es sein, dass Sie Ihr Leben bisher bemüht »unordentlich« und eher chaotisch geführt haben und feste Strukturen ablehnen, möglicherweise, weil Sie in Ihrer Kindheit immer extrem ordentlich sein mussten und sonst bestraft wurden. Es ist okay, chaotisch zu sein, beim Schritt in eine Selbstständigkeit oder dem gleichzeitigen Bedürfnis nach einer schönen Wohnumgebung kann es allerdings ziemlich hinderlich sein.

Sollte (wie bei vielen meiner Kunden) Macht unter den ersten drei Ihrer negativsten Wörter sein, assoziieren Sie mit dem Begriff vermutlich Machtmissbrauch, vielleicht, weil Ihnen genau das in Ihrer Kindheit begegnet oder passiert ist. Doch Macht steht auch für Selbstermächtigung! Dinge in die Hand zu nehmen, anzugehen, umzusetzen, selbst gegen Widerstände, auch das ist Macht, und deren Kraft steht Ihnen nicht zur Verfügung, wenn das Wort für Sie negativ besetzt ist! Und vielleicht haben Sie auch Ruhe als negativen Begriff markiert? Das könnte bedeuten, dass

Sie den Blick in Ihr Inneres scheuen (weil da etwas ist, was Sie nicht sehen wollen) und sich lieber im Außen ablenken, zum Beispiel mit Aktivität (das korreliert bei vielen Menschen hoch negativ, das heißt, wer Aktivität unter den positiven Begriffen hat, lehnt Ruhe oft extrem ab). Auf Ihre Negativbedürfnisse kommen wir in Teil drei hier im Buch noch einmal zurück.

Was ist was?

Ich werde oft gefragt, ob die Lebensmotive sich im Laufe der Zeit verändern können. Meine Erfahrung nach mehr als zehn Jahren intensiver Arbeit damit ist, dass die angeborenen Motive uns immer erhalten bleiben, nur manchmal die Reihenfolge der Bedürfnisse je nach Lebenslage ein bisschen variiert. Anders ist es mit den erlernten Motiven. Entwickeln wir unsere Persönlichkeit, treten diese nach und nach weiter in den Hintergrund, und angeborene Motive können nach oben aufrücken. Das geschieht allerdings nicht von selbst, sondern nur durch intensive innere Arbeit oder große lebensverändernde Ereignisse oder Entscheidungen.

Als ich mich vor vielen Jahren für eine selbstständige Tätigkeit als Coach entschieden habe, war auf Platz Eins meiner Motive die Freiheit (und ist es noch), direkt gefolgt von der Sicherheit. Was für eine Kombination! Das Bedürfnis nach Sicherheit stammte natürlich aus meiner Biografie, in der ich so ziemlich alles verloren hatte, was mir wichtig war, und in der die Bedrohung durch die Stasi in meiner Familie allgegenwärtig war. Besonders sicher fühlte ich mich als Kind also nie. Kein Wunder, dass es mir so schwer gefallen ist, den Schritt in die Selbstständigkeit zu wagen! Ein Teil von mir brauchte die Freiheit (und ist vom Angestelltendasein krank geworden), der andere wollte Sicherheit (die bei einer Neugründung nun mal nicht gegeben ist). Innere Arbeit hatte ich bis dahin schon reichlich gemacht, nun blieb mir nur noch eins: den Schritt endlich zu wagen und zu springen! Die Sicherheit ist seitdem von meiner Motivliste verschwunden, und in all den Jahren – egal, wie herausfordernd und schwierig sie wurden – nie wieder als Bedürfnis aufgetaucht. Weil ich das Vertrauen in mich selbst wiedergefunden habe.

Welche Ihrer Lebensmotive gehören nun in welche Kategorie? Beginnen Sie mir Ihrer positiven Liste und fragen Sie sich bei den ersten fünf Begriffen, ob sie eher angeboren oder eher erlernt sind. Bei den erlernten überlegen Sie dann, was möglicherweise der Ursprung in Ihrer Biografie gewesen sein könnte. Zur Unterstützung können Sie hier wieder Ihre Lebensphasen zur Hand nehmen. Lassen Sie sich ausreichend Zeit und gehen Sie jedes erlernte Motiv einzeln durch. Wenn Sie wissen, wodurch Sie gesteuert werden (denn das werden Sie durch Ihre Motive, und häufig eben völlig unbewusst) und woher ebendiese Motive kommen, können Sie sich nach und nach von ihnen und der Abhängigkeit von außen lösen.

Und nun machen Sie das Gleiche noch mit Ihrer Negativliste. Auch die Dinge, die Sie ablehnen, steuern Sie. Häufig sogar noch weniger bewusst als die Dinge der positiven Lebensmotivliste. Diese Begriffe sind alle erlernt, daher gehen Sie auch diese wieder einzeln durch und fahnden nach den Ursprüngen in Ihrer Biografie. Das Ziel dabei ist nicht, dass Sie Ruhe, Macht, Ordnung oder was immer bei Ihnen steht, am Ende supertoll finden sollen, aber vielleicht schaffen Sie es, dass sie sich nach der Betrachtung etwas neutraler für Sie anfühlen. Das ist ein erster wichtiger Schritt in Richtung Freiheit.

Je weniger erlernte Motive Sie steuern, und je weniger Motive Sie ablehnen, das heißt, je mehr angeborene Bedürfnisse Ihr Leben bestimmen, und je mehr Teile Ihres Schattens Sie integriert haben, desto näher sind Sie (wieder) Ihrem Wesenskern! Und sollten Sie nur angeborene Lebensmotive markiert haben und Ihre Negativliste ist so gut wie leer, desto mehr sind Sie bereits das, was Sie wirklich sind, und können Ihre wahren Träume leben. Sollten Sie hier aber gerade realisiert haben, dass viel von dem, was Sie tun und brauchen, von außen abhängt, dann können Sie das jederzeit durch persönliche Entwicklung verändern. Mit jeder Zwiebelschicht, die fällt, kommen Sie Ihren angeborenen Bedürfnissen und Ihrem wahren Kern wieder näher, und durch die Arbeit mit diesem Buch sind Sie bereits dabei, Ihr Leben zu verändern.

Lebenstraum-Navigator 6: Was wirklich zählt

In den letzten Kapiteln haben Sie Ihre hinderlichen Überzeugungen in Sachen Lebensträume identifiziert und in förderliche verwandelt. Sie haben Ihre Herkunftsfamilie und ihre Prägungen für Ihr Leben analysiert und Ihr eigenes Leben mit seinen Höhen und Tiefen bis heute betrachtet. Schließlich haben Sie in sieben Lebensbereichen je drei Lebenstraumentwürfe notiert und nun auch noch Ihre Lebensmotive und deren Herkunft erkannt. Wenn Sie den Weg bis hier wirklich mitgegangen sind, haben Sie sich jetzt bereits besser kennen gelernt, als die meisten anderen Menschen sich kennen (das wollte ich Ihnen an dieser Stelle nur noch einmal klar machen, das ist tatsächlich eine große Leistung und zeigt, dass es Ihnen ernst ist mit Ihren Träumen!). Jetzt beginnen wir, Ihre Träume zu überprüfen, und dazu bringen wir sie als nächstes in eine Reihenfolge.

Ihre Träume auf dem Prüfstand

Nehmen Sie sich bitte die 21 Traumentwürfe, die Sie für Ihr Leben formuliert haben zur Hand. Falls Sie bisher alles auf Papier notiert haben, ist jetzt ein guter Moment, Ihre Entwürfe in eine Computerdatei zu übertragen, dann können Sie leichter damit jonglieren, denn das wollen wir jetzt tun. Oder Sie schreiben die Entwürfe auf Karteikarten und breiten diese dann vor sich aus.

Also, Sie haben jetzt jeweils drei Traumentwürfe, Ideen oder Wünsche aus den sieben Bereichen Ihres Lebens vor sich. Jeden einzelnen Entwurf gehen Sie nun bitte nacheinander durch und stellen sich einen Moment lang vor, diesen Traum tatsächlich verwirklicht zu haben. Sie wohnen auf dem Bauernhof, umgeben von vielen Tieren? Sie fahren endlich den Ferrari, von dem Sie schon seit 20 Jahren träumen? Sie sind unterwegs auf der

Weltreise, auf die Sie fünf Jahre gespart haben? Schließen Sie die Augen, und sehen Sie sich in Ihrem erfüllten Traum für ein paar Augenblicke vor sich. Wie fühlt sich das an? Spüren Sie Freude, ein Gefühl von Weite oder auch kribbelige Aufregung und gesteigerte Energie? Oder wird Ihnen eher mulmig und Sie spüren Unsicherheit? Notieren Sie für jeden Entwurf eine Zahl auf einer Skala von eins bis zehn. Eins bedeutet »ganz wenig positives Gefühl«, zehn heißt »absolut fantastisches Gefühl«.

Vielleicht sind Sie jetzt überrascht, dass nicht alle Ihre Ideen eine Zehn bekommen haben, schließlich dachten Sie doch, das wäre etwas, das Sie sich wirklich wünschen? Nicht alle Träume kommen wirklich aus Ihrem Wesenskern. Diese Träume klingen dann zwar zuerst stimmig, aber sie fühlen sich bei Erfüllung nicht so gut an und lösen nicht dieselben Glücksgefühle aus wie die Träume, die wirklich zu uns gehören.

Schön der Reihe nach

Jetzt bringen Sie Ihre Lebensträume bitte in die Reihenfolge der Punktvergabe. Alle Träume, die eine Zehn bekommen haben, kommen ganz nach oben, dann die Neuner, die Achter und so weiter. Bei den Träumen, die die gleiche Punktzahl haben, können Sie noch ein »Finetuning« machen, indem Sie innerhalb der gleichen Punktzahl wieder eine ungefähre Reihenfolge bilden. Der Traum, der von allen Zehnern die meiste Energie oder das größte Glücksgefühl auslöst, kommt ganz nach oben, und die übrigen in der gefühlten Reihenfolge darunter. Wie viele Ihrer Lebenstraumentwürfe haben es auf sieben oder mehr Punkte geschafft? Mit diesen Träumen arbeiten wir gleich weiter.

Schauen Sie zuerst kurz auf die Träume, die sechs Punkte oder weniger bekommen haben. Sind das wirklich nicht Ihre Träume, oder haben Sie sie bloß aussortiert, weil Sie sich nicht zutrauen, sie wahr zu machen? Diejenigen, vor deren Erfüllung Sie Angst haben, die aber doch wundervoll wären, wenn sie sich realisieren ließen, nehmen Sie bitte noch mit zu denen, mit denen wir gleich weiterarbeiten. Hier haben Sie sich bei der ersten emotionalen Einordnung vermutlich mehr von Ihrer Angst leiten lassen, und vielleicht gibt es ja doch einen Weg, sie umzusetzen. Alle, die jetzt noch immer sechs oder weniger Punkte haben, können Sie getrost zur Seite legen. Die Wahrscheinlichkeit ist sehr groß, dass Sie diese übernommen haben, und solange Sie genug eigene Träume haben, brauchen Sie die übernommenen wirklich nicht.

Aus welchem Bereich stammen nun Ihre Highlights, also die Träume, denen Sie zehn Punkte gegeben haben? Gibt es Lebensbereiche, die es gar nicht auf die ersten Plätze geschafft haben? Überrascht Sie das? Oder ist aus jedem Feld vielleicht nur ein Entwurf übrig geblieben?

Der Warum-Check

Gehen Sie jetzt allen übrig gebliebenen Träumen noch tiefer auf den Grund. Zum Teil werden Sie vielleicht erstaunt sein, was sich hinter Ihren vordergründigen Träumen noch verbirgt, zum Teil werden Sie am Ende sagen »Das wusste ich schon«, aber dann haben Sie eben noch einmal eine wichtige Bestätigung bekommen. Sollten Sie festgestellt haben, dass mehrere Ihrer Entwürfe ähnlich sind oder eine große Übereinstimmung haben, umso besser! Von je mehr Seiten sich Ihre Träume Ihnen zeigen, umso wichtiger sind sie!

Angenommen, Ihr größter Traum ist es (wie einer von meinen), auf einem Berg zu sitzen und Bücher zu schreiben – dann geht es jetzt so weiter:

Mein Traum ist, auf einem Berg zu sitzen und Bücher zu schreiben.

Warum?

Weil es mir gut geht, wenn ich allein bin und schreibe.

Warum?

Weil ich dann zur Ruhe komme und ganz bei mir bin.

Warum noch?

Weil ich dann viel Zeit für mich und meine Gedanken habe.

Und dann?

Dann kann ich die Seele des Menschen noch besser verstehen und dieses Wissen noch besser weitergeben.

Auf dem Berg zu sitzen und zu schreiben ist also ein Traum, der viele Aspekte beinhaltet. Viel mehr als um den konkreten Ort geht es um das, was durch das Ausleben des Traums möglich wird. Deswegen halten auch Sie den Kern von jedem Traum in drei Stichpunkten (und mit möglichst wenigen Worten) noch einmal fest.

In meinem Beispiel sind die drei Stichworte: Ruhe haben, in der Natur sein und durch Schreiben die Seele verstehen. Von allen drei Dingen habe ich schon als Kind geträumt und lebe sie heute so oft ich kann.

 Nun Sie!

Gehen Sie jetzt alle übrigen Träume der Reihe nach durch. Bei den kleineren Träumen geht das sehr schnell, schon in zwei bis drei Schritten, es ist also nicht so viel Arbeit, wie es auf den ersten Blick vielleicht aussieht. Aber bitte machen Sie es unbedingt! Es wird Ihnen noch einige wertvolle neue Erkenntnisse liefern und die Träume noch wesentlich klarer machen! Sie können den Warum-Check schriftlich alleine machen, oder Sie gehen ihn mit einem Partner durch, der Ihre Antworten für Sie notiert, sodass Sie sich ganz auf die Begriffe und Gefühle konzentrieren können. Ganz wichtig ist, dass Sie nicht zu lange über Ihre Antworten nachdenken, sondern Sie ganz spontan notieren beziehungsweise sagen.

Ist Ihnen beim Notieren der Stichpunkte noch etwas aufgefallen? Gibt es vielleicht unterschiedliche Träume, die einen ähnlichen Kern haben? Gibt es Begriffe, die sich sogar wiederholen?

Lebenstraum-Navigator 7: Ihre Träume im Überblick

Sie haben jetzt aus Ihren 21 Träumen die herausgefiltert, die in Ihnen ein wirklich gutes Gefühl auslösen, haben sie in eine emotionale Reihenfolge gebracht und zusätzlich den Kern, also den Traum hinter dem Traum formuliert. Im letzten Teil des Lebenstraum-Navigators setzen wir nun alle Informationen zusammen.

Ihre Mindmap

Für diesen letzten Schritt übertragen Sie Ihre tollsten Träume (also alle, die sieben oder mehr positive Gefühlspunkte bekommen haben) in eine Mindmap (das ist eine gehirngerechte Darstellung), zunächst noch ohne die zusätzlichen Stichpunkte zum Kern des Traums. Ihre leere Mindmap sieht am Anfang aus wie in der Grafik auf der folgenden Seite.

Damit es nicht zu unübersichtlich wird, ist es bei manchen Ihrer Entwürfe vermutlich sinnvoll, die Inhalte etwas zu kürzen. Notieren Sie in dem Fall immer die prägnanten Worte des jeweiligen Traums wie zum Beispiel »Berg« und »Bücher schreiben«. Da Sie bereits ein paar Träume aussortiert haben, kann es natürlich auch sein, dass manche der »Äste« auf Ihrer Übersicht leer bleiben.

Weg-von oder Hin-zu?

Als Erstes überprüfen Sie jetzt, ob Ihre Träume Weg-von- oder Hin-zu-Träume sind. Dazu starten Sie mit Ihrem ersten Traum im Bereich »Traumjob« und gehen danach im Uhrzeigersinn alle anderen Träume nach dem gleichen Schema durch. Fragen Sie sich jeweils das Folgende:

Leere Mindmap

- Wenn ich diesen Traum realisiere, laufe ich dann vor etwas weg oder gehe ich auf etwas zu?
- Falls ich etwas hinter mir lasse, bin ich damit in Frieden, oder ist da noch etwas zu klären?
- Was hat das mit meiner Geschichte zu tun, und was kann oder soll ich daraus noch lernen?

Erinnern Sie sich: Hin-zu-Träume haben mehr motivierende Energie, was die Wahrscheinlichkeit, sie umzusetzen, enorm erhöht. Falls es sich bei einem Ihrer Träume im Moment also noch um einen Weg-von-Traum handelt, notieren Sie Ihren Gedanken dazu auf einem gesonderten Blatt und formulieren ihn dann so um, dass er das beschreibt, wo Sie hin wollen. Sollte da im Moment zum Beispiel noch stehen: »Ich trenne mich von meinem Partner und bin endlich wieder frei«, dann formulieren Sie es lieber um in: »Ich bin ein glücklicher und entspannter Single.« Alles klar?

Eigene oder übernommene Träume?

Als nächstes wollen wir sicherstellen, dass alle Träume tatsächlich Ihre eigenen sind (was inzwischen schon wahrscheinlich ist), oder ob es vielleicht doch noch unbewusst übernommene darunter gibt. Bitte nehmen Sie dazu noch einmal den Stammbaum Ihrer Familie zur Hand und fragen sich bei jedem Traum:

- Wen würde ich besonders glücklich machen, wenn ich diesen Traum lebe?
- Wer würde sich freuen, wenn ich diesen Traum lebe?
- An wen oder wessen Leben aus meiner Familie erinnert mich dieser Traum?
- Wen würde ich damit enttäuschen?
- Wen würde ich unglücklich machen?
- Wem würde ich unähnlicher werden, wenn ich diesen Traum lebe?

Die ersten drei Fragen überprüfen, ob Sie einen fremden Traum übernommen haben. Die nächsten drei testen, ob Sie durch Ihren Traum in einen Loyalitätskonflikt mit einem Mitglied Ihrer Familie geraten. Sollte Ihnen hier jetzt gerade ein Kronleuchter aufgegangen sein und Sie haben erkannt, dass der eine oder andere Traum nicht Ihr eigener ist, dann entscheiden Sie jetzt, ob Sie trotzdem bereit sind, den Traum stellvertretend für Ihren Vater oder Ihre Tante oder wen auch immer aus Ihrer Familie zu erfüllen. Manchmal tun wir das aus Liebe, und es ist völlig in Ordnung, solange wir uns bewusst dafür entschieden und die Vor- und Nachteile abgewogen haben. Für den nächsten Schritt streichen Sie aber bitte auch alle übernommenen Träume aus Ihrer Übersicht. Jetzt wollen wir uns nur noch mit denen beschäftigen, die wirklich aus Ihnen selbst kommen.

Der dritte Check

Es könnte ja sein, dass Sie (aus welchem Grund auch immer) noch nicht ganz und gar ehrlich zu sich waren und noch Träume im Rennen sind, die nicht wirklich zu Ihnen passen. Der sicherste Test, ob Ihre Träume wirklich zu Ihnen gehören und von Ihnen auch umgesetzt werden sollten, ist der Abgleich mit Ihren Lebensmotiven. Und zwar nicht mit den erlernten (was ja wieder ein Hinweis auf übernommene äußere Träume wäre), sondern mit Ihren angeborenen! Ihr Wesenskern steckt in den Motiven, die Sie mit in diese Welt gebracht haben, auch wenn sie zum Teil noch hinter (unangenehmen) Lebenserfahrungen zurückgetreten sind. Schauen Sie daher jetzt noch einmal auf die Rangliste Ihrer Lebensmotive. Sind unter den ersten drei Motiven ein, zwei oder gar drei erlernte Motive, dann lassen Sie die bitte aus und wählen die ersten drei folgenden angeborenen. Mit diesen machen Sie den nun folgenden Check für jeden einzelnen Traum. Achten Sie während der Fragen vor allem auch auf Ihr Gefühl.

- Wenn ich mir diesen Traum tatsächlich erfülle, passt das zu meinem Bedürfnis nach ___ (1. Motiv)
- und zu meinem Bedürfnis nach ___ (2. Motiv)
- und nach ___ (3. Motiv)?

Wenn ich mir den Traum, ein Haus auf dem Land zu haben und dort Bücher zu schreiben, tatsächlich erfüllt habe, passt das zu meinem Bedürfnis nach Freiheit? Natürlich, dabei kann ich mir meinen Tag komplett selbst einteilen und kann tun und lassen, was ich möchte. Also ja. Passt das zu meinem Bedürfnis nach Ruhe? Ja, denn ich bin von Natur umgeben, weit entfernt vom Lärm der Stadt und kann selbst entscheiden, ob ich Menschen treffen oder lieber allein sein will. Und passt das zu meinem Bedürfnis nach Freude? Ja, denn ich kann das tun, was ich am liebsten tue, in einem Umfeld, in dem ich am liebsten bin.

Wenn Sie Träume finden, die nicht zu einem, zwei oder drei Ihrer angeborenen Lebensmotive passen, haben Sie sich von Ihren erlernten Motiven leiten lassen. Wenn Sie zum Beispiel gerade feststellen, dass die Weltreise mit dem Rucksack zwar Ihr Bedürfnis nach Anerkennung erfüllen könnte, weil Ihr ganzer Freundeskreis Sie dafür bewundern und beneiden würde, Sie in Wirklichkeit aber Ruhe unter Ihren ersten angeborenen Bedürfnissen haben, könnte es sein, dass die Weltreise Ihnen nicht das an Erfüllung bringt, was Sie sich davon erhoffen, sondern in Stress ausartet. Sollten Freiheit und Harmonie unter Ihren wahren Motiven sein, wird Sie der Job im gehobenen Management vermutlich auch nicht glücklich machen, auch wenn Sie dann endlich das Gehalt haben, von dem Sie seit Jahren träumen. Checken Sie jeden der übrigen Träume mit Ihren ersten drei angeborenen Lebensmotiven und streichen Sie alle, die nicht wirklich dazu passen.

Was nun noch übrig geblieben ist, sollte sich wirklich richtig gut anfühlen und dem Check mit Ihren Lebensmotiven Stand gehalten haben. Um nun auch den Traum hinter dem Traum mit einzubeziehen, ergänzen Sie jetzt bitte die übrig gebliebenen Träume noch um die zusätzlichen Stichpunkte, die den Kern des Traums ausdrücken.

Das Gesamtbild

Wenn Sie bei den letzten Schritten ganz und gar ehrlich zu sich selbst gewesen sind und alles aussortiert haben, was nicht zu Ihnen gehört, zeigen die Träume (und die Stichpunkte zum Kern des jeweiligen Traums) auf Ihrer Übersicht Ihnen nun ein Bild von dem, wonach Ihr Wesenskern sich am meisten sehnt und was in Ihrem Leben noch am meisten fehlt. Das kann dann ungefähr so aussehen wie im Beispiel von Alex auf der folgenden Seite.

Alex ist beim Betrachten seines Lebenstraum-Navigators klar geworden, dass es nach all den Jahren, in denen er nur für seine Frau und seine Kinder da war, eine große Sehnsucht in ihm gibt, endlich wieder etwas nur für sich zu tun und das wieder aufzugreifen, was er schon in seiner Kindheit wollte: Künstler sein. Bisher hat er so gelebt, wie seine Eltern, die Gesellschaft und seine Familie es von ihm erwartet haben, jetzt sehnt er sich danach, eine Auszeit zu nehmen, zu reisen, und vor allem, wieder zu malen und seine eigenen vier Wände zu haben. Jetzt will er endlich nach seinen eigenen Regeln leben, auch wenn das bedeutet, große Veränderungen vorzunehmen und vermutlich einige Menschen zu enttäuschen. Die Überschrift für sein Gesamtbild: Lebenskünstler sein.

Bevor wir uns gleich im dritten Teil des Buchs ansehen, welche Träume Sie in Ihrem Leben nun konkret umsetzen wollen, schauen Sie sich eine Weile Ihr Gesamtbild an.

- Wie fühlen Sie sich, wenn Sie auf Ihre gesammelten Träume schauen?
- Was fällt Ihnen als Erstes daran auf?
- Welche Träume sind jetzt noch übrig, und aus welchen Bereichen kommen sie?
- Was hätten Sie so nicht oder ganz anders erwartet und warum?
- Welche Worte oder Themen wiederholen sich im Gesamtbild?
- Was ist es, wonach Ihr Wesenskern sich offenbar am meisten sehnt?
- Was könnte die Essenz, also eine Art Überschrift für das Leben Ihrer Träume sein?

Für die meisten meiner Kunden ist diese Zusammenfassung etwas ganz Besonderes, und auch für mich war es das. Mir ist dabei klar geworden,

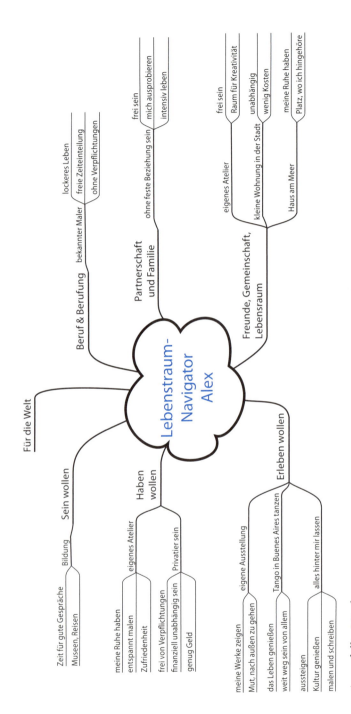

Ausgefüllte Mindmap

dass ich das Leben meiner Träume in vielerlei Hinsicht bereits gefunden hatte und es nur noch wenig gab, was fehlte. Dieses Wenige war allerdings von entscheidender Bedeutung, um meinen Wesenskern *wirklich* zu leben. Vielleicht geht es Ihnen an dieser Stelle ähnlich, und es ist gar nicht viel, was Sie verändern müssen. Vielleicht haben Sie aber auch das Gefühl, bisher das Leben eines anderen gelebt zu haben, und realisieren nun zum ersten Mal, was Ihr Leben noch alles für Sie bereit hält.

Wie es jetzt weitergeht

Das Leben Ihrer Träume ist die Realisierung *aller* übrig gebliebenen Träume auf dem Gesamtbild Ihres Lebenstraum-Navigators. Vielleicht wird es wichtig sein, alles genauso zu erfüllen, wie Sie es formuliert haben, aber vielleicht geht es auch um den Kern des jeweiligen Traums, und es gibt verschiedene Möglichkeiten, ihn zu leben oder in Ihr Leben zu integrieren. Es geht jetzt nicht darum, über Nacht alles umzukrempeln, sondern sich Schrittchen für Schrittchen auf den Weg zu machen, wenn Sie tatsächlich ein glückliches und erfülltes Leben führen wollen, das Ihrem wahren inneren Kern entspricht.

Ich empfinde große Dankbarkeit, das Leben meiner Träume führen zu können. Aber der Weg dahin war weit und manchmal auch sehr hart – und ist es oft noch. Ich werde häufig gefragt, wie ich das geschafft habe und was mein Erfolgsgeheimnis ist, und das habe ich auch meine erfolgreichen Interviewpartner gefragt. Die Antworten finden Sie im dritten Teil hier im Buch. Was für mich und andere funktioniert hat, kann auch für Sie funktionieren, wenn es jetzt darum geht, aus Ihren Träumen Realität werden zu lassen.

Teil 3:
 Aufgewacht – und nun?

Genug geträumt

Mit Hilfe Ihres Lebenstraum-Navigators haben Sie im letzten Teil des Buchs die Vogelperspektive eingenommen und von oben auf Ihr Leben, Ihre Träume und Ihren Wesenskern geblickt. Für Ihre weitere Lebensreise ist Ihr Navigator nun das Leitsystem, mit dem Sie sich selbst und Ihren Platz in dieser Welt bestimmen und Kurs auf Ihre Zukunft nehmen können. Wie nah am Ziel Sie sind, oder ob Sie gar vom Weg abkommen, können Sie damit im Blick behalten und wenn nötig korrigieren.

Ziele sind irgendwann erreicht, aber seinen Träumen zu folgen ist eine lebenslange Aufgabe, eine Art Grundhaltung, mit der man durchs Leben geht. Je achtsamer und aufmerksamer wir beim Erkennen unserer Träume werden (denn es werden ja später auch wieder neue kommen) und je besser wir ihre Botschaften verstehen, desto schneller und zuverlässiger spüren wir auch, ob wir uns gerade auf dem richtigen, also auf unserem eigenen Weg befinden, oder wieder mal einem anderen oder der Gesellschaft zuliebe falsch abgebogen sind.

Nicht alle Träume werden Sie komplett erfüllen müssen, bei manchen wird es ausreichen, die Bedürfnisse dahinter, die in den drei Stichpunkten zu finden sind, zu stillen. Das Haus am Meer darf dann auch ein längerer Urlaub oder einfach täglich mehr Zeit in der freien Natur sein. Manche Träume müssen allerdings auch eins zu eins verwirklicht werden. Für sie gibt es keine Alternativen.

Existenziell oder gleich-gültig?

In welche Kategorien gehören nun also die Träume in Ihrem Lebenstraum-Navigator? Vielleicht gibt es in Ihrer Übersicht im Moment noch einige kleinere Träume, die sich zwar gut anfühlen, deren Erfüllung aber keine entscheidende Bedeutung für Ihr Leben haben wird. Gehen Sie daher noch einmal alle Träume Ihres Navigators mit den folgenden Fragen durch:

- Handelt es sich dabei um einen großen und für Sie enorm wichtigen Traum?
- Wenn Sie sterben würden, ohne diesen Traum wahr zu machen, hätte Ihr Leben dann seinen tieferen Sinn gehabt?
- Muss dieser Traum verwirklicht werden, damit Sie Ihr volles Potenzial gelebt haben?

Lassen Sie sich Zeit mit der Beantwortung dieser Fragen und hören Sie dabei in sich hinein. Wenn Sie dann sicher sind, können Sie Ihre Träume als nächstes in die folgenden Kategorien einordnen.

Eigene, existenzielle Hin-zu-Träume

Bei diesen Träumen lautete die Antwort auf eine oder mehrere der obigen Fragen »Ja«. Diese Träume stammen definitiv aus Ihrem Wesenskern und müssen umgesetzt werden, wenn Sie glücklich sein wollen, und wenn Ihr Leben seinen Sinn haben soll. Basta.

Eigene, gleich-gültige Hin-zu-Träume

Das sind die Träume, die klein oder groß, aber nicht existenziell sind. Manchmal dienen sie nur dazu, dass man sich sagen kann »Eines Tages werde ich…«. Träume aus dieser Kategorie können erfüllt werden, müssen es aber nicht. Oft bringen sie auch keine lang- sondern eher kurzfristige Befriedigung. Und manchmal ist es einfach schön, zu wissen, dass man für alle Fälle noch etwas in petto hat.

Übernommene, falsche Träume

Diese Träume haben Sie längst aus Ihrem Lebenstraum-Navigator aussortiert, und von diesen Träumen sollten Sie auch auf jeden Fall die Finger lassen. Viele meiner Kunden sind Jahre im ungeliebten Job geblieben oder haben sich einen Doktortitel erkämpft, bloß weil sie dachten, dass es ihre Eltern stolz auf sie machen würde. Denen war es aber längst wichtiger geworden, dass ihr Kind glücklich ist. Schlimmstenfalls haben sie sich also jahrelang abgestrampelt, um am Ende weder sich selbst noch irgendjemand anderen glücklich gemacht zu haben. Schauen Sie sich diese Träume noch ein letztes Mal an und sagen dann zu sich selbst: »Diesen Traum habe ich versehentlich für meinen eigenen gehalten, aber das ist er nicht, deshalb lasse ich ihn jetzt los.« Und dann tun Sie genau das.

Genau so oder anders?

Ihre eigenen, existenziellen Hin-zu-Träume müssen Sie realisieren, das steht fest. Aber müssen sie tatsächlich genau so erfüllt werden, wie Sie sie im Moment formuliert haben? Muss es genau dieser Traum sein, also dieser Wohnort, diese spezielle Reise, dieses Erlebnis, oder lässt sich der Traum auch anders erfüllen?

Muss es wirklich die Pension im Allgäu sein? Kann sie auch woanders stehen? Oder reicht es vielleicht, wenn Sie in Zukunft öfter Freunde zum Übernachten da haben und häufiger Gäste zum Essen einladen? Muss es wirklich der eigene Hund sein oder genügt es auch, mit dem Nachbarshund am Wochenende Gassi zu gehen, oder darf es auch eine Katze oder ein Kaninchen sein? Diese Fragen können nur Sie selbst beantworten. Bei manchen Träumen wird das einfach sein, bei anderen werden Sie es erst wissen, wenn Sie sich auf den Weg gemacht oder es ausprobiert haben. Nur wenn Sie die ersten Schritte gegangen sind, wird es realistischer, und Sie können ein Gefühl dafür bekommen, ob der Traum wirklich zu Ihnen passt. Wenn Sie eine Pension im Allgäu eröffnen möchten, sollten Sie dort zunächst erst einmal Urlaub machen und sich vor Ort alles ansehen. Vielleicht spüren Sie dann sofort, ob die Idee die richtige ist, so brauchen Sie sich nicht viele Jahre lang damit im Kreis zu drehen. Und falls Sie nicht sicher sind, legen Sie diesen Traum vorübergehend auf Eis, dann ist es vielleicht noch nicht soweit, und wenden Sie sich den nächsten Träumen zu.

Natürlich wäre spätestens das hier jetzt der Moment für einen kritischen Realitätscheck. Also eine Fülle von Fragen, ob das, was Sie da erträumen, überhaupt machbar ist. Doch diesen Teil halte ich bewusst kurz. Ich hatte Ihnen erläutert, dass Sie alles, wovon Sie träumen, auch erreichen können, wenn Sie bereit sind, ausreichend in sich und Ihren Traum zu investieren. Und weil alle eigenen, existenziellen Hin-zu-Träume aus Ihrem Wesenskern stammen und daher für Sie auch zu realisieren sind. Noch ein bisschen mehr Realität schadet aber natürlich nicht, also gehen Sie als nächstes in allen Träumen noch einen Schritt weiter.

Das Leben Ihrer Träume

Wenn Sie von der Pension im Allgäu träumen, stellen Sie sich noch einmal vor, dass Sie sie bereits haben. Gehen Sie im inneren Bild jetzt durch Ihre Räume, sehen Sie sich fürs Essen Kräuter aus dem eigenen Garten zupfen, genießen Sie den Blick auf die Berge und die frische Luft in Ihren Lungen – und dann stellen Sie sich unsympathische Gäste, nervige Kinder und gestohlene Handtücher vor, denn auch das kann zum Alltag einer Pension gehören. Sind Sie bereit, all diese Teile, die guten wie die schlechten anzunehmen? Und hat Ihr Traum auch mit seinen Schattenseiten noch genug Kraft? Ist es unmöglich, Ihnen diesen Traum wieder auszureden? Dann bleiben Sie dabei.

Gehen Sie alle übrigen Träume so durch und denken Sie jeden einzelnen weiter. Sie haben den Mann Ihrer Träume geheiratet, und was kommt dann? Wie wird Ihre Beziehung aussehen? Wie werden Sie sich darin entwickeln? Wie sieht Ihr gemeinsames Zuhause aus? Und was kommt nach der erträumten Weltreise? Wollen Sie dann weiter reisen oder wollen Sie ein Instrument spielen lernen oder ein Buch schreiben? Was ist der Traum nach dem Traum? Und was ist die Aufgabe, direkt nachdem Sie Ihren Traum wahr gemacht haben? Manchmal dient der erste Traum eher dazu, die aktuellen Bedürfnisse zu befriedigen, und erst dann kommt noch deutlicher zum Vorschein, worum es in der Tiefe geht. Aus dem Haus in den Bergen kann dann vielleicht ganz allgemein ein Leben in Ruhe werden, das sich auch irgendwo anders realisieren lässt.

Schauen Sie noch einmal auf Ihre Stichpunkte zum jeweiligen Traum. Gäbe es auch andere Möglichkeiten, um die Bedürfnisse, die hinter Ihrem Traum stehen, erfüllend zu leben? Je weiter innen Ihre Träume sind (wie zum Beispiel der Wunsch nach einem Leben voller Abenteuer), desto mehr

Wirkung hat die Realisierung dieses Traums auf Ihr Außen (in dem Sie eben eine Fülle von Abenteuern planen und umsetzen), und je existenzieller ein Traum ist (wie zum Beispiel der eigene Bauernhof), desto mehr Wirkung hat seine Erfüllung dann automatisch auf Ihr gesamtes Leben.

Viele Menschen haben die Tendenz, auch wenn sie ihre Träume spüren, sehen und kennen, weiterzumachen wie bisher. Obwohl ihnen das Leben ihrer Träume zum Teil enorme Vorteile bringen würde, von Glücksgefühlen ganz abgesehen. Warum ist das so? Hirnforscher sagen, dass das »Weitermachen wie bisher« eine starke Belohnung in sich trägt. Als Lust an der Routine, dem Statusbewahren und dem Expertentum. Die Angst vor dem Neuen steht dagegen auf der anderen Seite, verbunden mit der Gefahr eines möglichen Scheiterns. Der »Belohnungswert« des Neuen muss also höher sein als der Vorteil des Bleibens, damit man sich trotzdem in Bewegung setzt. Und das erreicht man am ehesten, wenn man sich seinen Traum so bildhaft, gefühlvoll und sinnlich wie möglich ausmalt.

Als ich meine Interviewpartner nach ihren Erfolgsgeheimnissen gefragt habe, bekam ich viele Antworten. Zum Teil ähnelten sie sich, manches war ganz individuell, aber eine Sache war bei allen gleich: Alle hatten eine klare Vision von dem, was sie erreichen wollten. Deshalb führen auch Sie jetzt die übrigen Träume aus den verschiedenen Lebensbereichen zur Vision vom Leben Ihrer Träume zusammen. Wieder brauchen wir dazu die Hilfe von Ihrem Wesenskern. Das Folgende bitte ich Sie im Anschluss in einem entspannten Tagtraum durchzuspielen und Ihre Gedanken und Erkenntnisse danach wie gehabt zu notieren.

 Nun Sie!

Lesen Sie alle Träume, die noch übrig sind, noch einmal in Ruhe durch. Dann stellen Sie sich vor, Sie sind in zehn Jahren, also im Jahr X (hier setzen Sie bitte die richtige Jahreszahl ein) zu einer Talkshow eingeladen. Dort wird zu Beginn ein zehnminütiges Portrait über Sie eingespielt, in dem den Zuschauern einiges über Ihr Leben und Wirken berichtet wird. Denken Sie nicht über die Antworten der folgenden Fragen nach, lassen Sie sich einfach überraschen, was im Film und der Talkshow zu sehen sein wird.

- Um welche Art von Talkshow handelt es sich?
- Weshalb sollen die Zuschauer etwas über Sie erfahren?
- Was möchten sie über Sie wissen?
- Im Film sind Sie selbst und Ihr Zuhause zu sehen. Wie sehen Sie aus? Wie sind Sie gekleidet? Wie bewegen Sie sich?
- Wie sieht Ihr Zuhause aus und wo befindet es sich?
- Ist sonst noch jemand dort?
- Sie werden nach Ihren Liebesbeziehungen gefragt, was erzählen Sie?
- Der Film zeigt Ihren normalen Tagesablauf, was genau geschieht da?
- Es werden auch Fotos, die in Ihrem Zuhause stehen, gezeigt. Was ist auf ihnen zu sehen?
- Ist von Kindern die Rede oder vielleicht davon, keine bekommen zu wollen?
- Jetzt wird ausführlich von dem berichtet, weshalb Sie zur Talkshow eingeladen worden sind. Worum handelt es sich?
- Im Film werden auch schwierige Zeiten in Ihrem Leben angesprochen. Wie haben Sie sie bewältigt?
- Im Film werden Sie gefragt, welchen Rat Sie Ihrem jüngeren Ich geben würden. Welcher wäre das?
- Und welchen Rat würden Sie den Zuschauern geben?
- Welcher Teil im Filmbericht über Sie ist der interessanteste?
- Zum Abschluss werden Sie nach Ihren Plänen für die Zukunft befragt. Was antworten Sie?

Diese Übung habe ich vor einigen Jahren in ähnlicher Form bei einer amerikanischen Kollegin kennen und schätzen gelernt und arbeite damit sehr viel, weil sie wahre Wunder wirken kann. Daher kann ich Sie nur von Herzen ermutigen, sie ganz ausführlich durchzugehen, zu genießen und Ihre Gedanken dazu zu notieren.

Die Vision

Mithilfe Ihrer inneren Bilder ist das Leben Ihrer Träume für Sie jetzt vermutlich noch ein Stück klarer geworden. Falls noch neue, wichtige Aspekte durch diese innere Reise aufgetaucht sind, integrieren Sie sie bitte noch in Ihre bisherigen Träume und schreiben Sie als nächstes eine Lebensvision, in der alle wichtigen Aspekte und Träume enthalten sind!

Ich lebe mit meinem Partner und unseren drei Kindern auf einem Bauernhof in einem kleinen Dorf in den Bergen. Wir haben den Hof zwei Jahre lang selbst modernisiert und absolut nach unserem Geschmack eingerichtet und fühlen uns hier richtig wohl. Unsere Kinder liegen im Alter jeweils zwei Jahre auseinander und sind zauberhaft und kerngesund. Nachdem mein Mann und ich beide früher eine erfolgreiche Karriere in unseren jeweiligen Jobs hatten, haben wir genug Geld gespart, um nun nur noch zu tun, was wir wirklich tun wollen. Das ist auch der Grund, warum in der Talkshow über uns berichtet wird. Wir sind ausgestiegen aus dem Hamsterrad, und im Moment haben wir Lust, Schafe zu züchten und die Wolle zu verkaufen, aber wir sind offen dafür, später auch wieder etwas anderes zu machen. Auswandern wollen wir auch, nach Neuseeland oder Australien, aber erst, wenn die Kinder aus dem Haus sind. Bis dahin reisen wir regelmäßig in beide Länder, um uns dort die besten Plätze für unser zukünftiges Zuhause auszusuchen. Hof und Kinder werden in der Zeit von meinen Schwiegereltern betreut… So oder besser im Sinne meines Wesenskerns.

Dieser letzte Zusatz ist deswegen wichtig, weil Sie trotz allem, was Sie bis hier schon investiert haben, nicht zu 100 Prozent sicher sein können, dass sich nicht doch noch etwas dazwischen gemogelt hat, was nicht zu Ihnen gehört. Mit diesem Satz signalisieren Sie Ihrem Wesenskern, dass am Ende er das Sagen hat, und Sie sind auf der sicheren Seite und können sich entspannen.

Ihre Vision darf gerne zwei bis drei Seiten lang sein, damit Sie wirklich an alles gedacht haben. Jetzt kann sie Ihnen als emotionale Richtschnur für die Erfüllung dienen. Wenn Sie mal nicht ganz sicher sind, ob Sie sich noch auf dem richtigen Kurs befinden, können Sie sich fragen: Entspricht das, was ich gerade tue oder vorhabe zu tun, wirklich der Vision vom Leben meiner Träume? Wenn es sich dann gut und richtig anfühlt, wunderbar, dann machen Sie weiter. Und wenn Sie immer noch nicht sicher sind, machen Sie ein Päuschen oder an einer anderen Stelle weiter.

Durch das Aufschreiben Ihrer Vision starten Sie ein automatisches Suchbild in Ihrem Gehirn und Ihrem Unterbewusstsein, wodurch Sie (bewusst und unbewusst) beginnen, auf alles zu achten, was Ihrem Bild ähnlich sieht oder dazu führen könnte, es zu erreichen. Die Wahrscheinlichkeit steigt, dass Sie Chancen wahrnehmen und Hinweise Ihres Wesenskerns erkennen, und das führt Sie früher oder später ganz sicher auf den richtigen Weg. Wenn Sie Freude daran haben, können Sie Ihre schriftliche Vision auch noch durch eine Collage mit Bildern aus Zeitschriften ergänzen, die für das stehen, was Sie in zehn Jahren erreicht haben wollen. Das ist schon alles, was Sie tun müssen, und eigentlich könnte das Buch damit enden, aber dennoch können ein paar Methoden und Tipps für die Umsetzung natürlich nicht schaden. Kaum jemand kann ständig seine innere Stimme hören und seinem Wesenskern folgen, aber wir können üben, es immer öfter zu tun.

Die inneren Stimmen

Freude und Glück zu empfinden (mit Glück meine ich wieder das Glück der Fülle, in dem wir nicht nur mit den Höhen, sondern auch den Tiefen des Lebens gut klar kommen) ist der eigentliche Sinn und Zweck unseres Lebens. Unser Wesenskern hat daher den natürlichen Instinkt, uns mit allem, was dazu nötig ist, in die Richtung des Lebens unserer Träume zu bewegen, in dem wir genau dieses Glück erleben können. Das Einzige, was wir tun müssen, ist aufzuhören, zu verhindern, dass er das schafft. Es ist wie mit den Selbstheilungskräften des Körpers: Sobald wir das beenden, was uns schadet, kann er beginnen, sich von selbst wieder zu regenerieren, und sobald wir lernen, wieder auf unsere innere Stimme zu hören und den Träumen unseres Wesenskerns zu folgen, kommen wir früher oder später automatisch auf den richtigen Kurs.

Intuition und Inspiration

Viele meiner Kunden scheitern beim Versuch, ihrer inneren Stimme zu folgen, weil sie sie nicht klar genug wahrnehmen. Das liegt daran, dass die innere Stimme eigentlich zwei Stimmen sind: Intuition und Inspiration.

Intuition beruht auf dem Erfahrungswissen, das wir im Laufe unseres Lebens erworben haben. Auf der Grundlage der Erfahrungen, die wir bereits gemacht haben, bewertet unser Gehirn blitzschnell den aktuellen Sachverhalt und kommt so rasch zu einem Urteil. Der Teil des Gehirns, der diese schnellen Schlüsse zieht, wird auch das adaptive Unbewusste genannt. Intuition meldet sich im Alltag meist über körperliche Signale, die sogenannten somatischen Marker. Viele Menschen kennen das als mulmiges Gefühl im Magen oder Kribbeln im Bauch, das uns bei unseren Entscheidungen hilft. Da die Intuition auf unseren Erfahrungen basiert, kann es aber natürlich auch vorkommen, dass sie sich irrt. Dann glauben wir, unserer inneren Stimme zu folgen, dabei folgen wir in Wirklichkeit einem Bauchgefühl, das uns auf Basis der (unvollständigen) bisherigen Lebenserfahrungen in manchen Situationen ein falsches Signal schickt.

Inspiration stammt vom Begriff »inspiratio«, was »Beseelung« bedeutet. Inspiration ist also eine Art Eingebung, die von einer »höheren Weisheit« stammt. Diese höhere Weisheit geht weit über unsere Erfahrungen und unseren Verstand hinaus und zeigt sich in Momenten, in denen wie aus dem Nichts Lösungen entstehen oder sich innerliche Klarheit einstellt. Erlebt man Inspiration, »weiß« man einfach, dass etwas richtig ist. Es sind Momente höchster Wachheit, Kreativität und des Einklangs mit uns selbst. Inspiration erleben wir als Vorahnung, wenn wir das Radio einschalten und bereits wissen, welches Lied als nächstes gespielt wird, noch ehe der erste Ton erklingt. Oder wenn wir beim Klingeln des Telefons sicher sind, dass jemand anruft, mit dem wir seit einem Jahr nicht mehr gesprochen haben. Inspiration kann direkt aus dem Göttlichen kommen (falls Sie daran glauben) oder aus Ihrem eigenen Wahrnehmungssystem, das über Ihre Erfahrungswelt hinausgeht. Vor allem aber kommt Inspiration in Form von Zeichen, Eingebungen und Symbolen direkt aus Ihrem Wesenskern, und ebenso, wie Ihr Wesenskern sich Ihnen in Ihren Träumen bereits gezeigt hat, weist die Inspiration Ihnen als innere Stimme auch den Weg zur Umsetzung. Wenn Sie sie lassen.

Die Erfahrung der Stille

Jeder, den ich gefragt habe, hat es schon einmal erlebt: Ein Moment, in dem man sich einer Sache, ohne zu wissen warum, plötzlich absolut sicher war. Erinnern Sie sich an so eine Situation in Ihrem Leben? Schließen Sie die Augen und gehen Sie noch einmal dorthin zurück. Wie hat sich das angefühlt? Wo genau in Ihrem Körper haben Sie den Moment besonders gespürt? Wo in Ihrem Körper spüren Sie, wenn etwas ganz und gar richtig ist?

Bei mir fühlt es sich an, als ob sich in meinem Inneren eine Art Kanal auftut. Wie eine kühle Strömung, die durch ein hochschwingendes Metallrohr gleitet und alle meine Zellen zum Vibrieren bringt. Manche Menschen berichten von einem Klingen im Kopf, andere fühlen, dass sich ihr Brustraum weitet, wieder andere sehen plötzlich alles ganz scharf oder spüren einen Schauer, der wie Wellen der Erkenntnis durch ihren Körper geht. Wenn Sie wissen, wie sich Ihre innere Stimme in Ihnen meldet, können Sie in Zukunft leichter auf Ihre Signale und Zeichen achten.

Aber selbst wenn Sie wissen, wie sich Ihre innere Stimme anfühlt, wie sollen Sie sie in Ihrem täglichen Leben überhaupt wahrnehmen können? Wie kann sie durch all die äußeren Stimmen und Ablenkungen zu Ihnen durchdringen? Das gelingt nur in der Ruhe. Etwas, das die meisten von uns kaum noch erleben.

Gibt es einen Ort in Ihrem Leben, wo Sie noch absolute Stille erfahren? Ein Platz, an dem kein Mobiltelefon klingelt, kein Motorenlärm klingt, kein Flugzeug am Himmel dröhnt, kein Radio und kein Fernseher laufen und niemand mit Ihnen spricht oder um Sie herum ist? Die Räume der Stille sind weniger geworden, aber wer seine innere Stimme wahrnehmen will, muss sie sich zurückerobern. Viele Menschen fürchten sich davor, zur Ruhe zu kommen. Statt Glückseligkeit entsteht in den meisten dort zuerst ein Gefühl der Leere und Einsamkeit, was häufig als beängstigend empfunden wird. Hält man die Stille allerdings eine Weile aus, kommt man darin wieder mit sich selbst in Kontakt. Wer immer sich in die Stille zurückgezogen hat, berichtet von Erfahrungen, die ihn zufrieden und erfüllt sein ließen. Die zuerst beängstigende Einsamkeit verliert schnell ihre Bedrohlichkeit und wird zur Quelle für Neues. Die Erfahrung der Stille führt uns zurück zur eigenen Mitte und damit zu unserem Wesenskern.

Oft sind wir nicht wirklich da, wenn wir etwas tun, sondern sind gleichzeitig in Gedanken schon woanders. Sie telefonieren vielleicht gerade mit einer Freundin, haben währenddessen Ihren Terminkalender im Blick und planen in Gedanken schon die nächste Woche. Oder Sie bereiten das Abendessen zu, während Sie sich unterhalten, und zusätzlich schweifen Ihre Gedanken beim Blick aus dem Fenster zum nächsten Tag, an dem Sie ein Meeting im Büro erwartet. Wir laufen sehr beschäftigt durchs Leben, sind multi-tasking-fähig und auch stolz darauf – aber der Tag vergeht, und wir haben kaum einen Augenblick bewusst erlebt! Viele Menschen sind nicht bei sich und spüren sich selbst nicht mehr. Diese Menschen leben meist nur vom Hals aufwärts und haben kaum noch ein Körper-Bewusst-

Sein. Wie soll man da die innere Stimme hören? Doch es gibt Lösungen: die Praxis von Achtsamkeit und Meditation.

Der Weg der Achtsamkeit

Achtsamkeit meint, sich dem unmittelbaren Augenblick mit einer nichtwertenden, also annehmenden Haltung zuzuwenden – dem, was wir gerade fühlen, denken und tun, ohne in Grübeleien, Erinnerungen oder Zukunftsplanungen zu verfallen. Ganz im Hier und Jetzt zu sein, ohne Sorgen, ohne Sehnsucht, ohne Bedürfnisse und ohne Gedanken. Einfach beobachten, wahrnehmen und sein. Diese Momente sind normalerweise selten, aber so schön, dass man – wenn man sie einmal erlebt hat – immer mehr davon haben möchte.

Klingt ungewohnt und so ganz anders als unser tägliches Leben, und doch kann man es erlernen und durch konsequentes Üben jeden Tag ein bisschen mehr in sein Leben einbauen. Wenn diese Haltung der Achtsamkeit dann mit der Zeit etwas selbstverständlicher geworden ist, begegnen wir stressigen Situationen anders als bisher. Nun können wir kurz innehalten, ein paar Mal tief durchatmen, in uns hinein spüren und dann erst handeln. Selbst agieren, statt automatisch auf Impulse von außen zu reagieren (oft auf eine Art, die uns hinterher leid tut).

In der buddhistischen Tradition gilt die Schulung der Achtsamkeit als Schlüssel, um den Geist zu befreien. Der Mediziner Jon Kabat-Zinn hat für die westliche Welt daraus die Methode der achtsamkeitsbasierten Stressreduktion, kurz MBSR, entwickelt. In achtwöchigen Kursen lernt man dort, aus der hohen Taktung des täglichen (Berufs-)Lebens auszusteigen und wieder in Kontakt mit sich selbst zu kommen. Voraussetzung ist das tägliche Praktizieren und Üben, damit das Neue ganz in Fleisch und Blut übergeht. Ich habe den Kurs selbst gemacht und muss zugeben, es hat mich am Anfang ziemliche Überwindung gekostet. Statt selig versunken zu sein dachte ich: »Was für eine Zeitverschwendung, zehn Minuten lang nur zu atmen, was hätte ich in der Zeit nicht noch alles erledigen können …« Aber ich hielt durch und kann Ihnen versichern, es lohnt sich.

Und auch wenn Sie nicht gleich einen Kurs besuchen wollen, gibt es einfache Übungen für den Alltag. Zum Beispiel könnten Sie drei Mal am

Tag, also am Morgen gleich nach dem Aufwachen, in der Mittagszeit und am Abend vor dem Einschlafen, kurz innehalten, ein paar bewusste tiefe Atemzüge nehmen, sich auf sich selbst konzentrieren und die folgenden Fragen stellen:

- Welche Gefühle kann ich im Moment in meinem Körper wahrnehmen?
- Was denkt »es« gerade in mir?
- Und wie fühle ich mich im Moment wirklich?

Wer das tut, bereichert sein Leben jeden Tag um wertvolle, achtsame Momente und bekommt nach und nach wieder mehr Zugang zu seinem Inneren. Denn zu unseren äußeren hat das Leben uns schließlich auch die inneren Sinne gegeben. Durch Achtsamkeit können wir sie uns wieder ins Bewusstsein holen und dadurch die Signale unserer inneren Stimme deutlicher wahrnehmen.

Meditation

Bitte setzen Sie sich nun kerzengerade und mit verschränkten Beinen (idealerweise im ganzen Lotussitz, das heißt, dass Sie beide Unterschenkel ineinander wickeln und auf Ihre Oberschenkel legen) in eine Position, in der Ihre Wirbelsäule eine absolut gerade Linie bildet und Sie die Würde eines Buddhas ausstrahlen. Das Kinn leicht gesenkt, die Augen geschlossen, allerdings nicht ganz, sodass Sie leicht schräg nach unten sehen und sofort in eine meditative Ruhe sinken, während Sie vollkommen frei von Gedanken jeglicher Art Ihrem Atem folgen und der Erleuchtung nahe einfach nur im reinen Sein kontemplieren.

Okay, vielleicht haben Sie es schon bemerkt, das war natürlich nicht ganz ernst gemeint. Mich selbst hat es viele Jahre so sehr frustriert, auch nicht andeutungsweise an die beschriebene Haltung heranzureichen, dass ich mich wie ein Meditationsversager fühlte und es dann irgendwann ganz gelassen habe – und das ist natürlich nicht der Sinn der Sache. Auch Buddha selbst hat nicht in der perfekten Haltung begonnen (vermute ich zumindest), deshalb kommt nun die Gulder-Anleitung für den Meditationseinsteiger, die auch für mich fantastisch funktioniert hat.

Bitte machen Sie es sich bequem. Finden Sie eine Haltung im Sitzen oder Liegen, in der Sie es gut und möglichst entspannt für etwa fünf Minuten aushalten können, ohne einzuschlafen (am Anfang genügen selbstverständlich auch zwei oder drei Minuten, und sogar das ist schon eine ziemlich lange Zeit, wenn man »Nichts-Tun« nicht gewöhnt ist), schließen Sie die Augen und nun atmen Sie ein und aus. Das war's! (Und ich finde, das ist für den Anfang schon eine ganze Menge!)

Wenn Sie schon etwas fortgeschritten sind, beginnen Sie vielleicht nach einiger Zeit, sich, fast ohne es zu merken, auf Ihr Ein- und Ausatmen zu konzentrieren, auf das Heben und Senken Ihres Brustkorbs und auf die kühle Energie, die dabei durch Ihren Körper strömt. Später beginnen Sie womöglich, Ihre Gedanken bewusst wahrzunehmen, auch wenn Sie sich am Anfang noch von ihnen einfangen lassen (was Sie meist erst merken, wenn Ihre Übungszeit schon fast wieder vorbei ist), aber auch das ändert sich. Noch später beginnen Sie dann vielleicht, andere Körperhaltungen auszuprobieren, und bemerken dabei, dass es in einer aufrechteren Haltung etwas leichter für Sie ist, zur Ruhe zu finden. Und vielleicht landen Sie dann tatsächlich nach einiger Zeit oder einigen Jahren bei dem, was die Meditationsgurus predigen, dem Zustand vollkommenen Seins im Hier und Jetzt. Aber wenn nicht, und wenn Sie dafür Ihre ganz eigene Art des »Zur-Ruhe-Kommens« gefunden haben, ist das mindestens genauso wertvoll!

Die Zeichen achten

Egal, was Sie tun, mit jeder Übung der Achtsamkeit, mit jedem Moment der Stille und des Innehaltens und mit jeder kurzen Meditation erhöhen Sie die Wahrscheinlichkeit, die Zeichen Ihrer inneren Stimme deutlicher wahrzunehmen – wenn beispielsweise zufällig mehrere Ereignisse aufeinandertreffen, die für uns und das Thema, das uns gerade beschäftigt, eine besondere Botschaft enthalten. Diese »Zufälle« können auf unsere Bestimmung hinweisen und uns zeigen, wie wir ihr am besten folgen können.

Viele dieser Zusammentreffen lassen sich mit selektiver Wahrnehmung erklären, und daran ist zwar nichts Spektakuläres, doch immerhin haben Sie Ihre Sensibilität für ein bestimmtes Thema erhöht und bekommen das im Außen gespiegelt. Wenn Sie entschieden haben, sich ein neues Auto zu kaufen, und nach langem Ringen Ihre Marke gefunden haben, sehen Sie für eine Zeit nur noch Autos derselben Marke an jeder Ecke. Oder wenn Sie erfahren haben, dass Sie schwanger sind, steht bestimmt noch am selben Tag in der Schlange im Supermarkt eine Schwangere vor Ihnen, noch eine läuft auf dem Parkplatz an Ihnen vorbei und eine dritte begegnet Ihnen auf der Post. Jeder von uns hat das schon erlebt.

Mein Symbol für die Arbeit mit dem Karriere-Navigator ist seit vielen Jahren ein rotweißer Leuchtturm, der mich zu allen Vorträgen und Workshops begleitet. Als ich entschieden hatte, dieses Buch zu schreiben, wollte ich etwas Neues für das Thema Lebensträume finden, das mich ebenso inspiriert. Im Halbschlaf tauchte das Symbol dann auf: wieder ein Leuchtturm, diesmal aber viel größer und silberweiß gestreift. Tagelang durchforstete ich das Internet und fand nichts, was auch nur ähnlich aussah. Kurz bevor ich mich an die ersten Zeilen machte, kam ich an einem Bettengeschäft vorbei. Normalerweise schenkte ich dem Laden keinerlei Beachtung, aber an diesem Tag wurde mein Blick wie magisch ins Innere gezogen und ich ging hinein. Da stand er. Einen Meter zwanzig hoch, ein echter Traum! Eigentlich war er dort als Dekoration gedacht und unverkäuflich, doch zum Glück konnte ich den Geschäftsführer schnell davon überzeugen, dass es mein Leuchtturm ist, und nun, während ich diese Zeilen schreibe, steht er vor mir und lacht mich förmlich an.

Es gibt auch Zeichen, die sich nicht rational erklären lassen und die wir oft nicht gleich oder auch nie verstehen – trotzdem sind sie da. Die Uhr, die genau in der Todesminute des geliebten Menschen stehen bleibt, das komische Gefühl, das einen dazu veranlasst, früher loszufahren, wodurch man einem großen Unfall mit stundenlanger Vollsperrung der Autobahn entgeht, aber auch übersinnliche Wahrnehmungen wie Kontakte mit Verstorbenen, das Gefühl eines Schutzengels um sich herum (zwei von drei Deutschen sind übrigens davon überzeugt, dass es sie gibt), telepathische Eingebungen oder präkognitive Träume, auch das haben viele meiner Kunden und auch ich selbst bereits erlebt.

Hilfe vom Ganzen

Womöglich möchte nicht nur Ihr Wesenskern, dass Sie das Leben Ihrer Träume führen. Vielleicht gibt es eine »noch höhere Instanz«, die etwas davon hätte, wenn Sie es tun, und die Sie dabei ebenfalls unterstützt? Und wenn es so wäre, wie können Sie auch das für das Leben Ihrer Träume nutzen? Wenn Sie aufmerksam sind für diese »zufälligen« Geschehnisse, können Sie sie als Wegweiser annehmen und ihnen folgen. Nur Sie selbst entscheiden, ob Sie sich davon führen lassen. »Den Willigen führt das Schicksal, den Widerstrebenden zerrt es fort«, sagte bereits Seneca, und wer sich führen lässt, bekommt als Geschenk ein neues Gefühl von Sinn und Zugehörigkeit. Wenn Sie auf dem Weg Ihrer Träume sind, ist es also sehr zu empfehlen, wenn Sie nicht bis zur Erschöpfung versuchen, alles alleine zu machen, sondern sich vom Leben dabei helfen lassen. Unser Wesenskern, unser Unterbewusstsein, aber auch die Welt um uns herum senden ununterbrochen Hinweise und Zeichen, und wir haben nur die Aufgabe, sie wenigstens ab und zu wahrzunehmen.

Bestellungen beim Universum (oder wer auch immer da liefert)

Wenn das tatsächlich stimmt, kann man sich dann nicht einfach das Leben seiner Träume beim Universum bestellen und entspannt zurücklehnen? Ganz so einfach ist es nicht. Die Bestellungen beim Universum werden von immer mehr Menschen genutzt, die darin häufig allerdings nicht die Weisheit der Urprinzipien des Lebens sehen, sondern nur die daraus abgeleitete, viel zu vereinfachte populäre Formel. Die meisten glühenden Anhänger dieser Methode gehen davon aus, dass sie sich alles auf der Welt wünschen können, sich nur vorstellen müssen, dass sie es bereits haben und dann eines Tages ihre Bestellung vom kosmischen Lieferservice erhalten. Gelegentlich sogar per Express. Bücher wie *The Secret* geben dazu noch den Rat, nur ja keine negativen Gedanken zu haben, denn die schaffen ja die Realität, und wer dann keine Lieferung erhält ist selber schuld.

Natürlich können wir uns alles Mögliche beim Universum bestellen. Fast jeder hat das mit dem Parkplatz schon einmal ausprobiert und unzählige Ratgeber wollen uns zeigen, wie leicht es geht. Kaum einer dieser Ratgeber empfiehlt allerdings, sich mehr Einsicht, Selbst-Erkenntnis oder innere Ruhe zu wünschen. Wozu auch? Das ist ja längst nicht so spektakulär, wie die Geschichte vom Auto zu erzählen, das das Universum ruckizucki per Verlosungsgewinn geliefert hat. Oder den Traumpartner, den man gleich am nächsten Tag getroffen hat.

Obwohl ich das hier etwas ketzerisch formuliere und es heute noch niemandem wirklich erklären kann, die Bestellungen beim Universum funktionieren. Ich kenne unzählige Menschen, bei denen es so ist, und ich selbst gehöre auch dazu. Aber warum verlieren dann so viele Lottogewinner ihr Geld in nullkommanix wieder und sind bald so arm wie zuvor? Und wieso läuft der Mann der Träume einem nach nur drei Monaten wieder davon? Weil das, was Sie in den meisten Büchern dazu lesen, nur die halbe Wahrheit ist.

Unseren Teil dazu geben

Ein wichtiger Aspekt, der bei den Bestellungen beim Universum liebend gerne vergessen oder unterschlagen wird, ist der Energieausgleich. Wenn Sie bei einem irdischen Versandhandel bestellen und Ihre Rechnung nicht zahlen, wird Ihre Lieferung früher oder später wieder abgeholt oder Ihr Gehalt gepfändet. Was wir bestellen, müssen wir auch bezahlen und das gilt auch im Universum. Aber wie zahlen wir in die Unendlichkeit? Unsere Bezahlung ist das, was wir mit dem Geschenk, das wir bekommen haben, anfangen.

Nutze ich die Lieferung für die Entwicklung meines Wesenskerns und das Leben meiner Träume, dann sind das Universum und ich quitt, denn ich habe meinen Teil der Vereinbarung, mein Bestes zu geben, erfüllt. Nutze ich es aber, um es mir bequem zu machen und genau da zu bleiben, wo ich bin, fehlt der Ausgleich, und ich schaffe es irgendwie, das Geld, das Traumauto, das Traumhaus, das Diamantcollier oder den Traumpartner wieder zu verlieren.

Die Meta-Ebene

Als ich nur noch ein paar Wochen Zeit hatte, um dieses Buch fertig zu stellen, bat ich »das Universum« darum, für eine Weile weniger Anfragen von Kunden zu bekommen, damit ich mehr Ruhe zum Schreiben habe. Am selben Tag fiel unbemerkt aufgrund eines technischen Fehlers das Kontaktformular meiner Homepage aus! Erst vier Wochen später kam das Ganze durch die verärgerte Nachfrage einer Interessentin ans Licht. So hatte ich mir das natürlich nicht vorgestellt! Für alle Bestellungen ans Universum gilt seither für mich wieder:

so genau formulieren wie irgend möglich. (Sollten Sie zu den zahlreichen Menschen gehören, die mir damals eine Anfrage geschickt haben, bitte melden Sie sich jetzt noch einmal! Diesmal schreibe ich zurück, versprochen!)

Auf der sicheren Seite bei den Bestellungen ist, wer seine Wünsche auf der Meta-Ebene formuliert. Wenn ich tatsächlich durch meine Gedanken und meine Schwingungen das anziehe, was mit mir in Resonanz geht, wäre es dann nicht am sinnvollsten, mir genau die Energie zu bestellen, die zu meinen Wünschen passt? Statt zehn Kilo abnehmen zu wollen und täglich das Traumgewicht zu visualisieren, könnte man sich auch Erkenntnisse über die beste Ernährungsform für den eigenen Körper wünschen, durch die man dann automatisch sein passendes Gewicht erreicht. Und statt sich den Partner seiner Träume zu bestellen, könnte man besser mit Hilfe des Universums daran arbeiten, dass man selbst zum Traumpartner wird!

Bestellen Sie beim Universum! Aber bitte bestellen Sie nicht nur Dinge, sondern auch Sinnvolles! Und seien Sie sich darüber im Klaren, dass jede Lieferung eine Form von Energie ist und jede Energieverschiebung auch im Universumsupermarkt seinen Preis hat.

Ihre Lebenslernaufgaben

Voraussetzung für die erfolgreiche Umsetzung der eigenen Träume und die Lieferungen vom Universum ist, sich gleichzeitig auch seinen Lebenslernaufgaben zu stellen. Sonst wissen Sie zwar, wohin Sie wollen und bekommen auch alle Hilfestellungen dazu, stellen sich auf dem Weg dorthin aber immer wieder selbst ein Bein. Bildlich gesprochen muss man den Berg erst hinaufkraxeln, bevor man ihn hinunterfliegen kann. Das Hochklettern ist die Bearbeitung der Lebenslernaufgaben, das Hinunterfliegen dann das Leben unserer Träume. Auch wenn man es sich unten am Fuß des Berges noch kaum vorstellen kann – wenn man sich erst auf den Weg gemacht hat, ist man oft schneller oben, als man dachte, und ist man erst oben und denkt darüber nach, wie es jetzt weitergeht, erfasst einen plötzlich eine Böe und man hebt wie von selbst ab und fliegt.

Es gibt kollektive Lernaufgaben, die wir alle gemeinsam haben. Dazu gehört, uns mit unserem Tod und dem Tod allgemein auseinanderzusetzen. Wir müssen einen Modus finden, mit uns selbst im Inneren und der Welt im Außen sinnvoll umzugehen. Wir müssen für uns die Frage nach dem Lebenssinn beantworten, und wir alle sollen wohl lernen, andere und vor allem uns selbst zu lieben.

Darüber hinaus hat jeder, basierend auf seiner persönlichen Lebensgeschichte, individuelle Lernaufgaben, meist sind es zwei bis drei große Kernaufgaben. Doch wie erkennt man seine eigenen Aufgaben? Ganz einfach, das haben Sie bereits getan!

Ihre Lebenslernaufgaben finden Sie

- in den (unangenehmen) roten Fäden in Ihrem Lebenslauf,
- in den erlernten Motiven und
- in den abgelehnten Motiven.

Formulieren Sie für sich die wichtigsten Lernaufgaben in Ihrem Leben, und dann können Sie sie angehen. Manches lässt sich leichter verändern, als es auf den ersten Blick aussieht, anderes erfordert vielleicht eine Therapie oder umfängliche Arbeit an Ihren Glaubenssätzen, aber alles kann sich verbessern, wenn Sie beginnen, sich damit auseinanderzusetzen.

Das ist wie mit den Tasten auf einer alten mechanischen Schreibmaschine. Wenn das »E« krumm ist, ist es das auf jedem Schriftstück, egal, ob man einen Liebesbrief, die Einkaufsliste oder eine Bewerbung schreibt. Das beinhaltet aber die erfreuliche Aussicht, dass, wenn man die Taste an der Maschine ausgetauscht oder repariert hat, alle Briefe wieder gut aussehen. Die Taste auszutauschen oder zu reparieren steht sinnbildlich für das Erkennen und Bearbeiten Ihrer ganz persönlichen Themen auf einer übergeordneten Ebene. Und wenn Sie hier für Klärung gesorgt haben, geht es mit den neuen Erkenntnissen auf allen Ebenen darunter gut für Sie weiter.

 Nun Sie!

Nehmen Sie nun noch einmal Ihre Aufzeichnungen zu den roten Fäden im Lebenslauf und den erlernten und abgelehnten Motiven zur Hand. Dort haben Sie ja bereits Gedanken und Ideen notiert, wodurch diese Themen und Bedürfnisse in Ihrem Leben entstanden sind. Nun gehen Sie sie noch einmal durch. Was fällt Ihnen auf? Was sind Ihre Kernthemen darin? Welche Zusammenhänge könnte es zwischen den einzelnen Aspekten geben? Und wenn Sie Ihren Lernaufgaben jetzt Überschriften geben würden, welche wären das?

Ich habe das mit unzähligen meiner Kunden bearbeitet, und immer wieder ging es um das Gleiche: Selbstwert oder fehlendes Urvertrauen zu entwickeln, Loslassen zu lernen, Perfektionismus aufzugeben, Verstrickungen mit der Familie zu lösen, die Opferrolle abzulegen oder zu lernen, das eigene Leben endlich selbst in die Hand zu nehmen.

Wenn Sie unter den ersten Ihrer erlernten Motive beispielsweise Anerkennung haben und es sich als roter Faden durch Ihr Leben zieht, immer wieder von Ihren Partnern verlassen worden zu sein und seit Jahren nur schlecht bezahlte Jobs zu haben, können das deutliche Hinweise auf ein fehlendes oder schwaches Selbstwertgefühl sein. Die Lösung ist dann nicht, immer wieder um Anerkennung zu kämpfen und es anderen so recht wie möglich machen zu wollen, sondern den eigenen Selbstwert zu stärken.

Wenn Sie Sicherheit unter Ihren ersten Motiven haben und in Ihrem Leben immer wieder kleine bis mittlere Katastrophen geschehen, dann könnte es darum gehen, das Urvertrauen wieder zu entwickeln, mit dem wir alle zur Welt kommen, das bei vielen aber in den ersten Lebensjahren wieder verloren gegangen ist. Wenn es einen roten Faden gibt, immer wieder Misserfolge zu erleben, verbunden mit dem erlernten Motiv des Reichtums, könnte es darum gehen, den inneren Reichtum, also die Wertschätzung sich selbst und dem Leben gegenüber, zu entwickeln, bevor Sie im Außen erfolgreich sein können.

Sie müssen übrigens nicht alles perfekt bearbeitet und aufgelöst haben, das ist eine lebenslange Aufgabe, bei der jeder seine ganz persönlichen Schwerpunkte hat. Unseren Themen begegnen wir immer wieder, und es geht darum, jedes Mal ein bisschen besser mit ihnen umzugehen. Sie müssen nur Ihrer Seele das Signal geben, dass Sie nun bereit sind, sich Ihren Aufgaben zu stellen, dann werden Sie von Ihrer inneren Selbstheilungskraft dabei unterstützt.

Trotzdem weiß ich, dass viele Menschen Angst davor haben. Doch Angst ist ein Scheinriese. Je mehr wir auf sie zugehen, desto mehr schrumpft sie zusammen. Drehen wir ihr hingegen den Rücken, wird sie in unserem inneren Bild immer größer. Es gibt keinen Grund, die Auseinandersetzung mit Ihren Lernthemen zu scheuen. Im Gegenteil, sobald Sie sich dafür öffnen, öffnen sich auch die Türen zu Ihrer Zukunft.

Und wenn Sie Ihre Lernaufgaben nun erkannt haben, wie können Sie sie angehen und verändern? Neben professioneller Begleitung, die bei dem ein oder anderen Punkt sicher angebracht und hilfreich sein wird, sind die wichtigsten Aspekte dabei: Zu akzeptieren, was ist, sich selbst und anderen zu vergeben und Dankbarkeit zu entwickeln. Und darum geht es jetzt.

Akzeptieren, was ist

Angenommen, Sie sind im Kino, doch der Film, den Sie unbedingt sehen wollten, ist bereits ausverkauft. Was passiert, wenn Sie sich ärgern? Sie können den Film immer noch nicht sehen, und außerdem verderben Sie sich und Ihrer Begleitung die Stimmung. Viel sinnvoller wäre es, die Tatsache zu akzeptieren und sich entweder einen Alternativfilm auszusuchen (der sie dann vielleicht positiv überraschen wird) oder sich gleich für etwas anderes zu entscheiden, wie einen entspannten Spaziergang zu machen oder schön essen zu gehen. Was passiert ist, ist passiert, und es bringt wenig, sich immer wieder darüber zu beklagen und zu ärgern. Das gilt für den verpassten Kinofilm genauso wie für Ereignisse in Ihrer Vergangenheit.

Es ist, als wäre man in einem Wasserstrudel und würde nach unten gezogen. Solange man dagegen ankämpft, verbraucht man all seine Energie und kommt doch nicht frei, im schlimmsten Fall ist man am Ende so erschöpft, dass man ertrinkt. Akzeptiert man jedoch, dass man im Moment gefangen ist, kann man bemerken, dass das Wasser gar nicht so tief ist, lässt sich vom Strudel bis auf den Grund ziehen und stößt sich von dort kraftvoll zur Seite ab, um dann in Ruhe zum Ufer zu schwimmen. Solange Sie sich mit dem beschäftigen, was in Ihrem Leben geschehen ist und dabei denken »Wenn doch nur meine Eltern …«, »Hätte mein Mann doch nicht …«, »Ach, hätte ich mich doch früher entschieden, dann wäre alles anders gekommen …«, solange halten Sie an dem fest, was war, und können sich nicht dem zuwenden, was sein kann. Schlimmstenfalls führen Ihre Gedanken eines Tages in vollkommene Hilflosigkeit oder gar eine Depression.

Es bringt Ihnen nichts (und auch sonst niemandem), wenn Sie über die vergossene Milch klagen. Das soll natürlich nicht bedeuten, dass Sie gut finden müssen, was in Ihrem Leben geschehen ist, nur, dass Sie sich nicht mehr darum im Kreis drehen. Und was für die Vergangenheit gilt, gilt auch für die Gegenwart. Nehmen Sie sie, wie sie jetzt gerade ist! Akzeptieren Sie, dass Sie unglücklich sind, Ihre Träume bisher nicht gelebt haben, Ihre Partnerschaft eine Katastrophe ist oder Sie Ihren Chef am liebsten umbringen würden. Das heißt nicht, dass Sie nichts verändern sollen, nur dass Sie aufhören, ständig im Widerstand gegen die Realität zu leben und sich dabei restlos zu erschöpfen. Der wichtigste Schritt zur Veränderung ist, die Vergangenheit und die Gegenwart vollständig zu akzeptieren.

Vergebung

Doch was ist mit all den schrecklichen Dingen, die andere Ihnen angetan haben? Mit all den Verletzungen, die Sie durch Ihre Eltern, Geschwister, Partner, Kollegen, Chefs oder Freunde erlitten haben? Sollen Sie das einfach akzeptieren und fertig? Oder den anderen am Ende sogar vergeben, wie es jetzt so oft propagiert wird? Im Grunde ist das eine sehr einfache Entscheidung. Wie lebt es sich besser: voller Hass und Groll, Verletzung und Demütigung oder eher versöhnt, emotional befreit und ausgeglichen? So lange Sie anderen böse sind für das, was sie getan oder nicht getan haben, geben Sie diesen anderen und den Geschehnissen Macht über Sie und Ihre Gefühle. Damit bestrafen Sie sich selbst am meisten (der andere erfährt in den meisten Fällen gar nichts davon, und so manchen würde es vermutlich auch nicht berühren).

Zu vergeben ist etwas anderes als zu verzeihen. Beim Verzeihen ist der andere mit einbezogen. »Ich verzeihe dir, was du mir angetan hast« entlastet vor allem den anderen, aber oft nicht uns selbst. Vergeben ist etwas, das in Ihnen geschieht, ganz ohne dass der Verursacher Ihres Kummers oder Schmerzes davon erfährt. Vergeben ist ein Geschenk an uns selbst. Vergeben bedeutet nicht, gutzuheißen, was geschehen ist, oder es zu vergessen; es bedeutet, die Vergangenheit ganz und gar zu akzeptieren, und das führt dazu, dass das, was war, weniger oder gar keine Macht mehr über Sie hat. Wer vergibt, verzichtet auf seinen Status als Opfer und übernimmt die volle Verantwortung für sich selbst. Wer nicht zur Vergebung bereit ist, fühlt sich moralisch überlegen. Er fühlt sich im Recht, macht damit den anderen klein und sich groß. Klingt das gesund? Einem anderen nicht vergeben zu wollen schadet nur uns selbst. Dem anderen weiter böse zu sein bindet uns an die Vergangenheit. Zu vergeben macht uns frei.

Vergebung ist allerdings kein Punkt X, an dem man einmal innehält und sagt: »So, jetzt akzeptiere ich meine Vergangenheit mit all ihrem Mist, vergebe allen Beteiligten und wende mich der Zukunft zu«, sondern ein längerer Prozess, der unter anderem beinhaltet, sich seiner eigenen Gedanken und Gefühle zu dem, was geschehen ist, vollständig bewusst zu werden und – wo möglich – auch die Motive des anderen zu verstehen. Wenn Ihre Eltern (oder auch andere Menschen) Ihnen etwas angetan haben, haben sie das aus ihren eigenen Erfahrungen und ihrem eigenen

Weltbild heraus getan. Kaum ein Mensch ist wirklich schlecht, die meisten geben ihr Bestes, auch wenn das in Form von Schlägen oder Demütigungen (»Die härten schließlich ab«) erfolgt.

Wie Sie beginnen können, Frieden mit Ihren Eltern zu machen, hatte ich bereits skizziert. Aber es gibt auch Verletzungen, die Ihnen als Erwachsener und von anderen Menschen außerhalb Ihrer Familie zugefügt wurden. Für diese Verletzungen empfehlen Therapeuten, einen Brief zu schreiben (ohne ihn jemals abzusenden, versteht sich!), in dem Sie noch einmal alles zum Ausdruck bringen, was Sie bewegt und verletzt hat, in dem Sie auch Ihren Zorn und Ihre Verzweiflung und alle sonstigen Gefühle ausdrücken. Dazu sollten Sie aber auch schreiben, was es aus Ihnen gemacht hat und was daraus erwachsen ist. Vielleicht haben Sie dadurch gelernt, achtsamer mit sich selbst umzugehen oder Nein zu sagen, damit das nicht noch einmal geschieht. Doch selbst, wenn die Verletzungen augenscheinlich nichts Gutes gebracht haben, und auch wenn Sie nicht genau wissen können, warum Dinge passiert sind und warum andere Ihnen etwas angetan haben, vergeben Sie trotzdem. Sie können dabei nur gewinnen. Schmerz ist in diesem Leben unvermeidlich, aber Leiden ist freiwillig.

Sich selbst vergeben

Es gibt übrigens natürlich auch Dinge, die Sie anderen angetan haben. Auch die gilt es zu akzeptieren und uns dann selbst zu vergeben. Sie haben Ihren Partner aus einer blöden Laune heraus betrogen, obwohl Sie wussten, wie sehr es ihn verletzten würde? Passiert ist passiert. Schauen Sie in den Spiegel und sagen Sie: »Das hättest du dir echt sparen können, dass war ziemlich bescheuert«, und dann nehmen Sie sich selbst in den Arm und sagen: »Aber ich liebe und akzeptiere dich so, wie du eben bist.« Und überlegen Sie sich in Zukunft zweimal, ob sie etwas wirklich tun wollen. Das gilt für Dinge, die Sie anderen gegenüber gesagt oder getan haben (oder tun wollten), aber auch für Ihre Taten oder Gedanken sich selbst gegenüber. Der Zaubersatz lautet: »Auch wenn ich fünf Kilo Übergewicht, viel zu viele Falten oder schlechte Gedanken habe, liebe und akzeptiere ich mich so, wie ich bin, und vergebe mir meine frühere Selbstverurteilung.« Probieren Sie es doch spaßeshalber einmal aus. Es tut wirklich gut.

Die radikale Vergebung

Warum Dinge geschehen, können wir zwar nicht immer ergründen, wohl aber, warum bestimmte Themen sich in unserem Leben immer wiederholen, so sehr wir uns auch wünschen, sie hinter uns zu lassen. Im Zwiebelmodell hatte ich erläutert, wie die Erfahrungen unserer ersten Lebensjahre in uns ein primäres Szenario entstehen lassen und unser Unterbewusstsein (beziehungsweise unsere Seele) dann lebenslang versucht, diese Urverletzung zu heilen.

Was, wenn nun auch alles, was uns wiederholt von anderen angetan wird, dazu da ist, unsere primären Szenarien zu heilen? Was, wenn alles der Heilung unserer frühen Verletzungen dient? Colin Tipping, ein amerikanischer Psychologe, geht in seinem Ansatz der »Radikalen Vergebung« davon aus, dass nichts, was geschieht, etwas Schlechtes sei, sondern alles dem Wachstum unserer Seele dient. Dass wir nur den Dingen im Leben begegnen, die wir für unsere Heilung brauchen. Tipping schreibt, dass wir die Menschen anziehen, die mit unseren Themen in Resonanz gehen, und wir sie damit quasi einladen, in unser Leben zu treten. Die, die uns Schlimmes antun, sind dann für uns die Chance, innerlich zu reifen und unsere alten Wunden zu heilen. Falls das wirklich so wäre, dann gäbe es gar nichts mehr, was vergeben werden müsste. Lassen Sie das mal auf sich wirken, sicherlich ein herausfordernder Gedanke. Tatsache ist, dass sich viele Menschen (auch viele meiner Kunden) nach dem Durcharbeiten seiner Bücher oder dem Besuch eines seiner Seminare hinterher freier und leichter fühlen.

Dankbarkeit

Eine weitere wirkungsvolle Möglichkeit, um Ihre Lebenslernaufgaben zu bewältigen und inneren Frieden (wieder) zu finden, ist Dankbarkeit zu lernen. Wir sagen »Danke« für den Kaffee, den uns der Kellner an den Tisch bringt, vielleicht auch »Danke« für die Blumen, die uns der Partner mitbringt (das sollten Sie übrigens unbedingt, das erhöht die Wahrscheinlichkeit enorm, dass das nicht die letzten waren), aber kaum jemand bedankt sich für das Leben selbst und seine Geschenke. Das meiste kommt uns völlig selbstverständlich vor, doch das ist es nicht.

Schön Danke sagen

Dankbarkeit ist eine Lebenseinstellung, die man selbst wählen kann. Sie ist nicht abhängig davon, ob Sie gesund oder schön sind oder viel Geld haben, sie ist vielmehr eine bewusste Entscheidung, auf das, was das Leben bietet, positiv zu reagieren, das heißt, alles als Geschenk oder Chance zu betrachten. Voraussetzung ist die Bereitschaft, auch zu den kleinen Dingen des Lebens dankbar und mit einer gewissen Form von Demut aufzuschauen. Den Regenbogen zu sehen, wo andere über das schlechte Wetter klagen. Statt dankbar zu sein für alles, was sie haben, neigen die Menschen allerdings eher dazu, auf das zu sehen, was sie nicht haben, und das macht natürlich alles andere als glücklich. Ganz davon abgesehen, dass es auch nicht besonders schön ist, mit so einem Menschen zusammen zu sein.

Doch Dankbarkeit kann man trainieren, sagt die Hirnforschung. Jeden Tag gilt es, sich am Leben zu freuen, auf Kleinigkeiten zu achten und diese bewusst und dankbar wahrzunehmen. Das aktiviert das »Belohnungszentrum« im Gehirn, wo die guten Gefühle entstehen, das Zentrum wird dabei weiter ausgebaut und die guten Gefühle werden immer leichter. Die Forschungen aus dem neuen Bereich der Positiven Psychologie zeigen außerdem, dass Dankbarkeit zu empfinden eine stützende und stabilisierende Wirkung auf die Psyche hat. Dankbare Menschen sind glücklicher, zufriedener und sozialer als andere. In einer Studie zeigte sich außerdem, dass Menschen, die von den Forschern aufgefordert wurden, Dankbarkeitslisten zu führen, in einem Zeitraum von zwei Monaten mehr ihrer Lebensziele verwirklicht hatten, als solche, die das nicht taten. In einer anderen Studie sollte eine Gruppe der Versuchspersonen eine Woche lang jeden Tag drei positive Erlebnisse notieren. Die Kontrollgruppe wurde hingegen nur aufgefordert, ihre Erinnerungen an den Tag aufzuschreiben. Die Gruppe, die positive Erfahrungen notiert hatte, gab auch nach sechs Monaten noch an, zufriedener mit ihrem Leben zu sein als zuvor. Das Gute zu wertschätzen lohnt sich also offenbar nicht nur kurz-, sondern auch mittel- und vermutlich auch langfristig. Gute Gründe, um im Hinblick auf das Leben Ihrer Träume gleich heute damit zu beginnen.

Geschenke des Lebens

Durch Dankbarkeit schaffen wir uns die Basis für die Umsetzung unserer Träume. Und nebenbei lösen wir den Fokus von dem, was in unserem Leben bisher nicht oder zu wenig funktioniert, und richten ihn auf das, was bereits super läuft. Indem Sie sich bewusst machen, was Gutes in Ihrem Leben ist, steigern Sie automatisch Ihr Glückslevel, und das wiederum erhöht die Wahrscheinlichkeit, dass Sie innerlich entspannt sind und die Zeichen, die Ihr Wesenskern und das Leben Ihnen für die Umsetzung Ihrer Träume schicken, auch wahrnehmen können.

Manche Menschen finden durch einschneidende Erlebnisse zur Dankbarkeit. Ein Unfall, eine schwere Krankheit oder gar die Konfrontation mit dem Tod machen einem klar, dass jeder Tag des Lebens ein Geschenk ist. Doch darauf müssen wir nicht warten, denn die einfachste Möglichkeit, Dankbarkeit zu üben, besteht darin, sich jetzt, hier und heute, alles bewusst zu machen, was nicht selbstverständlich ist. Es ist nicht selbstverständlich, dass Sie ein Dach über dem Kopf haben, in Frieden leben können, genug Wasser und Nahrung zur Verfügung haben und Ihre Meinung laut sagen dürfen. Es gibt vieles in Ihrem Leben, in der Vergangenheit und in der Gegenwart, wofür Sie sich selbst und anderen dankbar sein können. Ob Sie in einem harmonischen Elternhaus aufgewachsen sind, sich in der Schule durchgeboxt haben oder schon auf Hawaii waren, auch dafür gilt es, dankbar zu sein! Daher ermuntere ich Sie, drei Dankbarkeitslisten zu erstellen. Die ersten beiden brauchen Sie nur einmal zu machen, die letzte am besten täglich, aber auf jeden Fall so oft wie möglich.

Die Vergangenheitsdankeliste

Was waren bisher die schönsten Erlebnisse in Ihrem Leben? Die schönsten Momente? Die innigsten Liebesstunden? Für welche Dinge und Ereignisse in der Vergangenheit sind Sie besonders dankbar? Welche Menschen haben Sie unterstützt und mit dazu beigetragen, dass Sie dort stehen, wo Sie heute sind? Was haben Sie in Ihrem Leben schon alles an Herausforderungen bewältigt und an Erfolgen erreicht, für die Sie sich selbst dankbar sein könnten?

Diese Liste wird vermutlich sehr lang werden, auch wenn es am Anfang noch ein bisschen ungewohnt sein kann, so auf das eigene Leben zurückzublicken. Das kann zum Beispiel so aussehen:

Wofür ich dem Leben, mir selbst und anderen in der Vergangenheit besonders dankbar bin:

- einen doppelten Regenbogen auf einem Hochplateau vor einem schwarzen Himmel gesehen zu haben, der so schön war, dass es mir den Atem geraubt hat,
- dass ich mich trotz Höhenangst gewagt habe, Fallschirm zu springen und Gleitschirmfliegen zu lernen,
- dass ich Delfine und Wale in freier Natur sehen durfte,
- dass mein Physiklehrer immer an mich geglaubt hat,
- dass ich mein Studium erfolgreich abgeschlossen habe…

Die Gegenwartsdankeliste

Und nun weiter mit dem, was heute ist. Für welche Dinge in Ihrem jetzigen Leben sind Sie besonders dankbar? Für Ihren Partner, Ihr schönes Zuhause, dass Sie und Ihre Kinder gesund sind, dass Sie ein Auto fahren und ab und zu Urlaub machen können, für die Freunde, auf die Sie sich verlassen können, dass Sie Spaß in Ihrem Job haben?

Ich bin heute dankbar dafür, dass

- *ich meine Berufung leben kann,*
- *ich gute Freunde habe,*
- *meine Tochter gesund ist,*
- *ich mir die meisten meiner Wünsche direkt erfüllen kann,*
- *ich so gut kochen kann…*

Die tägliche Dankeliste

Um Dankbarkeit zu empfinden genügt es allerdings nicht, einmal zurückzublicken, alles zu notieren und die Dankbarkeitslisten dann ab und zu in die Hand zu nehmen, sondern man sollte es sich zu einer täglichen oder wöchentlichen, auf jeden Fall aber regelmäßigen Gewohnheit machen.

Am einfachsten geht das, wenn man ein Notizbuch und einen Stift auf den Nachttisch legt und jeden Abend ein paar Stichpunkte dazu macht, was am Tag gut gelaufen ist und wofür man dankbar ist. Neben der grundsätzlichen positiven Wirkung auf die Psyche richtet es unseren Fokus direkt vor dem Einschlafen auf das Gute in unserem Leben, was harmonisierend und damit auch heilend wirken kann. Sinnvoll ist es, mindestens fünf Punkte zu notieren. Dazu können Sie sich fragen: Was ist das Beste, das mir heute geschehen ist? Wem bin ich heute besonders dankbar? Welche besonders schöne Erfahrung habe ich heute gemacht? Was habe ich heute Neues gelernt oder erfolgreich bewältigt?

Wofür ich heute besonders dankbar bin, ist, dass

- *es draußen nach dem Winter das erste Mal nach Frühling gerochen hat,*
- *ich heute über zehn Seiten konzentriert an meinem Buch geschrieben habe,*
- *ich ein tolles Telefonat mit meiner Nichte hatte,*
- *ich bei strahlendem Sonnenschein einen langen Spaziergang mit meinem Hund machen konnte,*
- *ich nach langer Zeit einen guten Freund wiedergesehen habe…*

Durch die Haltung der Dankbarkeit laden Sie das Leben Ihrer Träume förmlich zu sich ein. Da sich die eigene Ausstrahlung verändert, werden die Menschen Sie noch lieber unterstützen, und noch mehr Türen werden sich für Sie öffnen. Probieren Sie es aus, Sie werden sehen, alleine das wirkt oft schon Wunder (und ist übrigens auch eins der Erfolgsgeheimnisse der Menschen, von denen Sie in diesem Buch schon gelesen haben)! Alles, was an Vorbereitungen noch nötig war, haben Sie jetzt geschafft. Nun geht es ganz praktisch darum, aus Ihren Träumen erst Ziele und dann Realität werden zu lassen.

Träumen – Planen – Tun

Bevor es nun darum geht, wie Sie Ihre Träume wirklich umsetzen können, stellen Sie sich bitte die folgenden Fragen und hören dabei sehr genau in sich hinein: Bin ich bereit, alles, wirklich alles zu investieren, um meine Träume umzusetzen? Bin ich bereit, jeden Einsatz zu bringen, jeden Preis zu zahlen und, wenn es nicht anders geht, auch andere Menschen zu enttäuschen, um meinem eigenen Wesenskern zu folgen?

Der Preis Ihrer Träume

Zu schreiben ist Teil meines Lebenstraums, und als ich dieses Buch geschrieben habe, habe ich mich die letzten zwei Monate komplett von der Welt zurückgezogen. Ich bin nicht mehr ins Kino gegangen, habe keine Freunde mehr getroffen und habe auch sonst nichts anderes mehr getan, als ganz ins Buch einzutauchen und zu schreiben. Manchmal wusste ich nicht, welcher Wochentag gerade war, habe tagelang von Knäckebrot gelebt, weil ich nicht einkaufen gehen wollte, meine Augen haben geträngt vom ständigen Starren auf den Bildschirm und ich habe mich – außer um mit meinem Hund vor die Tür zu gehen – nicht von meinem Stuhl bewegt. War es das wert? Was das Buch angeht, das beantworten Sie bitte selbst. War es das für mich wert? Definitiv! Und ich werde es immer wieder tun!

Es gibt immer viele (zum Teil auch gute) Gründe, alles so zu lassen, wie es im Moment ist. Damit kennen wir uns aus, es bietet uns Sicherheit, aber eben auch Stagnation und Langeweile. Es wird Sie einiges kosten, wenn Sie Ihr Leben von Grund auf verändern wollen. Zur Umsetzung mancher Träume werden Sie sich vermutlich leicht bereit erklären können, aber was ist mit den großen, existenziellen und mit der gesamten Vision vom Leben Ihrer Träume?

Wenn Sie Ihren großen Traum gefunden haben, haben Sie nun auch die Verpflichtung, ihn zu erfüllen. Es ist Ihre Aufgabe, das, was Sie durch Ihre wahren Träume jetzt unter all den Schichten an Verletzungen, Erfahrungen und Erziehung zum Vorschein gebracht haben, auch wirklich zu leben. Wer seine Träume erkannt hat und sich weigert, ihnen zu folgen, wird erleben: Die Tür nach hinten ist zu. Sie können jetzt nicht mehr so tun, als gäbe es Ihre Vision nicht.

Sie haben lange auf die Chance zur Veränderung Ihres Lebens gewartet. Jetzt wissen Sie, wohin Sie wollen, und können es wahr machen. Warten Sie nicht, bis das Leben Sie dort hinschiebt oder Sie unbewusst selbst Situationen erschaffen, in denen Sie sich verändern »müssen«! Warten Sie nicht, bis Sie aus Versehen schwanger werden oder erst der Burnout Sie dazu bringt, den Job zu wechseln. Man sagt es zwar, aber nicht die Zeit ändert alles. Das müssen Sie schon selbst machen.

Raus aus dem Jammertal

Wenn Sie nach gründlicher Prüfung auf einen Traum verzichten, weil Ihnen der Preis zu hoch erscheint, dann können Sie sich bewusst von ihm verabschieden und ihn loslassen. Bei den großen, existenziellen Lebensträumen klappt das allerdings nicht. Die fragen nicht danach, ob Sie sie umsetzen wollen. Hartnäckig bleiben sie solange bestehen, bis Sie sie erfüllt haben (oder eben mit ins Grab nehmen). Also, wollen Sie jetzt tatsächlich etwas verändern in Ihrem Leben, oder genügt es Ihnen, zu wissen, dass Sie es theoretisch könnten? Es ist absolut okay, dort zu bleiben, wo Sie im Moment sind, auch wenn es noch nicht das Leben Ihrer Träume ist. Das Leben sorgt schon dafür, dass Sie sich eines Tages doch noch bewegen. Was aber nicht okay ist, ist die Richtung zu kennen, sich aber dagegen zu entscheiden und – zu jammern! Ich hoffe allerdings inständig, dass Sie immer noch motiviert sind, weiterzugehen, und lieber Ihren Weg finden möchten als noch eine Ausrede. Es gibt keine Garantie, dass Sie es schaffen, aber wenn Sie es nicht versuchen, schaffen Sie es garantiert nicht!

Es fällt Ihnen immer noch schwer, daran zu glauben, dass Sie tatsächlich das Leben Ihrer Träume führen können? Sie glauben, dass vieles davon absolut unmöglich ist? Ich würde Ihnen Recht geben, wenn Sie 67 Jahre alt sind und Ihr Traum ist, Primaballerina im Bolschoi-Ballett in Moskau zu werden. Es ist allerdings sehr unwahrscheinlich, dass Ihr Wesenskern Ihnen solch einen unerfüllbaren Traum geschickt hat. Falls Sie trotz allem einen Traum haben, der mit einer sehr großen Wahrscheinlichkeit in diesem Leben nicht mehr erreichbar ist – jammern Sie nicht, sondern suchen sich für den Kern des Traums einen anderen Ausdruck. Besuchen Sie einen Tanzkurs oder verwandeln Sie Ihr Wohnzimmer in einen Ballettsaal, kurzum, tun Sie etwas, dass Sie in Richtung Ihres Traums bewegt!

Was Sie träumen können, können Sie auch erreichen, aber Lebensträume werden nicht davon wahr, dass man nur fest genug an sie glaubt. Bisher haben Sie nur geträumt, noch ist nichts passiert. Das wird es aber, wenn Sie aus Ihren Träumen Ziele machen und einen Plan für die Umsetzung erstellen. Dazu müssen Sie sich glasklar und absolut bekennen! »Versuchen« gilt nicht. Entweder, Sie machen sich jetzt auf den Weg, oder Sie lassen es. Dazwischen gibt es nichts.

Das ist auch eins der Erfolgsgeheimnisse der Lebenstraumprofis, also der Menschen, die ihre Träume wahr machen. Diese Menschen sind mit Leidenschaft und absoluter Überzeugung bei der Sache, Martini in der einen und Schokolade in der anderen Hand! Bildlich gesprochen natürlich. Sie halten Unmögliches für möglich, überlegen nicht lange, sondern fangen gleich an, haben den Mut zu scheitern, bleiben flexibel, wenn es mal schwierig wird, halten durch und glauben an sich selbst.

Alles geben und Unmögliches wagen

Um Ihre Träume zu leben, müssen auch Sie bereit sein, jeden Einsatz zu bringen. Sie träumen schon Ihr ganzes Leben lang davon, eine Weltreise zu machen? Verkaufen Sie Ihr Haus! Wenn Sie etwas erreichen möchten, müssen Sie manchmal etwas anderes dafür aufgeben. Na und? Vielleicht ist es für Sie kein Problem, wieder zur Miete zu wohnen, wenn Sie dafür den Rest Ihres Lebens von Ihren Erinnerungen an die Reisen zehren können. Sie wollen Psychologe werden? Dann gehen Sie noch einmal zur Uni. »Ja, aber ich kann doch mit 40 nicht noch einmal Student sein!« Wo bitte steht das? Sie können auch mit 90 noch Ihren Doktor machen, wenn Sie das wollen. Was werden Sie denn sonst mit diesen Jahren Ihres Lebens anfangen?

Vieles ist nicht wirklich unmöglich, wir sind nur nicht bereit, den Preis dafür zu zahlen. Vielleicht müssen wir unser gesamtes Ersparstes dafür geben oder Tag und Nacht arbeiten – doch nur so wird Unmögliches möglich. Es geht nicht darum, alles gleich perfekt zu machen. Im Gegenteil, die beste Strategie sind oft kleine Schritte, solange Sie nur immer weitergehen und einen Fuß vor den anderen setzen. Entscheidend ist die Kraft, mit der Sie Ihre Träume angehen. Wenn Sie von ihnen wirklich überzeugt sind, steckt in Ihnen auch das Potenzial zu ihrer Verwirklichung.

Mut zum Scheitern

Rechnen Sie damit, zu scheitern. Ein guter Plan beinhaltet immer die Option, dass es auch schiefgehen kann, und damit verbunden dann auch einen Plan B. Es ist wichtig, sich auf mögliche Schwierigkeiten, Durststrecken und Eventualitäten vorzubereiten. Wie werden Sie damit umgehen, wenn es länger dauert als erwartet, mehr Geld kostet, sie geistig oder körperlich mehr fordert, als Sie dachten? Auch diese Fragen und deren Lösungen können Sie im Vorfeld der Traumerfüllung mithilfe Ihres Wesenskerns und Ihres Unterbewusstseins in Ihrem Tagtraum durchspielen. So sind Sie gewappnet, falls tatsächlich harte Zeiten kommen. Aber denken Sie an die Autobahnen im Gehirn. Bitte stellen Sie sich die Probleme nicht bunt und hochemotional vor, sondern schauen Sie sie kurz an und konzentrieren sich dann in Ihren Tagträumen auf die möglichen Lösungen! Halten Sie für möglich, dass es vielleicht nicht klappt – und tun Sie es trotzdem! Mutig ist nicht, wer keine Angst hat zu scheitern, sondern jemand, der Angst hat und es trotzdem wagt!

Das Leben Ihrer Träume zu leben ist tatsächlich risikoreich und gefährlich. Sie könnten dabei herausfinden, dass Ihr Traum gar nicht so toll ist, wie Sie ihn sich ausgemalt haben. Aber ist es dann wirklich besser, es gar nicht erst zu probieren und lieber weiter davon zu träumen? Wenn Sie Angst davor haben, Fehler zu machen, werden Sie welche machen. Sind Sie stattdessen bereit, das Risiko von Fehlern einzugehen, können Sie daraus lernen und nach einem möglichen Fall schneller wieder aufstehen und weitergehen.

Flexibel bleiben

Unfälle, Misserfolge, Krankheiten oder Hindernisse können uns das Leben unserer Träume schwer oder (vorübergehend) unmöglich machen. Wir verlieren die Lust oder die Energie oder werden sogar krank. Dinge gehen schief oder fühlen sich schrecklich an, wenn sie nicht unserem Wesenskern entsprechen. Dagegen anzukämpfen oder etwas mit Gewalt umsetzen zu wollen, ist keine gute Idee. Meist weisen uns diese Geschehnisse darauf hin, dass wir noch etwas Wichtiges übersehen haben, oder dass die Zeit noch nicht reif ist.

Das ist kein Grund aufzugeben, aber auf jeden Fall ein guter Grund, noch einmal genau hinzusehen und den eigenen Kurs zu überprüfen. Zu glauben, alles wäre falsch gewesen, ist falsch. Vielleicht war es nur nicht der richtige Zeitpunkt, nicht der richtige Job oder nicht der richtige Partner, aber der Traum ist und bleibt der Richtige. Ihre Träume werden sich erfüllen, aber möglicherweise etwas anders, mit anderen Menschen, anderen Schwerpunkten und an anderen Orten, als Sie es sich bisher vorgestellt haben. Doch das macht erfolgreiche Träumer aus: flexibel und offen bleiben für Alternativen.

Durchhalten

Die wenigsten Träume scheitern wirklich an finanziellen oder logistischen Mitteln, sondern eher am mangelnden Durchhaltevermögen oder dem fehlenden Glauben an sich selbst. Malcom Gladwell zitiert in seinem Bestseller *Überflieger* zahlreiche Studien, die zeigen, dass sich ein durchschnittlich begabter Mensch mindestens 10 000 Stunden mit einer Sache beschäftigt haben muss, um überdurchschnittlich oder gar der Beste der Welt zu werden. Erfolgreiche Maler, Musiker, Sportler, Wissenschaftler, Ärzte, Unternehmer, sie alle haben etwas gemeinsam, früher und auch heute: Ausdauer, Fleiß und Zähigkeit. Sie haben genau wie meine Interviewpartner und ich über viele Jahre viele Stunden investiert, um ihre Ziele zu erreichen und ihre Träume zu leben. Sie sind harte Arbeiter und von ihrer Sache zum Teil regelrecht besessen.

So weit müssen Sie selbst nicht gehen, aber wenn Sie einen Traum wahrmachen wollen und dazu noch neue Fähigkeiten entwickeln müssen, dann müssen Sie auch hart dafür arbeiten. Wenn Sie heute 40 sind und Ihr

Traum ist es, ein erstklassiges Geigenkonzert zu geben, müssen Sie ab jetzt jeden Tag drei Stunden lang üben, und zehn Jahre später, mit 50, kann Ihr Traum dann wahr werden. Vorausgesetzt, Ihr Traum ist grundsätzlich erfüllbar, können Sie mit Disziplin und Fleiß zu jedem Zeitpunkt Ihres Lebens noch (fast) alles erreichen.

Entscheidend für den Erfolg beim Umsetzen Ihrer Lebensträume ist, dass Sie Ihr optimales Anspruchsniveau finden. Das ist der Bereich, in dem Sie am meisten motiviert sind. Ist Ihr Traum zu weit weg oder zu aufwändig oder der nächste Schritt zu groß, werden Sie erst gar nicht versuchen, ihn wahr zu machen. Wenn er direkt vor Ihnen liegt, also klein ist und kaum Aufwand erfordert, dann werden Sie auch daraus keine Motivation beziehen und vertagen ihn auf ein anderes Mal. Wenn Sie sich im optimalen Anspruchsniveau bewegen, Ihr Traum also weder zu aufwändig noch zu anspruchslos ist, können Sie lange durchhalten und gleichzeitig Energie daraus beziehen!

Um durchhalten zu können, ist es übrigens auch wichtig, nur den Menschen von Ihren Träumen und Vorhaben zu erzählen, bei denen Sie sicher sind, dass sie Sie unterstützen werden. Natürlich sind kritische Fragen und Anmerkungen wichtig, schließlich könnte es sein, dass Sie vor lauter Enthusiasmus die Bodenhaftung an der einen oder anderen Stelle verlassen haben, aber es sollte nicht so weit gehen, dass Sie Ihren Traum verteidigen müssen. Dann verlieren Sie zu viel Energie, die Sie eigentlich für die Umsetzung brauchen.

Vom Traum zum Ziel

Nun wissen Sie, worauf es ankommt. Das Einzige, was jetzt noch fehlt, ist ein guter Plan, und dafür müssen Sie aus Ihren Träumen jetzt Ziele machen.

Die Veränderungen, die zum Leben Ihrer Träume nötig sind, müssen vielleicht keine sehr großen sein. Und Sie müssen und sollen auch nicht alle Träume gleichzeitig umsetzen. Das würde vermutlich in Stress ausarten, und jede Veränderung soll Ihnen doch wenn möglich Spaß machen. Außerdem ist es sinnvoll, mit einem Traum zu beginnen, der zwar existenziell für Sie ist, aber gleichzeitig möglichst leicht umzusetzen. Die positive Energie, die dabei frei wird, können Sie dann für die Umsetzung der größeren Träume nutzen. Aber natürlich können Sie auch gleich mit einem großen Traum starten. Sie wissen am besten, was richtig für Sie ist!

Nehmen Sie dazu auch noch einmal Ihren »Lebenstraumkuchen« von Seite 22 zur Hand. Dort hatten Sie sich ein Bild davon gemacht, wie erfüllt die wichtigen Bereiche Ihres Lebens bereits sind. Wenn Sie nun einen Traum aus einem der Bereiche zur Umsetzung auswählen, heißt das nicht, dass Sie diesen (oder alle anderen) auf zehn Punkte bringen müssen. Es kann völlig genügen, von fünf auf sechs oder vielleicht sogar sieben zu gehen. Damit sind Sie dem Leben Ihrer Träume trotzdem einen großen Schritt näher gekommen.

- Nach der Erfüllung welches Traums oder welcher Träume sehnen Sie sich im Moment am meisten?
- Welche Ihrer Träume hätten, wenn sie erfüllt wären, die meiste Wirkung?
- Welche lassen sich am leichtesten umsetzen?
- Welche Ihrer Träume sind Sie also bereit anzugehen?
- Welchen davon möchten Sie als Erstes angehen?

Haben Sie sich für einen oder mehrere Träume entschieden, die Sie nun definitiv umsetzen wollen? Wunderbar. Dann prüfen Sie jetzt abschließend bitte noch, welche davon tatsächlich von Ihnen selbst erfüllbar sind, und bei welchen Sie sich nur so gut wie möglich auf die Realisierung vorbereiten können. Das Haus auf dem Land können Sie selbst wahr machen, den Traumpartner zu finden nicht, aber dafür können Sie trotzdem etwas tun. Zum Beispiel daran arbeiten, selbst ein idealer Partner zu werden, aber auch dort hinzugehen, wo Sie Ihrem Traumpartner womöglich begegnen könnten.

Wenn Sie beginnen, Ihren Träumen wirklich Raum zu geben, sich ihnen zuzuwenden, sie als Botschaften aus ihrem eigenen Wesenskern mit offenen Armen zu empfangen, und wenn Sie all Ihr Tun auf Ihre Lebenstraumvision abstimmen, ergeben sich Ihre Ziele wie von selbst und Sie bleiben flexibel, wenn mal etwas anders kommt als erwartet.

Mit der Vision des Lebens Ihrer Träume haben Sie Ihr Navigationsgerät eingeschaltet und in Ihrem Inneren unbewusst bereits die Route berechnet. Wenn Sie jetzt immer Ihrer inneren Stimme folgen, brauchen Sie eigentlich keinen Plan. Sie müssen nur einfach losgehen, und Ihre Schritte ergeben sich wie von selbst. Da das vermutlich noch nicht so zuverlässig funktioniert, ist ein unterstützender Plan, der Sie motiviert und bei der Stange hält, aber eine gute Sache. Und auch wenn es sein könnte, dass Sie an irgendeinem Punkt Ihren Plan über Bord werfen und sich doch ganz dem Leben anvertrauen müssen, sollten Sie ihn dennoch in der Tasche haben.

Der Rückwärtsplan

Ein Traum ist zunächst nur ein Traum. Ein Ziel hingegen ist ein Traum mit einem Plan. Wenn ich Ihnen jetzt aber vorschlagen würde, einen umfassenden Plan zur Zielerreichung Ihrer größten Träume für die nächsten zehn Jahre zu erstellen, hätten Sie dazu vermutlich keine Lust, weil das außerhalb Ihres optimalen Anspruchsniveaus liegt. Also zäumen wir das Pferd von hinten auf! In Ihrer Lebensvision haben Sie beschrieben, wo Sie in zehn Jahren sein wollen, also betrachten Sie Ihren Traum und fragen sich: Angenommen, ich bin wirklich in zehn Jahren dort, was müsste ich in den Jahren davor tun, und wann müsste ich es spätestens tun, um genau dieses Ziel zu erreichen? Und sollten Sie einen Traum ausgewählt haben, der früher erreicht sein soll, starten Sie eben nicht in zehn Jahren, sondern dort.

Durch den Rückwärtsplan wird ein großes Ziel in kleine Etappen zerlegt und dadurch leichter erreichbar, weil diese einzelnen Etappen Sie nicht blockieren, sondern motivieren. Das Gute an einem Rückwärtsplan ist darüber hinaus, dass er neue Kreativität freisetzt, weil er nicht wie gewohnt, logisch-linear nach dem nächsten Schritt, sondern von hinten nach vorne immer nach dem Davor fragt. Dabei gehen Sie davon aus, dass Sie Ihren Traum bereits erfüllt haben, und konzentrieren sich ganz auf den Weg dorthin.

Wenn Ihr Traum beispielsweise der Bauernhof auf dem Land ist, den Sie in fünf Jahren realisiert haben möchten, stellen Sie sich die Fragen:

- *Was müssen Sie in den letzten zwölf Monaten davor tun?*
- Mich für einen Hof entscheiden, ihn kaufen, alles renovieren und einrichten.

- *Was in den zwölf Monaten davor?*
- Mich für einen Ort entscheiden und dort alle infrage kommenden Objekte besichtigen. Die Finanzierung klären.
- *Und was in den zwölf Monaten davor?*
- Zuerst die Region eingrenzen. Mir dann alle potenziellen Orte anschauen. In meinem Favoriten für ein paar Tage eine Ferienwohnung mieten, um zu testen, ob ich mich an dem Ort wohl fühle und falls nicht, noch andere Orte testen.
- *Und was in den zwölf Monaten davor?*
- Mich ganz bewusst dafür entscheiden, diesen Traum tatsächlich zu realisieren. Meine Finanzen klären und überlegen, was ich mir in vier oder fünf Jahren leisten kann. Meine freien Wochenenden und Ferien in den kommenden Jahren so planen, dass ich genug Zeit habe, um mir die verschiedenen Regionen und Orte anzusehen.

Das gehen Sie jetzt für jeden Ihrer ausgewählten Träume durch und erstellen einen Plan inklusive Zeitangaben, das heißt, wie lange die jeweiligen Aktionen vermutlich dauern und unbedingt auch, bis wann sie erfüllt sein müssen, damit Ihr Plan funktioniert. Gleichgültig, ob es um das Haus auf dem Land geht, um die Auswanderung, sich den Busen machen zu lassen oder ein Sabbatical zu nehmen – der Rückwärtsplan hilft Ihnen dabei, aus Ihren Träumen, Realität werden zu lassen.

Falls Sie an irgendeinem Punkt nicht weiterkommen, können Sie das Ganze auch wieder im Tagtraum durchgehen. Entspannen Sie sich, schließen Sie die Augen und lassen die Bilder für Ihre nächsten Schritte oder auch für die Antwort auf eine Frage in Ihnen entstehen. Ein intuitives Brainstorming sozusagen. Und sollte Ihnen noch immer nichts einfallen, legen Sie alles für ein paar Tage zur Seite und lassen Ihr Inneres für sich arbeiten. Früher oder später macht es dann ganz sicher »Klick«.

Ich bin ich und das sind viele

Nun haben Sie erste Pläne für die Umsetzung der ausgewählten Träume, aber haben Sie wirklich schon an alles gedacht? Oder gibt es nicht doch noch etwas, dass Ihren Plan vielleicht zum Scheitern verurteilt? In der ersten Begeisterung kann das durchaus passieren, daher folgt nun noch ein allerletzter Check, und dafür nutzen wir Ihr inneres Kreativitätsteam.

Ob das innere Team nach Schulz von Thun, der Voice Dialogue des Psychologenehepaars Stone, die Ego-State-Therapie nach Watkins oder die Psychosynthese vom Mediziner und Psychologen Assagioli – inzwischen ist hinreichend bekannt, dass wir alle kein »Ich« sind (oder haben), sondern aus mehreren Ich-Zuständen, Teilpersönlichkeiten oder, anders gesagt, inneren Teammitgliedern bestehen. Der Hirnforscher Gerhard Roth beschreibt das so: »Das Ich ist also eine Gestalt, eine Vielheit mit einem gemeinsamen Schicksal, und diese Gestalt ist dynamisch, nicht statisch.« Jeder Teil in uns ist ein eigenes neuronales Netzwerk, das Gefühle, Körperempfindungen, Überzeugungen und Verhaltensweisen beinhaltet. Die meisten dieser inneren Anteile entstehen in unserer Kindheit. Aber auch später kommen immer wieder neue Teile hinzu, die ganz unterschiedliche Ausdrucksweisen und Absichten haben und denen man auch Namen geben kann.

Während ich dieses Kapitel schreibe, ist in mir zum Beispiel mein kreativer Teil besonders aktiv, aber natürlich auch mein Psychologenteil. Wenn Sie mich bei der Hunderunde auf dem Feld treffen, würde sich Ihnen ein anderes Bild bieten. Hier hätten Sie es vor allem mit meinem spielerischen Teil zu tun (wenn ich zum zwanzigsten Mal den Ball werfe) und mit meinem mütterlich-besorgten Instinkt (der erfolglos versucht hat, zu verhindern, dass das Hundekind einen uralten Knochen verspeist).

Einige unserer inneren Anteile sind uns bewusst. Das sind die Teile, die wir mögen, die wir gerne auch anderen zeigen und mit denen wir uns identifizieren. Manch andere sind uns auch bewusst, wir mögen sie allerdings schon weniger, weil sie uns das Leben oft schwer machen (das ist zum Beispiel der Teil, der Sie bei einer Diät dazu bringt, innerhalb von fünf Minuten eine Tafel Schokolade zu essen). Und dann gibt es noch jene, deren Existenz wir leugnen und die wir in unser Unterbewusstsein zurückdrängen, unsere Schatten, die aber genauso zu uns gehören wie die Teile, die wir besonders mögen. Jedes bewusste Teil hat auch sein genaues Gegenstück in uns. Ist ein Teil in mir besonders vertrauensvoll, steht ihm auf der anderen Seite der Skeptiker gegenüber. Mag ich an mir besonders meine hingebungsvolle Mütterlichkeit, gibt es irgendwo auch die wilde, frivole Frau. Und liebe ich mein Selbstbewusstsein besonders, gibt es in mir auch das kleine, ängstliche, hilflose Kind. All das ist »Ich«.

Im Zentrum dieses Systems ist unser Wesenskern, der kein weiterer Teil ist, sondern reines Bewusstsein, das alle anderen Teile beobachtet. Genau das geschieht, wenn Sie in die Haltung der Achtsamkeit gehen. Welche Gefühle können Sie im Moment in Ihrem Körper wahrnehmen? Welche Bedürfnisse verspüren Sie gerade in sich? Und wie fühlen Sie sich im Moment wirklich? (Ich wollte Sie nur noch einmal daran erinnern, Übung macht hier den Meister!)

In Ihrem eigenen Inneren stehen unzählige Unterstützer bereit, die Ihnen bei der Erfüllung Ihrer Lebensträume helfen können. Sie müssen sie nur einladen und ihnen eine Stimme geben. Und auch Ihre Bedenkenträger wollen gehört werden.

Ich möchte den Bauernhof auf dem Land wirklich, aber ein Teil von mir scheut sich vor der vielen Arbeit, die da auf mich zukommt. Und ob meine Produkte am Ende überhaupt jemand kaufen will? Vielleicht mache ich mir bloß etwas vor? Andererseits, schon als Kind habe ich davon geträumt, meine eigenen Hühner zu haben und selbstgekochte Marmelade zu verkaufen. Vielleicht sollte ich es einfach wagen?

Manche von Ihnen werden diesen Chor der inneren Stimme beim Durcharbeiten des Buchs längst vernommen haben. Bei anderen haben sich erst bei der Planerstellung Bedenken gezeigt, schließlich geht es nun tatsächlich um die Umsetzung. Nur wenn die wichtigsten Stimmen gehört und einbezogen werden, werden Sie sich auch tatsächlich an die Verwirklichung wagen.

Alle Mann an Bord

Natürlich wollen und können wir an dieser Stelle nicht alle Ihre inneren Teile einbeziehen, und da es vor allem um Kreativität gehen soll, greife ich auf die Idee von Edward de Bono zurück, in der die wichtigsten enthalten sind. In seinem Ansatz der »Denkhüte« bekommen sechs Personen jeweils einen Hut, also eine Rolle zugeteilt, bei der sie während der Übung auch bleiben müssen. Der weiße Hut steht dabei für Zahlen, Daten und Fakten. Er ist sachlich und neutral. Der schwarze Hut steht für das Schwarzsehen und denkt an alles, was schiefgehen könnte. Der rote Hut steht für Gefühle. Der gelbe Hut ist positiv und optimistisch, macht Mut und sieht nur die Vorteile. Der grüne Hut ist die pure Kreativität und sucht nach Ideen, Alternativen und Möglichkeiten. Der blaue Hut schließlich steht für den Überblick, Disziplin und Regeln und macht am Ende den Plan für die Umsetzung.

Übersetzt für Ihr inneres Kreativitätsteam könnten diese Anteile – ergänzt um zwei weitere wichtige Unterstützer – also die folgenden mit den jeweils zugehörigen Fragen sein:

- **Der Faktensammler:** Welche Informationen habe ich bereits für meine Traumerfüllung? Welche muss ich unbedingt noch beschaffen? Welche Fähigkeiten brauche ich noch, um meinen Traum zu erfüllen? Woran muss ich noch denken?
- **Der emotionale Teil:** Wie fühlt sich das an, was ich vorhabe? Welche Emotionen löst es in mir aus? Wie geht es mir damit?
- **Der Schwarzseher:** Was könnte ich falsch machen? Was könnte alles schief gehen? Was ist das absolut Schlimmste, das geschehen könnte?
- **Der Optimist:** Was für Vorteile hat die Erfüllung meines Traums für mich? Für wen hat es noch Vorteile? Was ist daran absolut wundervoll?
- **Der Kreative:** Welche Alternativen zur Traumerfüllung gibt es noch? Wie könnten noch bessere Schritte aussehen? Wie könnte es noch schneller gehen? Oder noch leichter? Oder noch cooler?
- **Der Erfolgreiche:** Jetzt denken Sie an einen Menschen, der das, was Sie vorhaben, bereits erfolgreich tut oder getan hat (und da wird es garantiert jemanden geben, auch wenn Sie erst noch ein bisschen recherchieren müssen). Was würde dieser Mensch noch für neue Ideen beisteuern? Was würde er oder sie Ihnen raten? Was ans Herz legen?
- **Die höhere Instanz:** Als Nächstes beziehen Sie noch eine höhere Instanz mit ein. Viele meiner Kunden bitten an dieser Stelle Buddha oder Jesus um ihren Input oder sie nennen es tatsächlich einfach »Höhere Instanz«: Was würde sie Ihnen noch raten? Was würde sie Ihnen noch sagen wollen? Was haben Sie bisher noch übersehen?
- **Der Macher:** Was von all diesen Ideen ist machbar? Welche Idee muss noch reifen? Was kann ich sofort angehen? Bis wann habe ich es umgesetzt?

Nun Sie!

Sie können das für einen gesamten Plan, aber auch für einen einzelnen Schritt darin tun. Nehmen Sie sich nun acht Blätter und schreiben Sie auf jedes den Namen des inneren Anteils (ja, auch der Erfolgreiche und die höhere Instanz sind Anteile von Ihnen!) und die Fragen dazu. Verteilen Sie die Blätter dann kreisförmig im Raum und stellen sich nacheinander auf die einzelnen Positionen. Nehmen Sie sich beim Wechsel von der einen zur nächsten Position ausreichend Zeit und sagen Sie, während Sie auf das jeweilige Blatt treten: »Ich bin jetzt der Faktensammler«, »Jetzt der Optimist« und so weiter. Und dann notieren Sie alles, was Ihnen in der jeweiligen Position in den Sinn kommt.

Am Ende stellen Sie sich genau in die Mitte des Kreises zwischen all diese Blätter und betreten damit symbolisch Ihren eigenen Wesenskern. Sehen Sie sich um, das alles sind Sie! Natürlich haben Sie noch mehr innere Anteile, aber viele der wichtigen Teile können Sie jetzt zum ersten Mal bewusst wahrnehmen! Gibt es noch etwas, das Ihr Wesenskern Ihnen sagen möchte? Welche Gefühle erleben Sie, wenn Sie dort stehen? Gibt es etwas, das Sie Ihrem Wesenskern sagen möchten?

Die meisten meiner Kunden fühlen sich dabei zutiefst berührt, dankbar und ganz ruhig. Als ob sie plötzlich Kontakt mit etwas Größerem bekommen hätten, und das haben Sie ja auch. Kosten Sie diesen Augenblick und dieses Gefühl ruhig lange aus. Und auch wenn es vielleicht verrückt klingt (was es nicht ist), probieren Sie es aus! Bei den meisten Menschen funktioniert es und ist ein ganz besonderer Moment.

Durch dieses Vorgehen kommen alle wichtigen Aspekte für Ihre Traumerfüllung aus Ihrem Verstand, aber auch aus Ihrem Unterbewusstsein und Überbewusstsein zum Vorschein, und Sie können vermutlich noch einige neue Ideen mit einbauen. Nehmen Sie besonders auch die Anmerkungen des Bedenkenträgers ernst. Ganz sicher gibt es einen guten Grund dafür. Womöglich möchte dieser Anteil Sie davor schützen, zu leichtfertig zu agieren oder etwas zu übersehen. Also prüfen Sie im Sinne eines guten Risikomanagements alles noch einmal gründlich, bevor Sie sich an die Umsetzung machen. Sollten die Bedenken sich dann als unbegründet herausstellen, sagen Sie dem Teil innerlich »Danke« und tun Sie, was Sie sich vorgenommen haben.

Bleiben Sie dran!

Sie haben nun die Pläne für die Umsetzung Ihrer Lebensträume erstellt und um die neuen Gedanken erweitert. Jetzt müssen Sie nur noch loslegen! Besonders hilfreich ist es dabei, immer im Blick zu behalten, wofür Sie das alles überhaupt tun, also wo Sie in ein, zwei, fünf oder zehn Jahren sein werden! Alles, was Sie jetzt investieren und tun, auch wenn es manchmal aufwändig und anstrengend sein mag, alles führt Sie näher zu Ihrem Ziel: Dem Leben Ihrer Träume!

Um Ihre Pläne nun in die Tat umzusetzen, ist es wichtig, sobald wie möglich zu starten. Alles, was nicht innerhalb von 72 Stunden angegangen wird, verpufft wieder, sagen zumindest zahlreiche Studien. Also sollten Sie ab sofort wenigstens alle drei Tage etwas für Ihre Träume tun – in Ihrem optimalen Anspruchsniveau versteht sich. Vielleicht ist es ideal für Sie, jeden Tag zehn Minuten zu investieren. Oder alle drei Tage eine halbe Stunde. Das müsste doch für jeden irgendwie möglich sein. Und vielleicht ist es dann auch möglich, dass Sie sich jede Woche einmal etwas länger Zeit nehmen oder wenigstens einmal im Monat. Sie können auch einen Monat oder ein ganzes Jahr unter ein besonderes Motto stellen, um dann intensiv am jeweiligen Thema oder Traum zu arbeiten. Wenn es zu Ihrem Anspruchsniveau passt, können Sie sich so ganz auf eine Sache einlassen, und oft ist sie dann viel schneller erreicht, als erwartet.

Was auch immer der beste Weg für Sie ist, Ihre Träume anzugehen, wie auch immer Sie es tun wollen, Hauptsache, Sie tun es! Aber geben Sie sich Zeit für den Übergang vom alten in das neue Leben. Falls Sie wirklich in eine andere Stadt ziehen, einen neuen Job finden oder auswandern wollen, planen Sie es in Ruhe und setzen Sie es Schritt für Schritt um. Es kommt nicht auf ein paar Wochen mehr oder weniger an. Solange Sie auf Ihrem Weg sind, haben Sie Ihr ganzes Leben lang Zeit.

Schlusswort: Die Lebenstraumreise

In diesem Buch habe ich Sie mit auf eine weite Reise genommen. Eine Reise zu Ihrem Wesenskern und dem, was Sie wirklich sind. Sind Sie »aufgewacht« und nun bereit, Ihr wahres Leben in die Hand zu nehmen? Sie müssen dafür jetzt nicht mehr viel tun, Sie müssen nur aufhören zu sein, was Sie nicht sind.

Es geht am Ende nicht darum, all seine Träume tatsächlich wahr gemacht zu haben. Es geht darum, sich selbst zu erkennen, sich auf den Weg zu machen und das zu leben, was man wirklich ist. Mit Licht und Schatten, Höhen und Tiefen, Erfolgen und Scheitern. Das ist es, was uns am Ende zufrieden sein lässt: das Leben und uns selbst mit all seiner Wucht angenommen und geliebt zu haben. Unser Leben hat seinen Sinn, wenn wir unsere Chancen, zu wachsen und zu lernen, nutzen, und wenn wir Spuren auf dieser Welt hinterlassen – und nicht bloß Staub.

- Machen Sie Frieden mit Ihrer Familie – und Ihr Leben wird sich verändern.
- Gehen Sie Ihre Lebenslernaufgaben an – und Ihr Leben wird sich verändern.
- Vergeben Sie und üben Sie Achtsamkeit und Dankbarkeit – und Ihr Leben wird sich verändern.
- Tun Sie all das und folgen Sie den Hinweisen Ihres Wesenskerns, voller Leidenschaft, mit Schokolade und Martini – und Sie finden das Leben Ihrer Träume!

Meine Kunden und Seminarteilnehmer vermuten oft, mein Leben wäre voller Sonnenschein – und das ist es auch –, aber auch bei mir gibt es Wolken und Gewitter und Träume, die ich noch nicht verwirklicht habe. Auch ich bin auf dem Weg und keineswegs schon überall angekommen, und das ist auch gut so.

Wenn es auch bei Ihnen noch Wolken gibt, und Sie noch nicht im Leben Ihrer Träume angekommen sind, genießen Sie es trotzdem, jeden Tag! Zehn Minuten mit dem dampfenden Kaffee in der Hand auf dem Balkon in der ersten Frühlingssonne sitzen, ein freundliches Lächeln vom Gegenüber in der Bahn, ein Vollbad nach einem anstrengenden Tag, Vollkommenheit ist einfach! Es sind die kleinen Dinge, die unser Leben glücklich machen. Und wer sie achtsam wahrnehmen und wertschätzen kann, der kann jeden einzelnen Schritt genauso genießen wie am Ende das Ziel. Auch wenn Sie Ihren Weg noch nicht sehen, er ist Ihnen bereits zu Füßen gelegt. Sie müssen ihn jetzt nur noch gehen.

Der Philosoph und Schriftsteller Thoreau schrieb vor fast 200 Jahren: »Was vor uns liegt und was hinter uns liegt, sind Kleinigkeiten zu dem, was in uns liegt. Und wenn wir das, was in uns liegt, nach außen in die Welt tragen, geschehen Wunder.« Deshalb mein Appell an Sie: Träumen Sie viel und träumen sie weit und hören Sie niemals damit auf! Und dann gehen Sie los, mit aller Kraft, und hinterlassen Sie Spuren! Ihr Wunder ist schon unterwegs!

Dank

Mein Dank geht an alle Interviewpartner, die mich so tief in ihr Herz, ihre Leben und ihre Träume blicken ließen; an Thomas Schwoerer, der mich mit seiner charmanten Art davon überzeugt hat, dass dieses Buch bei Campus in besten Händen ist; an meine Lektorin Juliane Meyer, die auch in schwierigen Situationen souverän die Nerven behielt; an Christiane Meyer, ehemalige Lektorin beim Campus Verlag, die den Anstoß zu diesem Buch gab und die ihren Traum jetzt woanders lebt; an die Presseabteilung und alle anderen Mitarbeiter von Campus, die direkt oder indirekt zum Erfolg dieses Buches beitragen; an »den Sturm« und das Treffen auf Augenhöhe, das einen anderen Menschen aus mir gemacht hat; an meine Tochter für die wunderbaren Grafiken in diesem Buch und ihr Verständnis dafür, dass ich beim Schreiben oft wochenlang in einer anderen Welt war; und an meine zauberhafte Hundedame, die mich jeden Tag daran erinnert, worum es im Leben wirklich geht: Im Hier und Jetzt sein.

Literatur und Links

Branson, Richard, *Geht nicht, gibt's nicht!*, Kulmbach 2009.
Beck, Martha, *Das Polaris-Prinzip*, München 2002.
Butterbrod, Anne, *Love, love, love. 33 Geschichten von der großen Liebe.* Berlin 2010.
Christakis, Nicholas, *Connected! Die Macht sozialer Netzwerke und warum Glück ansteckend ist,* Frankfurt am Main 2010.
Dahlke, Rüdiger, *Lebenskrisen als Entwicklungschancen*, München 1999.
Der Spiegel Wissen, *Schlaf & Traum.* Nr. 4, 2009, Spiegel Wissen.
Dürr, Anke und Voigt, Claudia, *Die Unmöglichen. Mütter, die Karriere machen*, München 2006.
Engelmann, Bea, *Reiseziel Glück*, Heidelberg 2010.
Faltin, Günter, *Kopf schlägt Kapital. Die ganz andere Art, ein Unternehmen zu gründen*, München 2008.
Faulstich, Joachim, *Das Geheimnis der Heilung. Wie altes Wissen die Medizin verändert,* München 2010.
Fortgang, Laura, *Wer nicht losgeht, wird nie ankommen*, Frankfurt/New York 2005.
Franz, Joachim, *Mit aller Kraft. Meine Extremsportabenteuer für eine humane Welt*, Hamburg 2007.
Freud, Sigmund, *Die Traumdeutung*, Frankfurt am Main 1991.
Gladwell, Malcolm, *Überflieger*, Frankfurt/New York 2009.
Grün, Anselm und Müller, Wunibald, *Was ist die Seele?*, München 2008.
Gulder, Angelika, *Finde den Job, der dich glücklich macht*, Frankfurt/New York 2007.
Hesse, Hermann, *Demian*, Frankfurt am Main 2007.
Holmes, Tom, *Reisen in die Innenwelt*, München 2007.
Jung, C. G., *Traum und Traumdeutung*, München 2001.
Levi-Montalcini, Rita, *Ich bin ein Baum mit vielen Ästen*, München 1999.
Levine, Judith, *No shopping. Ein Selbstversuch*, Berlin 2009.
Linke, Uwe, *Die Psychologie des Wohnens*, München 2010.
MacDonald, Kyle, *One red paperclip. Die verrückteste Internet-Tauschaktion der Welt*, Frankfurt am Main 2008.
Mary, Michael, *Lebe deine Träume,* Köln 2006.
Maslow, Abraham, *Motivation und Persönlichkeit*, Hamburg 1994.
Müller, Anette und Lutz (Hg.), *Wörterbuch der Analytischen Psychologie*, Düsseldorf 2003.
Nuber, Ursula, *Lass die Kindheit hinter dir. Das Leben endlich selbst gestalten,* Frankfurt/New York 2009.
Riedl, Rudolf. *Wenn die Seele Urlaub macht. Erfolgreich Tagträumen*, Freiburg 2000.
Rohrbach, Carmen, *Solange ich atme: Meine dramatische Flucht aus der DDR und wie sie mein Leben prägte*, München 2009.

Roth, Gerhard. *Persönlichkeit, Entscheidung und Verhalten*, Stuttgart 2007.
Ruland, Jeanne. *Traum und Wirklichkeit*, Darmstadt 2006.
Schmid, Wilhelm, *Glück – Alles, was Sie darüber wissen müssen, und warum es nicht das Wichtigste im Leben ist*, Leipzig 2007.
Schreiber, Matthias, *Das Gold in der Seele*, Hamburg 2009.
Schreiber, Matthias, *Was von uns bleibt. Über die Unsterblichkeit der Seele*, Hamburg 2008.
Sebrich, Angie, *Nichts gesucht und viel gefunden. Mein fast normales Leben als Herbergsmutter*, Freiburg 2008.
Seifert, Angela und Theodor, *So ein Zufall. Synchronizität und der Sinn von Zufällen*, Freiburg 2001.
Singer, Jerome, *Phantasie und Tagtraum. Imaginative Methoden in der Psychotherapie*, Hersbruck 1973.
Solms, Mark, *Das Gehirn und die innere Welt*, Düsseldorf 2004.
Spiegel, Peter, *Muhammad Yunus – Banker der Armen*, Freiburg 2006.
Stein, Murray, *C. G. Jungs Landkarten der Seele*, Düsseldorf 2000.
Storch, Maja, *Die Sehnsucht der starken Frau nach dem starken Mann*, München 2002.
Tipping, Colin, *Ich vergebe: Der radikale Abschied vom Opferdasein*, Bielefeld 2004.
Ulsamer, Bertold, *Wie Sie alte Wunden allein heilen und neue Kraft schöpfen*, München 2010.
von Lovenberg, Felicitas, *Verliebe dich oft, verlobe dich selten, heirate nie?*, München 2005.
Walsch, Neale Donald, *Gespräche mit Gott*, Band 1, München 2007.
Weidner, Christopher, *Träume*, München 2009.
Wilber, Ken, *Integrale Spiritualität*, München 2007.
Willi, Jürg, *Psychologie der Liebe*, Stuttgart 2002.
Willi, Jürg, *Wendepunkte im Lebenslauf*, Stuttgart 2007.
Zimbardo, Philip, *Psychologie,* München 2004.

Coaches und Therapeuten

www.coach-datenbank.de
Geprüfte Coaches in ganz Deutschland

www.familienaufstellung.org
Deutsche Gesellschaft für Systemaufstellungen

www.koerperpsychotherapie-dgk.de
Deutsche Gesellschaft für Körperpsychotherapie

www.psychotherapiesuche.de
Therapeutensuche nach Regionen

Websites meiner Interviewpartner

www.Dahlke.at
www.emotion.de
www.frankfurter-ring.de
www.joachim-franz.com
www.managementbuch.de
www.semigator.de
www.sepp-maier.de